黑龙江省博士后经费资助项目（LBH－Z15113）
黑龙江省教育厅人文社会科学青年博士项目（1254b006）
哈尔滨商业大学学科项目“现代服务业支撑龙江发展研究”（hx2016001）

跨国公司母子公司知识冲突、沟通与知识转移绩效关系研究

易加斌　著

中国财经出版传媒集团
中国财政经济出版社

图书在版编目（CIP）数据

跨国公司母子公司知识冲突、沟通与知识转移绩效关系研究 / 易加斌著.
—北京：中国财政经济出版社，2017.8
ISBN 978 - 7 - 5095 - 7658 - 8

Ⅰ.①跨… Ⅱ.①易… Ⅲ.①跨国公司 - 母子公司 - 知识管理 - 研究
Ⅳ.①F276.7

中国版本图书馆 CIP 数据核字（2017）第 196669 号

责任编辑：周桂元 责任校对：杨瑞琦
封面设计：孙俪铭 责任印制：张 健

中国财政经济出版社 出版
URL：http：//www.cfeph.cn
E - mail：cfeph @ cfeph.cn

社址：北京市海淀区阜成路甲 28 号 邮政编码：100142
营销中心电话：88190406 北京财经书店电话：64033436 84041336
北京财经印刷厂印刷 各地新华书店经销
787×1092 毫米 16 开 16 印张 261 000 字
2017 年 8 月第 1 版 2017 年 8 月北京第 1 次印刷
定价：56.00 元
ISBN 978 - 7 - 5095 - 7658 - 8
（图书出现印装问题，本社负责调换）
本社质量投诉电话：010 - 88190744
打击盗版举报热线：010 - 88190414 QQ：447268889

前　言

全球网络化经营已经成为跨国公司全球扩展和大国推行全球战略的重要途径。在全球化经营过程中，跨国公司需要构建起促进全球化经营的知识转移网络机制，而跨国公司知识转移网络化的核心正是建立在跨国公司母子公司之间成功的知识转移基础上。跨国公司母子公司间的知识转移作为跨国公司知识转移网络节点中的核心环节，对实现跨国公司知识的整体共享、创新，具有至关重要的枢纽作用。然而，现有研究主要集中于跨国公司母子公司间知识转移的各种影响因素与知识转移绩效的关系，这些影响因素究竟是通过什么样的机制、路径来对知识转移绩效产生影响，目前的研究还较少涉及，这也制约了跨国公司母子公司知识转移的顺利开展。本书正是在上述背景下，从研究跨国公司母子公司知识转移机理的角度出发，在跨国公司母子公司知识转移的框架下，重点探讨跨国公司母子公司知识转移中不同的沟通方式是如何通过影响知识冲突进而影响知识转移绩效的路径机制，主要研究内容和成果如下：

第一，通过对国内外学者相关研究成果的分析，结合相关的理论基础，本书发现跨国公司母子公司知识转移中的沟通方式可以划分为合作性沟通和竞争性沟通两个维度，知识冲突分为结构型知识冲突、存量型知识冲突和关系型知识冲突三个维度，知识转移绩效分为知识转移个体绩效、知识转移团队绩效和知识转移组织绩效三个维度。跨国公司母子公司的知识转移首先是一个知识转移双方的沟通过程，但不同的沟通方式与程度会作用于不同类型的知识冲突，而不同的知识冲突程度又会影响跨国公司知识转移绩效的水平，由此形成跨国公司母子公司知识转移中影响知识冲突进而影响知识转移绩效的变量间逻辑关系和本研究的“沟通—知识冲突—知识转移绩效”整体概念模型。为了研究的方便，上述整体模型被细分为四个子概念模型，即知识冲突与知识转移绩效关系概念模型、沟通与知识冲突关系概念模型、知识冲突对沟通与知识转移绩效的中介效应概念模型、知识转移绩效各维度之间相互关系概念模型。

第二，本书运用实验研究方法来对概念模型中变量间的关系进行验证。实验设计与流程包括两个主要阶段：第一阶段，在无沟通条件下的跨国公司母子公司知识冲突与知识转移绩效关系实验，共计 4 组，每个实验组由 16 个知识转移团队构成，共计 64 个知识转移团队 128 人次参与。第二阶段，在有沟通条件下的沟通通过知识冲突对知识转移绩效影响的实验，共计 6 组，每个实验组由 8 个知识转移团队构成，共计 48 个知识转移团队 96 人次参与。在实验被试的来源上，扮演母公司成员的被试是在“中德科学基金研究交流中心资助项目——中德跨文化决策冲突与沟通化解的实验方法及应用讲习班”的赞助和支持下，来自德国拜罗伊特大学（Uni Bayreuth）的博士研究生、硕士研究生和本科生以及部分留学生，其配对的中方被试则是来自于西南交通大学、四川外国语学院两所高校的博士研究生、硕士研究生和本科生。实验采用情景模拟实验，扮演母公司成员 A 和扮演子公司成员 B 根据所提供的背景材料，组成一个知识转移小组，按照实验分组和实验操控的要求共同完成两个阶段的知识转移任务。在实验操控上，主要是对自变量（包括知识冲突和沟通）的操控和对无关变量（实验被试跨文化背景）干扰效应排除的操控。

第三，基于实验结果，本研究采用 SPSS11.5 软件工具以及相关统计方法对所有研究假设进行了验证。采用配对样本非参数检验的 Wilcoxon 符号秩检验对无关变量（实验被试跨文化背景）控制结果进行了检验；采用相关分析与回归分析验证了知识冲突与知识转移绩效的关系、沟通与知识冲突的关系、知识转移绩效各维度间的相互关系；采用两配对样本 T 检验和依次回归分析法对知识冲突在沟通与知识转移绩效间的中介效应进行了检验；最后运用方差分析的多重比较检验和独立样本 T 检验进一步地对实验的组间数据进行了比较分析。检验结果表明：结构型知识冲突和存量型知识冲突属于良性知识冲突，对跨国公司母子公司知识转移绩效具有积极的促进作用，关系型知识冲突属于恶性知识冲突，对跨国公司母子公司知识转移绩效水平具有消极的负面效应；合作性沟通有助于激发更多的良性知识冲突，竞争性沟通则提升了恶性知识冲突的强度；知识冲突对沟通与知识转移绩效的关系具有中介作用，呈现出沟通通过影响知识冲突进而影响知识转移绩效的路径机制；知识转移个体绩效、团队绩效、组织绩效具有层层递进的绩效演进机制，体现了知识转移、应用、创新与价值创造的过程和知识转移绩效形成过程的有机统一。

本书的研究成果，无论是对促进国外跨国公司母公司向中国子公司成功转移其知识，还是对促进中国的跨国企业向海外子公司转移知识或者从海外子公司吸收知识，都提供了一定的理论依据和实践指导。但由于作者能力有限，本书中难免存在不足与错误之处，敬请广大读者批评指正。

易加斌

2017 年 6 月于哈尔滨

目　　录

第一章 导 论

第一节 选题背景与问题提出

在经济全球化的知识经济时代，跨国公司通过知识在母子公司之间、子子公司之间、母子公司与所在国之间的互动转移，形成了基于内部转移和外部转移的网络化知识转移机制，并在此基础上通过知识整合、共享、创新和应用，形成了跨国公司在全球市场的竞争优势。其中，跨国公司母子公司间的知识转移作为跨国公司知识转移网络节点中的核心环节，对实现跨国公司知识的整体共享、创新，具有至关重要的枢纽作用。正如 Zander 和 Kogut（1995）所指出的："作为跨越国界的知识集合体，构建在母子公司知识转移基础上的知识共享与知识创新成为跨国公司获取持久竞争优势的重要源泉，跨国公司母子公司知识的共享与创造能力决定了跨国公司竞争能力所能达到的边界"。在此背景下，跨国公司母子公司的知识转移问题成为跨国公司知识管理领域研究的热点问题。学者们从知识转移的影响因素（Foss & Pedersen，2003；Wang & Tony，2004；党兴华，2007；Huang，2008；徐笑君，2010）、转移模式（Bernard，2009）、转移阶段（Holtham & Courtney，1998；Holden & Harald，2004；关涛，2005；Zheng，2009）等方面对跨国公司母子公司的知识转移进行了广泛的研究。然而，现有研究大多直接关注于影响知识转移的特征变量（包括文化差异、制度差异、组织距离、转移渠道的丰富性、母子公司关系等）与知识转移绩效的关系，忽略了对"影响因素—沟通—知识冲突—知识转移绩效"的过程机理的研究，这就造成了跨国公司母子公司的"知识转移绩效黑箱"问题。

在跨国公司母子公司之间的知识转移过程中，一方面，知识转移的过程本身就是一个由知识的转移方（母公司）将知识通过编码化向知识的接收方（子公司）进行信息传递的沟通过程①。同时，由于母子公司异质性的跨文化背景、子公司所在东道国复杂的政治经济技术环境与法律制度、母子公司跨越国界的物理距离等因素的交互影响，使得跨国公司母子公司的知识转移与一般的组织内部知识转移相比，面临更多的噪声和干扰因素。这就需要跨国公司母子公司选择合理的沟通方式，来对所转移的知识进行解释与破译，并消除知识中所包含的内在噪声和各种外部干扰因素，以达成知识发送方和知识接受方的共识。如果跨国公司母子公司不能够通过沟通有效地消除这些噪声和干扰，并达成知识转移的一致性结果，则母子公司之间的知识冲突就不可避免。另一方面，由于母子公司知识的异质性、母子公司所处的地位以及双方知识转移动机的不同，而造成母子公司之间在行为意向和行为方式上的差异、碰撞乃至对抗，从而形成了母子公司知识转移中的知识冲突。Wesley（2001）等人的研究表明，组织中的冲突对组织绩效既可能产生正向的积极作用，也可能产生负向的消极作用。张纲和方珑（2007）认为："知识冲突的结果可能是恶性的，即知识冲突导致组织中的知识偏见以及知识获取和转移的迟滞、共享的困难，以至于降低组织凝聚力，严重影响组织绩效；知识冲突的结果也可能是良性的，即适当的知识冲突能够提高组织决策质量、调动组织成员的兴趣和好奇、实现异质性知识的公开和共享，从而激发知识创造和创新，大大提高组织绩效"。在跨国公司母子公司的知识转移过程中，不同类型的知识冲突对知识转移绩效的影响程度，除了要受到跨国公司母子公司在知识存量、知识结构等知识异质性要素形成了知识冲突类型之外，还取决于母子公司在知识转移过程中对沟通方式的选择。如果母子公司能够选择一种合理的沟通方式有效地扩大对知识转移绩效产生积极作用的知识冲突程度，并降低对知识转移绩效产生负面作用的知识冲突程度，那么跨国公司母子公司就能够通过沟通对冲突程度的增加或减少，来提升知识转移绩效的水平，顺利地实现跨国公司母子公司之间的知识转移。然而，在实际的跨国公司母子公司知识转移过程中，尽管沟通对促进跨国公司母子公司知识的成功转移具有重要作用，但由于跨国公司母子公司间既竞争又合作的复杂关系，双方在知识转移动机上往往存在一定的差异，从而影响母子公司对沟通的态度与沟通方式的选择，使得跨国公司母子公司在知识转移

① 跨国公司母子公司间的知识转移包含母公司向子公司转移和子公司向母公司转移（也称为反转移）两个方向，本文主要研究的是跨国公司母公司向子公司转移方向下的知识冲突、沟通与知识转移绩效问题。

过程中对沟通的态度与沟通方式的选择并不总能达成一致。

在实践层面，全球网络化经营已经成为跨国公司全球扩展和大国推行全球化战略的重要途径。在跨国公司全球化经营的过程中，跨国公司需要构建起促进全球化经营的知识转移网络机制，而跨国公司知识转移网络化的核心正是建立在跨国公司母子公司之间成功的知识转移基础上。以中德双边贸易和投资经营为例，在中国对外开放战略和经济全球化的推动下，中国与德国的双边贸易快速发展。一方面，1998—2007 年，德国企业在华累计直接投资额超过 104 亿美元。2008 年中德双边贸易总额达 934. 74 亿欧元，德国企业在华累计投资达 150 亿美元。目前共有约 3000 家德国公司在中国开设了代表处、合资企业和独资企业。德国大众汽车、戴姆勒—奔驰、西门子电气、博世电子等德资跨国公司都在中国进行直接投资。另一方面，随着中国经济的不断发展，中国企业也开始进入德国市场，开展跨文化经营。然而，无论是在中国市场经营的德资企业，还是投资德国的中国企业，在跨文化经营中都遇到过诸多困难，甚至失败。比如，德国西门子手机在中国市场遭遇水土不服，于 2005 年被出售；1997 年，中国铅笔厂在德国建立“北德铅笔厂”，一年半后却关闭；2002 年，TCL 集团投资 820 万欧元收购施耐德电视机公司，收购后很快陷入困境；中国台湾明基 2005 年收购德国西门子手机事业部，一年后却亏损 8 亿欧元，公司市值蒸发掉 40%。跨国公司在促进母子公司知识转移和全球跨文化经营中不能很快适应东道国市场的特点，跨国公司母子公司之间的沟通困难造成知识转移的冲突，致使跨国公司知识转移绩效低下，决策成本上升，被认为是跨国公司在全球化经营中遭遇失败的重要原因之一。

近年来，随着中国经济的快速发展和国家“走出去”战略的实施，中国已经告别了过去单纯的以吸引外资为主的发展模式，形成了吸引外资的“引进来”和对外直接投资的“走出去”并驾齐驱的发展形态。中国对外直接投资从 2002 年的 27 亿美元增长至 2013 年的 901. 7 亿美元。2014 年中国对外直接投资首次突破千亿美元，达到 1029 亿美元。在中国对外直接投资中，海外并购成为主要形式之一。从 2002 年开始，中国企业开始大规模地进行海外并购。2003 年京东方以 3. 8 亿美元收购韩国现代 TFT - LCD 业务；2004 年联想集团以 17. 5 亿美元收购 IBM 个人 PC 业务，上海汽车以 5. 6 亿美元收购韩国双龙汽车；2005—2007 年，中国企业海外并购案达 130 起，总计金额 304 亿美元。2008 年爆发的全球金融危机导致发达国家的企业陷入经营困境，中国企业海外并购进入了一个新的高潮。2009 年，中国企业海外并购达到 83 起、总计金额 184 亿美元。在 2009 年年底欧洲债务危机爆发和美国复苏艰难导致全球经济持续低迷而中国经济“一枝独秀”的背景下，中国企业海外并购持续升温。2010 年，中国吉利斥资 18 亿美元从福特手中全资收购全球豪华轿车品牌沃尔沃。2011 年中国企业海外并购案 207 起，总计金额达 429 亿美元。2012 年，中信证券以 12.52 亿美元收购里昂证券 100% 股权；三一重工以 5.25 亿欧元收购全球混凝土机械巨头——德国普茨迈斯特公司；大连万达以 26 亿美元收购全球第二大院线 AMC。2013 年双汇国际以 71 亿美元收购史密斯菲尔德食品公司，成为当时中国企业收购美国企业的最大一笔交易。2014 年中国企业海外并购进一步增长，达到 272 宗，较 2013 年的 200 宗增长了 36%。虽然缺乏巨型交易的发生，但 2014 年中国企业海外并购交易金额仍达到了 569 亿美元。进入 2015 年，中国海外并购金额总计达到 1119 亿美元，这是中国企业年度海外并购金额首次突破 1000 亿美元的数字关口。中国企业海外并购的强劲势头，也得到了国家的高度关注和重视。李克强总理在 2015 年的《政府工作报告》中明确提出“加快实施走出去战略，鼓励企业参与境外基础设施建设和产能合作，推动铁路、电力、通信、工程机械以及汽车、飞机、电子等中国装备走向世界，促进冶金、建材等产业对外投资。注重风险防范，提高海外权益保障能力。让中国企业走得出、走得稳，在国际竞争中强筋健骨、发展壮大”。

与欧美发达国家跨国公司通过并购发展中国家或欠发达地区的企业不同，中国企业的海外并购呈现出被并购方主要来自欧美等发达国家而并购方来自发展中国家（中国）的“逆向”特征。以 2014 年为例，2014 年中国企业的海外并购在北美洲有 96 宗、欧洲 83 宗、亚洲 64 宗、大洋洲 17 宗、非洲 7 宗、南美洲 5 宗。其中，被并购方来自发达地区的欧洲和北美洲（主要为美国和加拿大）的并购案就占了 65.8%。这种新的海外并购模式无法用传统的国际产业梯度转移理论来解释。对此，国内学者（吴先明，2007；刘明霞，2009）提出了创造性知识资产寻求理论，认为创造性知识资产的寻求和获取，是发展中国家 MNC 逆向并购发达国家企业的重要驱动力。然而，不同于自然资产的是，创造性知识资产是包含在人、技术、制度、管理经验、所有权等方面的无形资产，在知识转移的过程中面临复杂的政治经济环境与知识产权保护机制，其知识转移必将受到制度、文化、心理等诸多因素的交互影响，知识识别、筛选、获取、整合等知识转移过程也呈现出更为多样和复杂的特点。因此，中国跨国企业海外经营中的母子公司知识转移问题，制约了中国企业“走出去”战略的顺利实施。

那么，在跨国公司母子公司的知识转移过程中，跨国公司母子公司常常会选择何种沟通方式？这些沟通方式呈现的条件是什么？到底什么样的沟通方式能够消除母子公司知识转移过程中可能出现的噪声和干扰？什么样的沟通方式能增加对知识转移绩效具有积极作用的知识冲突从而提升知识转移绩效？什么样的沟通方式能减少对知识转移绩效具有消极作用的知识冲突从而提升知识转移绩效？跨国公司母子公司知识转移中知识冲突类型划分的依据是什么？哪些类型的知识冲突对知识转移绩效具有积极的促进作用？哪些类型的知识冲突对知识转移绩效具有消极的负面作用？对这些问题的研究，目前并没有引起学者们太多的关注。尽管有一些学者从团队绩效的角度，对冲突与团队绩效的关系（Simons & Peterson，2000；席酉民，2007；陈晓红和赵可，2010）、知识冲突与团队绩效的关系（张海涛和唐元虎，2003；林莉和周鹏飞，2004）以及沟通与知识共享的关系（Fang et al.，2005；史江涛，2007；季晓芬，2008）进行了一定的研究，但现有的研究要么直接研究“冲突—绩效”之间的关系，要么直接研究“沟通—绩效”之间的关系，缺乏将单纯的“冲突—绩效”研究和单纯的“沟通—绩效”研究这两种思路结合起来，对“沟通—冲突—绩效”中沟通通过影响冲突进而影响绩效的作用机制的系统研究。而且这些研究都没有涉及跨国公司母子公司知识转移中的知识冲突、沟通问题，因此无法给出跨国公司母子公司知识转移中知识冲突、沟通与知识转移绩效关系的合理解答。

基于以上背景，本书针对目前对跨国公司知识转移的研究主要局限于对跨国公司母子公司知识转移的影响因素与知识转移绩效的关系方面而忽略了对这些影响因素是通过什么样的机制来影响知识转移绩效的过程的研究。本书从打开跨国公司母子公司“知识转移绩效黑箱”的角度出发，通过文献回顾和理论推演，构建了跨国公司母子公司知识转移的“沟通—知识冲突—知识转移绩效”关系的概念模型。依据合作与竞争理论，基于跨国公司母子公司在知识转移中体现出的合作性态度和非合作性（竞争性）态度，将沟通方式划分为合作性沟通和竞争性沟通。依据知识异质性与冲突管理理论，基于跨国公司母子公司在知识储备差异与知识构成上的差异以及知识转移中的行为与态度差异，将跨国公司母子公司知识冲突划分为结构型知识冲突、存量型知识冲突和关系型知识冲突。依据知识转移与创造的 SECI 螺旋理论，基于知识在母子公司的个人、团队、组织扩散过程中形成知识转移绩效的传递效应，将知识转移绩效划分为知识转移个体绩效、知识转移团队绩效、知识转移组织绩效三个维度。在此基础上，运用实验研究方法，通过构建真实的知识转移场景，对不同维度下的知识冲突和沟通方式进行有效的控制，从而更精确地考察知识冲突、沟通与知识转移绩效之间的关系，并对理论假设进行了实证检验。最后基于实证检验结果，对跨国公司母子公司如何基于知识冲突与沟通方式进行有效的知识转移与知识管理，提出了实践启示与对策建议。本研究将在理论上拓展和丰富跨国公司母子公司知识转移的研究领域，在实践上为跨国公司母子公司通过选择正确的沟通方式来增加对知识转移绩效具有积极作用的知识冲突，减少对知识转移绩效具有消极作用的知识冲突，进而为提升知识转移绩效提供一定的指导作用。

第二节 研究意义

一、理论意义

1. 拓展了跨国公司母子公司知识转移的研究领域

目前国内外学者对跨国公司知识转移的研究，主要集中于知识转移的各种影响因素与知识转移绩效关系方面，但这些影响因素究竟是通过什么样的机制、路径来对知识转移绩效产生影响，目前的研究还不足。作者认为：跨国公司母子公司的知识转移是一个“影响因素—沟通—知识冲突—知识转移绩效”的过程。可以通过沟通将跨国公司母子公司知识转移的各种影响因素将知识转移的负面作用降为最低，并通过正确的沟通方式，来增加对知识转移绩效具有积极作用的知识冲突，减少对知识转移绩效具有消极作用的知识冲突，从而提升知识转移绩效的水平。因此，本研究通过文献回顾和理论推演，构建了跨国公司母子公司之间的“沟通—知识冲突—知识转移绩效”的概念模型，提出了沟通方式与知识冲突各类型维度、知识转移绩效各层次维度相互之间关系的研究假设，对跨国公司母子公司知识转移过程中如何通过沟通影响知识冲突进而影响知识转移绩效的作用机制进行系统研究，从而解释了跨国公司母子公司的“知识转移绩效黑箱”问题，由此进一步丰富了跨国公司母子公司知识转移研究的内容。

2. 丰富了跨国公司母子公司知识转移领域的研究方法与研究成果

目前国内外学者对知识转移领域的研究，有规范研究和实证研究，其中，90%的实证研究文献都是测度知识转移影响因素与知识转移绩效的关系。在Science Direct（SDOS）数据库中，以“knowledge transfer”为关键词搜索到的416篇文献中，没有发现实验研究的文献；同样，在中国学术期刊全文数据库（CNKI）以“知识转移”为关键词搜索到的406篇文献中，也没有发现实验研究的文献。在沟通与绩效关系的研究方面，Tjosvold等（2002）运用实验方法进行了研究；除此之外，张纲和方珑（2007）对知识冲突与团队绩效的关系进行了实验研究。但这些研究成果并没有涉及跨国公司母子公司知识转移过程中的知识冲突与沟通问题。

实验研究方法伴随着实验经济学、行为经济学的发展获得了广泛应用，并取得了一系列的研究成果。实验研究方法为检验理论模型提供了一种有效的途径。实验中对实验条件的有效控制，使得实验方法在解释变量之间的因果关系比其他方法更有效，其数据采集的严格性也受到了管理领域研究的日益重视（Loewenstein，2001）。越来越多的学者希望运用实验方法来研究管理问题（Davis & Holt，1993；Friedman & Sunder，1994；Xie Gang & Wan Difang，2002；Friedman & Cassar，2004；谢刚和胡笑寒，2004；黄登仕和张征争，2008；魏光兴和谢安石，2008 等）。但与经济学研究中通过对被试交易决策与实验报酬紧密相关、实验决策相对单一等特点相比，管理研究问题的实验设计在实验环境构造、无关变量的控制、因变量的操控等方面，都面临诸多困难。因此，迫切需要探讨如何将实验方法科学有效地应用到管理研究当中。

本研究对跨国公司母子公司知识冲突、沟通与知识转移绩效关系的研究，采用了实验方法进行假设的检验。本研究在对跨国公司母子公司知识冲突、沟通与知识转移绩效关系的研究中，通过构建真实的沟通场景与知识转移中的冲突过程，并对沟通方式和冲突类型进行有效的控制，从而更精确地考察不同的沟通方式、知识冲突类型与知识转移绩效的关系，并对理论模型的假设进行更为精确的检验。因此，本研究是运用实验方法在跨国公司母子公司知识转移研究领域的探索性研究，也是对实验方法如何有效地应用到管理问题中进行的示范性研究，必将丰富跨国公司知识转移领域的研究成果和实验研究方法的应用领域。

二、实践意义

在当前，理论上缺乏对知识转移中的沟通与知识冲突内在机制研究，在实践上跨国公司母子公司存在着知识转移中如何正确地选择沟通方式和处理不同类型知识冲突的难题。本研究试图在实验室的环境中，构建跨国公司母子公司真实的知识冲突场景，并通过选择不同的沟通方式，来发现跨国公司母子公司知识转移过程中沟通如何通过影响知识冲突进而影响知识转移绩效的作用机制。从简单的实验室环境演绎到复杂的真实世界，本研究的结果为跨国公司母子公司通过选择正确的沟通方式来增加对知识转移绩效具有积极作用的知识冲突，减少对知识转移绩效具有消极作用的知识冲突，进而为提升知识转移绩效和跨国公司的整体竞争力提供了一定的借鉴和指导。

因此，本研究在实践层面，无论是对促进国外跨国公司母公司向中国的子公司成功转移其知识，还是对促进中国的跨国企业向海外的子公司转移知识或者从海外子公司吸收知识，都具有重要的意义和价值。

第三节 研究目标与研究内容

一、研究目标

本研究的目标是通过对国内外知识转移相关研究的理论分析，探究跨国公司母子公司之间知识转移过程中沟通、知识冲突对知识转移绩效的影响机理以及跨国公司母子公司沟通方式与知识冲突之间的相互关系；针对跨国公司母子公司知识转移中的知识构成、知识差异和对沟通方式选择的条件以及知识转移绩效形成的路径机制，对跨国公司母子公司知识转移中的沟通、知识冲突以及知识转移绩效评价层次进行维度划分；以此为依据，构建起跨国公司母子公司之间的“沟通—知识冲突—知识转移绩效”的概念模型；在此基础上，本研究运用实验研究方法，通过构建真实的沟通场景与知识转移中的冲突过程，并对沟通方式和冲突类型进行有效的控制，对跨国公司母子公司之间的“沟通—知识冲突—知识转移绩效”概念模型和相关假设进行验证和检验，从而在理论上拓展和丰富了跨国公司母子公司知识转移研究的内容，在实践上为跨国公司母子公司通过选择正确的沟通方式来增加对知识转移绩效具有积极作用的知识冲突，减少对知识转移绩效具有消极作用的知识冲突，进而为提升知识转移绩效提供科学、客观的依据。

二、研究内容

1. 理论研究：概念模型的构建与假设提出

首先，对跨国公司母子公司知识转移的影响因素、知识转移中的沟通行为、知识冲突以及知识转移绩效的评价等相关文献进行了回顾和评价，以此明确了本研究的理论基础。

其次，对本研究变量的维度进行了划分。本研究以合作与竞争理论为理论基础，基于跨国公司母子公司在知识转移中体现出的合作性态度和竞争性态度，将沟通方式划分为合作性沟通和竞争性沟通两个维度；以知识异质性与冲突管理理论为理论基础，基于跨国公司母子公司在知识储备差异与知识构成差异以及知识转移中的行为与态度差异，将跨国公司母子公司知识冲突划分为结构型知识冲突、存量型知识冲突和关系型知识冲突三个维度；以知识转移与创造的 SECI 螺旋理论为理论基础，基于知识在母子公司的个人、团队、组织扩散过程中形成知识转移绩效的传递效应，将知识转移绩效划分为个体绩效、团队绩效、组织绩效三个维度。

最后，构建了跨国公司母子公司之间“沟通—知识冲突—知识转移绩效”的概念模型，并基于文献分析和理论推演，提出了变量之间关系的假设。

2. 实验研究：实验设计与理论假设的实验检验

作者运用规范的实验研究方法，设计出了无沟通条件下的知识冲突与知识转移绩效关系和有沟通条件下的沟通通过知识冲突对知识转移绩效的影响两阶段，共计 10 组实验，来完成对以上概念模型与假设的实验检验和验证。

（1）基于实验的设计与结果，验证知识冲突与知识转移绩效的关系。通过实验研究知识冲突的三个维度（即结构型知识冲突、存量型知识冲突和关系型知识冲突）与知识转移绩效的三个维度（个体绩效、团队绩效和组织绩效）之间的内在关系，明确不同的知识冲突类型是如何影响跨国公司母子公司知识转移绩效的内在机理，从而回答：在跨国公司母子公司的知识转移过程中，结构型知识冲突和存量型知识冲突对知识转移绩效是否具有积极的促进作用？关系型知识冲突对知识转移绩效是否具有消极的负面作用？

（2）基于实验的设计与结果，验证沟通与知识冲突的关系。通过实验研究沟通的两个维度（即合作性沟通和竞争性沟通）与知识冲突的三个维度（即结构型知识冲突、存量型知识冲突和关系型知识冲突）之间的内在关系，明确不同的沟通方式是如何对不同的知识冲突类型产生作用的内在机理，从而回答：在跨国公司母子公司的知识转移过程中，合作性沟通是否能够增加结构型知识冲突和存量型知识冲突（良性知识冲突）的程度，降低关系型知识冲突（恶性知识冲突）的程度？竞争性沟通是否能够降低结构型知识冲突和存量型知识冲突（良性知识冲突）的程度，增加关系型知识冲突（恶性知识冲突）的程度？

（3）基于实验的设计与结果，验证知识冲突影响知识转移绩效的路径关系。通过实验进一步研究知识冲突影响知识转移绩效的路径关系，明确沟通是如何通过影响知识冲突进而影响知识转移绩效的逻辑演进机制，从而回答：在跨国公司母子公司的知识转移过程中，合作性沟通是否能够通过增加结构型知识冲突与存量型知识冲突（良性知识冲突）的程度和降低关系型知识冲突（恶性知识冲突）的程度，进而提升知识转移的绩效？竞争性沟通是否能够通过降低结构型知识冲突和存量型知识冲突（良性知识冲突）的程度，增加关系型知识冲突（恶性知识冲突）的程度，进而降低知识转移的绩效？

（4）基于实验的设计与结果，验证跨国公司母子公司知识转移的个体绩效—团队绩效—组织绩效的路径关系。个体绩效是团队绩效的前提，知识只有在个体接受与理解的基础上，才能为团队所共享并发挥团队的作用创造新的知识；同样，团队绩效又是组织绩效的基础，由团队成员所创造的新知识最终应用于跨国公司的外部运营和内部管理，将知识转化为现实的生产力，从而促进企业的价值创造与竞争力提升，形成基于知识的组织绩效。本研究通过实验对个体绩效、团队绩效、组织绩效是否存在这样的层层递进的演进关系进行进一步的验证。

第四节 研究方法

一、文献分析法

作者通过检索、整理和阅读国内外关于跨国公司知识转移的相关文献资料，了解目前学术界对跨国公司知识转移的研究进展和研究成果，发现其研究不足，作为本研究的起点。同时，在借鉴前人研究成果的基础上，确立本研究的视角是从跨国公司母子公司知识转移过程中的知识冲突、沟通的过程机制出发，探讨知识冲突、沟通与知识转移绩效的关系；并划分出知识冲突、沟通的维度；在此基础上构建本研究的概念模型和分析框架，对各个变量进行定义。

二、实验研究方法

实验研究方法是本研究的重点研究方法。基于实验方法能够通过对实验条件的严格控制使复杂的控制变量变得易于操控，并在解释变量之间的因果关系方面比其他方法更为有效。同时考虑知识冲突、沟通的情景性和即时性，因此，本书对概念模型中变量间关系的验证采用了情景模拟行为实验研究方法。

根据本研究的概念模型，本书实验研究主要包括在无沟通条件下的知识冲突与知识转移绩效关系实验研究和在有沟通条件下知识冲突对知识转移绩效的影响实验研究两部分，共计10组实验。其中：

（1）在无沟通条件下的知识冲突与知识转移绩效关系实验研究中，采用3×1因素被试间分组实验设计，分别是结构型知识冲突—知识转移绩效实验组、关系型知识冲突—知识转移绩效实验组、存量型知识冲突—知识转移绩效实验组；除此之外，还包括无知识冲突的实验控制。在这一阶段的正式实验中，每个实验组由16个知识转移团队构成，共计64个知识转移团队来完成。

（2）在有沟通条件下的知识冲突对知识转移绩效的影响实验研究中，采用3×2因素被试间分组实验设计，共有6组实验，分别是合作性沟通—结构型知识冲突实验组、合作性沟通—存量型知识冲突实验组、合作性沟通—关系型知识冲突实验组、竞争性沟通—结构型知识冲突实验组、竞争性沟通—存量型知识冲突实验组、竞争性沟通—关系型知识冲突实验组。在这一阶段的正式实验中，每个实验组由8个知识转移团队构成，共计48个知识转移团队来完成。

在实验中，每个知识转移团队由知识发送方成员（扮演母公司成员的实验被试）和知识接收方成员（扮演子公司成员的实验被试）组成。为了避免实验中出现的主试效应和被试效应，本研究实验采用双盲设计和随机化配对设计。即所有实验被试和实验主持者都不知道实验的真实用意，而且所有符合条件的实验被试都是随机配对的。除此之外，为了激励实验被试做出真实的行为反应，避免实验中出现随意效应，每位实验被试在遵循实验规则的前提下，可获得20元人民币的报酬。

本研究的实验被试主要来自于如下两部分：一部分是来自于国外的参与者，他们在实验中扮演母公司成员；另一部分是来自于国内的参与者，他们在实验中扮演子公司成员。其中，扮演母公司成员的被试主要是在“中德科学基金研究交流中心资助项目”的赞助下，来自德国拜罗伊特大学的博士研究生、硕士研究生和本科生，其配对的中方被试则是来自于西南地区两所高校的博士研究生、硕士研究生和本科生。

三、统计分析方法

本研究主要是借助于SPSS11.5统计分析软件，对实验结果中涉及的变量关系进行统计分析和假设检验。首先，本研究利用SPSS11.5统计分析软件中因子分析法（Factor Analysis），基于预实验数据对变量测量的信度和效度进行检验，删除了能够显著提高Cronbach's α值的题项，并经过校正形成最终的变量测量量表；其次，在基于正式实验数据变量测量的信度和效度检验的基础上，利用 SPSS11.5 统计分析软件中的相关分析、回归分析、方差分析、配对样本 T 检验等统计分析方法，来完成对本研究概念模型中各个变量之间关系的假设检验以及实验数据的组间比较分析，从而得出本研究的结论。

第五节　结构安排与技术路线

一、结构安排

基于“问题提出—文献成果评述—理论模型构建与研究设计—数据验证与结果分析—结论的实践启示与应用”的科学研究思路与方法，本研究共分为 6 章。其各章的内容安排如下：

第一章：导论。对本研究的背景进行分析，在此基础上提出本研究的问题；阐述本研究的理论意义和现实意义，表明本研究的价值；介绍本研究目标、研究内容、研究方法、结构安排以及技术路线。

第二章：基本理论与文献综述。从跨国公司母子公司知识转移的相关研究、沟通与跨国公司母子公司知识转移中的沟通行为的相关研究、跨国公司母子公司知识冲突的相关研究、跨国公司母子公司知识转移及其评价的相关研究等层面，对跨国公司母子公司知识转移中的影响因素、沟通行为、知识冲突以及知识转移绩效评价的国内外相关研究成果进行了文献综述，发现其研究不足。同时，划分出了跨国公司母子公司知识冲突、沟通以及知识转移绩效的维度，从而为本研究后续概念模型的建立和假设的提出奠定了坚实的理论基础。

第三章：模型构建与假设提出。对跨国公司母子公司知识冲突与知识转移绩效关系、跨国公司母子公司沟通方式与知识冲突关系、影响知识冲突进而影响知识转移绩效的路径关系、跨国公司母子公司知识转移个体绩效与团队绩效和组织绩效的递进关系进行了探讨，并由此构建了本研究的概念模型。同时，基于文献分析和理论推演，提出了本研究的假设。

第四章：研究设计与实验方法。依据实验设计的规范方法，对实验研究的实验分组、实验被试选择、实验情景与实验任务、实验变量的操控、无关干扰变量的排除、变量测量的量表、实验流程等进行设计。同时，对实验主持人的选拔、培训过程和实验前测的程序、内容进行设计和介绍。

第五章：数据分析与假设检验。对实验采集的数据，利用 SPSS11.5 统计分析软件中因子分析法（Factor Analysis），对数据变量测量的信度和效度进行检验；在此基础上，运用相关分析、回归分析、方差分析、配对样本 T 检验等统计分析方法，对本研究提出的理论假设进行检验，并对实验数据的组间结构进行比较分析。

第六章：结论与展望。对本研究进行总结，归纳出结论，简要分析本研究的学术贡献；同时，基于实验数据的检验结果，提出了跨国公司母子公司进行有效知识转移的实践启示；在此基础上，基于本研究存在的不足对后续的进一步研究进行了展望。

二、技术路线

基于上述研究内容和结构安排，本研究的技术路线如图 1－1 所示。

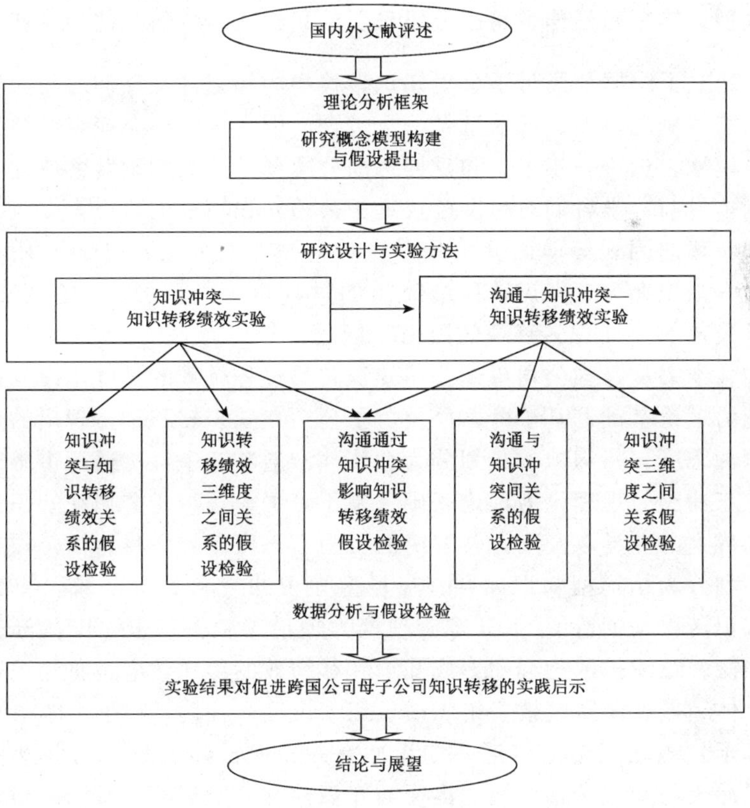

图 1－1　研究技术路线

第六节
可能的创新点

本书在总结与吸收学者们研究成果的基础上，以跨国公司母子公司构建全球竞争力过程中的知识转移问题为研究背景，从跨国公司母子公司知识转移中的沟通、知识冲突与知识转移结果关系等视角出发，通过文献回顾和理论推演，构建了跨国公司母子公司之间的“沟通—知识冲突—知识转移绩效”的概念模型，并基于实验检验的证据，对概念模型的相关假设进行了验证，从而明确了跨国公司母子公司知识转移过程中影响知识冲突进而影响知识转移绩效的作用机制。基于本探究的研究，主要有以下方面的创新与学术贡献：

1. 构建了跨国公司母子公司之间的“沟通—知识冲突—知识转移绩效”的概念模型，丰富和延伸了跨国公司母子公司知识转移研究的领域和研究范围

本书建立了跨国公司母子公司知识转移中的知识冲突、沟通与知识转移绩效关系的整体概念模型，该模型是一个包含前因变量、中介变量和结果变量的完整理论模型，这进一步丰富和延伸跨国公司母子公司知识转移研究的领域和研究范围。目前，学者们对跨国公司母子公司知识转移的研究大多直接关注于影响知识转移的因素等前因变量与知识转移绩效的关系，忽略了对“影响因素—沟通—知识冲突—知识转移绩效”的过程机理的研究，这就造成了跨国公司母子公司的“知识转移绩效黑箱”问题。

由此，本书从跨国公司母子公司知识转移过程机理的角度出发，以合作与竞争理论为理论基础，基于跨国公司母子公司在知识转移中体现出的合作性态度和竞争性态度，将沟通方式划分为合作性沟通和竞争性沟通两个维度；以知识异质性与冲突管理理论为理论基础，基于跨国公司母子公司在知识储备差异与知识构成上的差异以及知识转移中的行为与态度差异，将跨国公司母子公司知识冲突划分为结构型知识冲突、存量型知识冲突和关系型知识冲突三个维度；以知识转移与创造的 SECI 螺旋理论为理论基础，基于知识在母子公司的个人、团队、组织扩散过程中形成知识转移绩效的传递效应，将知识转移绩效划分为个体绩效、团队绩效、组织绩效三个维度；在此基础上，本书构建了跨国公司母子公司之间的“沟通—知识冲突—知识转移绩效”的概念模型，提出了知识冲突与知识转移绩效、沟通与知识冲突、知识冲突对沟通与知识转移绩效关系的中介作用以及知识转移绩效各层次维度相互之间关系的研究假设。

本研究提出的整体概念模型回答了知识冲突、沟通与知识转移绩效的关系以及沟通是如何通过知识冲突影响知识转移绩效的作用机制，即沟通是如何通过影响知识冲突并进而影响跨国公司母子公司知识转移绩效的路径机制，从而明晰地描述了跨国公司母子公司“沟通—知识冲突—知识转移绩效”的知识转移过程机理。

2. 基于实验检验的证据，理清了知识冲突影响知识转移绩效的路径体系，为跨国公司构建基于提升知识转移绩效水平的知识转移绩效机制提供了理论基础

本书基于实验检验的证据，梳理了跨国公司母子公司知识转移中知识冲突对知识转移绩效的影响机制，明确了不同沟通方式与不同类型的知识冲突之间的相互关系，理清了沟通是如何通过影响知识冲突并进一步影响跨国公司母子公司知识转移绩效的路径机制以及知识转移个体绩效、团队绩效、组织绩效三层次层层递进的绩效演进机制，从而为跨国公司母子公司通过选择正确的沟通方式来增加对知识转移绩效具有积极作用的知识冲突，减少对知识转移绩效具有消极作用的知识冲突，进而为提升知识转移绩效提供了理论基础。基于实验检验的数据，本研究的结果表明：

第一，在跨国公司母子公司的知识转移过程中，结构型知识冲突和存量型知识冲突对知识转移绩效具有积极的促进作用，而关系型知识冲突对知识转移绩效具有消极的负面作用，进一步地可将结构型知识冲突和存量型知识冲突划归为良性知识冲突，其冲突的结果也是良性的，而关系型知识冲突属于恶性知识冲突，其冲突的结果也是恶性的。

第二，在跨国公司母子公司的知识转移的过程中，合作性沟通方式有助于消除母子公司知识转移过程中可能出现的噪声和干扰，从而碰撞出更多的结构型知识冲突和存量型知识冲突，而竞争性沟通方式则会增加母子公司知识转移过程中可能出现的噪声，从而增加关系型知识冲突的程度。

第三，在跨国公司母子公司的知识转移的过程中，合作性沟通能够通过增加结构型知识冲突与存量型知识冲突的程度和降低关系型知识冲突的程度，进而提升知识转移的绩效水平，而竞争性沟通能够通过降低结构型知识冲突和存量型知识冲突的程度和增加关系型知识冲突的程度，进而降低知识转移的绩效水平。

第四，跨国公司母子公司知识转移绩效的形成是一个包含知识转移个体绩效—知识转移团队绩效—知识转移组织绩效层层传递与递进的路径关系。这一路径关系体现了知识转移、应用、创新与价值创造的过程和知识转移绩效形成过程的有机统一，体现了跨国公司母子公司知识转移过程与结果的统一。

3. 运用实验研究方法对跨国公司母子公司知识转移研究领域展开探索性研究，将丰富跨国公司知识转移领域的研究成果和实验研究方法的应用领域

近年来，伴随着实验研究方法的成熟，越来越多的学者也开始将实验研究方法应用到管理学的研究中来（Loewenstein，2001；白云涛和郭菊娥，2007；张纲和倪旭东，2007）。万迪昉（2003、2005）和谢刚（2004）在对管理实验的操作与设计进行了研究，他们认为，管理理论研究者做实验，其目的是验证理论的正确性，或者探索未知的管理规律。管理实验的影响因素主要来自实验者、实验环境和实验对象三方面。实验因素的控制包括自变量的控制、无关变量的控制以及因变量的控制。其中，因变量的控制在于避免对实验对象泄露实验意图，防止实验操作者控制实验对象的行为。在此基础上，谢刚和胡笑寒（2004）通过对管理实验研究成果的回顾与统计，借鉴实验经济学的思想，尝试性提出了管理实验的设计、实施、结果分析三阶段的设计思路和一般步骤，并指出管理实验的研究目前在内国外还没有成为学术研究的热点，需要尽快完善管理实验的方法，推动管理实验的进行。

基于此，本书在借鉴上述学者关于管理实验方法研究成果的同时，也将此研究方法系统性地运用到管理学研究中，这是运用实验研究方法在跨国公司母子公司知识转移研究领域的新探索，也是对实验方法如何有效地应用到管理问题中进行的系统性示范研究，必将丰富跨国公司知识转移领域的研究成果并拓展实验研究方法的应用领域。本书在对跨国公司母子公司知识冲突、沟通与知识转移绩效关系的研究中，通过构建真实的沟通场景与知识转移中的冲突过程，并对沟通方式和冲突类型进行有效的控制，从而更精确地考察不同的沟通方式、知识冲突类型与知识转移绩效的关系，并对概念模型的假设进行了更为精确的检验，从而为概念模型的检验提供了有效的实证支持，也为跨国公司母子公司通过知识转移来提升跨国公司的整体竞争力提供了理论依据。

第二章 基本理论与文献综述

在知识成为企业重要资本并在全球快速扩张的时代条件下，跨国公司知识转移研究成为研究热点的问题。作为跨国公司网络化知识转移节点的核心环节和重要枢纽，诸多学者们从多方面、多角度对跨国公司母子公司的知识转移问题进行了研究。本章首先从整体层面对跨国公司母子公司知识转移的相关研究进行了文献总结与回顾；然后从沟通角度对跨国公司母子公司知识转移中的沟通行为、沟通方式进行了梳理，划分出了合作性沟通和竞争性沟通两维度；再次，对冲突、知识冲突、知识转移中的冲突产生的条件进行了综合分析，结合跨国公司母子公司知识构成与知识转移过程，对知识冲突维度进行了界定；最后，梳理了知识转移绩效评价的相关研究成果，在此基础上对跨国公司母子公司知识转移绩效评价的层次和维度进行了划分。

第一节 跨国公司母子公司知识转移的相关研究

跨国公司竞争优势的重要来源之一就是知识能够在母子公司、子子公司以及子公司与所在东道国外部环境所形成的跨国公司内部知识网络中进行有效的转移、共享和开发。在这一过程中，作为跨国公司知识转移网络节点的核心环节——母子公司之间的知识转移对跨国公司整体知识转移能否取得成功具有决定性的作用。在此背景下，作者从跨国公司知识的分类、知识转移与跨国公司母子公司关系的形成、跨国公司母子公司知识转移的影响因素等方面进行了系统研究。

一、跨国公司知识转移的内涵界定

1. 跨国公司知识的类型

跨国公司在长期的全球经营过程中，通过其遍布全球的独资子公司、合资公司以及在东道国市场环境（如东道国的政府、公众、经销商、战略联盟等外部机构）的嵌入，积累了大量的国别性的专有知识，形成了单一民族企业无法形成的知识体系，也由此产生了不同类型的跨国公司知识。

Fritz（1998）将跨国性组织知识划分为关于谁（Know - Who）、关于什么（Know - What）和关于为什么（Know - Why）三类知识，每一类知识的隐性程度都在不断升高。Rabi & Ben（2002）基于知识的跨文化交流过程，将跨文化组织的知识分为简单知识与复杂知识（Simple Knowledge Versus Complex Knowledge）、显性知识与隐性知识（Explicit Knowledge Versus Tacit Knowledge）、不相关联的知识与系统性知识（Independent Knowledge Versus Systemic Knowledge）三种类型。Kogut & Zander（2003）认为跨国公司之所以存在，是因为与个人、团体和一般性的组织之间的知识转移相比，跨国公司内部能够有效地促进知识的共享与转移。这些知识由信息知识（Information, e. g. , Who Knows What）和如何性的知识（Know - How, e. g. , How to Organize a Research Team）构成。其中，信息类知识是指知识在传递中一旦需要语法规律对其破译时不会丢失其完整性，具体包括事实（Facts）、不言自明的命题（Axiomatic Propositions）、符号（Symbols）等。Foss & Pedersen（2003）按照跨国公司知识来源的不同，将跨国公司知识分为跨国公司内部网络知识、跨国公司外部网络知识和基于跨国公司集群的知识，这三类知识在跨国公司知识转移的过程中有不同的转移特征和转移路径。Jacky & Nguyen（2009）将跨国公司母子公司的知识划分为技术性知识（Technical knowledge）、系统性知识（Systemic Knowledge）和战略性知识（Strategic knowledge）三种类型。其中，技术性知识主要是指跨国公司内部的基于任务导向而形成的技术类知识，如研发技术知识、产品工艺技术、生产流程控制技术等；系统性知识是指维持跨国公司运营的组织体系、管理程序、绩效提升等知识；战略性知识则是指确保跨国公司战略实现而积累的知识，如组织成功的标准与心理、实现组织战略目标的关键要件等。除此之外，还有国外学者从跨国公司知识转移中的具体知识类型出发，将跨国公司知识划分为人力资源实践知识、技术流程与操作知识、生产实践知识、组织管理与运营知识等（Hippel, 1988; Eric, 1999）。

王清晓（2005）将生产制造行业的跨国公司知识划分为三大类：操作性知识、协调性知识、理念性知识。操作性知识是跨国公司内部个体层面和物质技术层面的知识，用于跨国公司进行日常运营与管理的技能性知识；协调性知识是用于协调跨国公司内部两个个体、两个单元（工作小组）、两个部门以及两个组织（子公司之间、母子公司之间）行为的知识，属于跨国公司行为层面的知识体系；理念性知识则是作用于跨国公司精神层面的知识，体现为跨国公司对处理跨国公司内部人与物关系时所拥有的价值判断和态度倾向。在跨国公司内部知识转移的过程中，从操作性知识到协调性知识，再到理念性知识，知识的复杂程度和隐性化程度逐步增加，知识的可转移性则逐步降低。易加斌和范莉莉（2009）从跨国公司母子公司之间管理知识转移的层次和内容角度，将跨国公司管理知识划分为刚性管理知识与柔性管理知识。刚性管理知识注重工作标准、操作程序、制度约束，知识的显性程度较高，模糊性较弱，可编码性较强，复杂度较弱，在知识转移过程中强调刚性控制和物质因素的刺激，包括跨国公司长期积累的先进管理模式、管理制度、管理流程、管理表单、操作工艺、人力资源政策、辅助管理的计算手段和软件、自动化设备管理等知识。柔性管理知识注重价值导向、情感满足、心理归属以及文化认同，知识的隐性程度较高，模糊性较强，可编码性较弱，复杂度较强，在知识转移过程中强调柔性控制和精神因素的激励，包括跨国公司在长期经营中所形成的组织理念、组织价值观、组织使命、组织文化、企业责任、管理协调、领导艺术、管理技巧等知识。

学者们以上对跨国公司知识的划分体现了两个特征：一是依据知识的显性与隐性特征对跨国公司知识类型的划分进行了延伸；二是从功能的角度对跨国公司知识的类型进行了界定。本书主要是用实验方法研究跨国公司知识转移中的沟通、知识冲突与知识转移绩效关系，把跨国公司知识作为实验研究中的载体。本书对跨国公司母子公司知识的选择，主要是从功能的角度，基于营销、管理、人力资源、技术和财务等企业的职能划分来选择上述方面的操作性知识，作为实验中母子公司成员（实验被试）用来转移的知识类型。

2. 跨国公司知识转移的含义

知识转移（Knowledge Transfer），又称作知识流动（Knowledge Flow），其概念是从技术转移演化而来的。Teece（1977）在研究跨国公司与不同国家之间进行技术转移的过程时发现，跨国公司的技术转移能够帮助跨国公司积累大量的跨国界应用性知识。此后，随着知识资源论被用于解释组织竞争优势的兴起，学者们开始将技术转移的概念引入组织知识管理中来，由此形成了知识转移的概念，并将之用于分析、描述和解释不同主体间（个体间、团体间、组织部门间以及组织之间）知识的流动、共享和转化（张大为和汪克夷，2009）。Singley & Anderson（1989）从个体间知识转移的视角出发，认为知识转移是一个个体将其在一种情境下获取的知识转移到另一个个体的另一种情景的全过程。Gilbert & Cordey - Hayes（1996）基于知识学习的视角，认为知识转移是组织学习过程中的一个重要阶段，知识转移的过程是一个动态的过程，只有知识接收者将知识内化为自我的一部分时才算完成了知识转移。Davenport & Prusak（1998）将知识转移定义为：知识转移 = 知识传达 + 知识接收。成功的知识转移首先需要由知识的转移方传递给知识的接收方，在此基础上，知识的接收方对转移而来的知识加以吸收、理解、消化和内化为自我知识的一部分。Garavellia & Gorgoglione（2002）认为："知识转移是一个由知识编码化和知识解码与知识通译两部分构成的认知过程"。Dong - Gil（2005）从沟通的角度将知识转移定义为："知识在知识接受方与知识源之间通过沟通，使知识接收方能为对其学习和应用的过程"。

跨国公司的知识转移，按照跨国公司知识转移的路径划分则包括内部知识转移和外部知识转移两个方面。跨国公司的内部知识转移是指跨国公司的知识在跨国公司母公司与子公司之间、子公司之间的互动转移过程。跨国公司的外部知识转移则是指跨国公司在嵌入当地环境的过程中跨越国别组织边界，与外部环境中的供应商、中介商、战略伙伴、东道国政府、公共组织等机构之间的知识互动转移过程。跨国公司的内部知识转移，促进了知识在跨国公司内部的有效流动、共享，从而形成了基于知识的竞争优势；跨国公司的外部知识转移，则是跨国公司通过吸收外部知识来为内部知识的转移提供知识源的重要方式。跨国公司的内部知识转移和外部知识转移，构成了跨国公司的知识转移网络，如图 2 -1 所示。

本书的研究对象主要是跨国公司内部母子公司之间的知识转移。跨国公司母子公司之间的知识转移，是跨国公司母子公司基于共同的战略目标，在特定的跨国公司母子公司关系前提下，基于双方的契约精神，由知识的发送方——母公司通过特定的转移渠道向知识的接收方——子公司转移知识并在此基础上实现知识共享与创新的动态过程，如图 2 -2 所示。

从图 2 -2 可以看出，在跨国公司母子公司之间的知识转移过程中，一方面，要成功地实现跨国公司母子公司之间的知识转移，母公司首先要决定向子公司转移哪些知识，同时子公司要决定如何对这些知识进行整合、转化和吸收。除此之外，母子公司还要就知识转移的媒介达成共同的一致性意见。唯有如此，才能实现母子公司的知识转移。另一方面，跨国公司母子公司知识转移

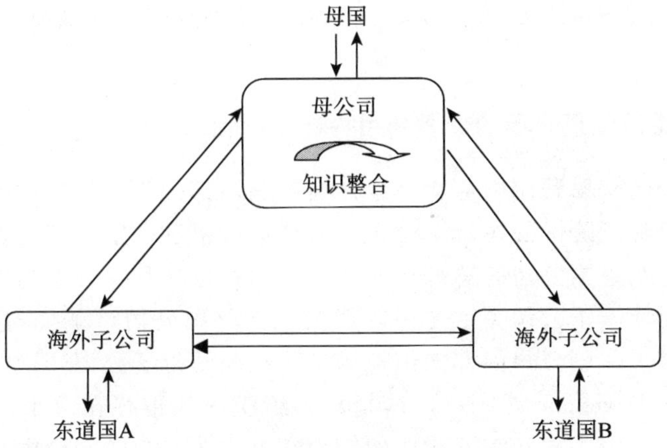

图 2－1　跨国公司知识转移网络

资料来源：王园园．跨国公司内部知识国际转移的民族文化差异影响［D］．上海：复旦大学．2008：36.

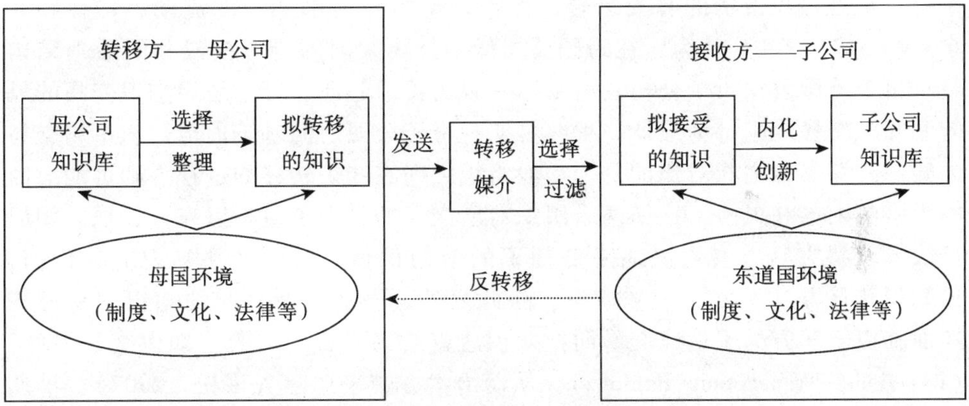

图 2－2　跨国公司母子公司知识转移过程

资料来源：本研究根据相关文献整理绘制。

的成功与否，还要受到双方各自所在的制度、法律等异质性文化的影响。因此，跨国公司母子公司的知识转移，无疑是一个复杂的过程，要受到多个因素的干扰和影响。

二、知识转移与跨国公司母子公司关系

对跨国公司母子公司关系的成因解释主要有基于组织知识市场的交易费用

内部化理论（Arrow，1971；Caves，1982）和组织知识基础论（Zander & Kogut，1993）。

1. 基于组织知识市场的交易费用内部化理论

知识市场的交易费用内部化理论是在组织内部知识市场的框架下，从交易费用的角度解释了跨国公司母子公司关系形成的机理。依据交易费用的内部化理论，当知识在跨国公司的总部与海外子公司通过转移而产生内部的交易行为时，跨国公司的母子公司关系便得以形成；而跨国公司母子公司关系的建立，又客观上促进了跨国公司内部知识市场和跨国公司母子公司知识内部交易行为的形成。正如 Davenport（1998）所指出：组织内部也存在一个与其他有形商品市场类似的、由买方和卖方构成的知识交易主体，包含知识中介、知识交易场所和知识交易价格的"知识市场"。知识买方和卖方基于知识交易带来的某种"效用"来寻求知识交易的达成。虽然在这种知识交易中可能没有以货币为单位的现金流动，但却存在诸如互惠、尊重、声望、利他等非物质性的价格系统。正是知识市场的有效运转，才带动了组织内部知识的流动、转移和共享。Arrow（1971）认为，在跨国公司母子公司共同的所有权或共同治理结构下，由于跨国公司母子公司具有基本一致的价值趋向，母子公司知识交易的风险和知识交易成本都为最低，很容易实现母子公司之间基于内部知识市场交易的知识转移。与之相对比的是，一般组织之间在知识转移的过程中则可能会面临更多的困难和风险，比如两个组织对所交易的知识价值难以充分评估，知识接收方（买方）会有意识地降低知识的使用价值，从而低估知识交易价值，给知识转移方（卖方）带来损失。除此之外，一般组织之间的知识交易过程还面临由于卖方为了达成交易而把知识透露给买方所产生的"知识交易困境"（Knowledge Transactions Paradox），从而给卖方带来风险（许松，2007）。早期的基于组织知识市场的交易费用内部化理论，从交易费用的角度解释了跨国公司母子公司关系形成的原因，但该理论仅仅是从交易成本和交易风险的角度对跨国公司母子公司的知识转移进行了描述。在该理论框架下，知识仅仅是被解释为跨国公司内部的一种公共物品，还不是跨国公司竞争力的来源。

2. 组织知识基础论

Kogut & Zander（1993）从知识基础观点（Knowledge – Based Review）解释了跨国公司母子公司关系存在和形成的原因。依据组织知识基础论的观点，跨国公司母子公司的关系之所以存在并在跨国公司全球化经营网络中得以持续发展，是因为跨国公司母子公司能够有效地创造和转移知识，特别是隐性知识在跨国公司母子公司之间的转移。Kogut & Zander（1995）进一步将组织知识划分为显性知识（Explicit knowledge）和隐性知识（Tacit knowledge），并且否认了知识是公共物品的说法。他们认为，跨国公司母子公司的组织形式承担了促进知识在跨国公司内部进行转移和共享的重要媒介，而且随着跨国公司经营的不断发展和嵌入东道国程度的不断加深，跨国公司吸收、创造和转移知识的能力也不断增强，从而使得构建在知识转移基础上的知识共享与知识创新成为跨国公司获取持久竞争优势的重要源泉。

以“组织知识基础论”为指导，学者们从不同的角度对知识转移与跨国公司母子公司之间的关系进行了研究。Nohria（1994）研究认为：“随着技术进步和外部市场环境的不断变化，跨国公司母子公司关系从传统的母子科层结构关系逐渐向网络化关系演变，跨国公司母公司与各个海外子公司在跨国公司网络系统内的角色与地位也发生了相应的变化”。郭培民（2001）认为：“根据企业知识基础论的观点，知识是决定企业竞争优势的决定性因素，跨国公司母子公司关系实质上是建立在跨国公司母子公司间物化资源基础之上的知识资源的扩散关系。跨国公司通过母子公司间的知识转移，来形成基于母子公司为核心和枢纽的跨国公司知识转移网络，从而在整体上提升跨国公司的竞争优势”。王立生等（2005）根据子公司在跨国公司中的知识流动强度和知识流动方向中的地位，将子公司在跨国公司知识输出和获取方面的角色划分为四种：知识提供者、知识网络者、知识独立者和知识使用者。

综上分析可以看出，组织知识基础论奠定了跨国公司母子公司关系的基石，从知识在跨国公司竞争优势中的核心地位的角度诠释了跨国公司存在的理由，也成为后续学者们从不同角度对跨国公司的知识转移进行广泛研究的出发点。

三、跨国公司母子公司知识转移的影响因素

根据国内外研究成果，影响跨国公司母子公司知识转移的因素主要包括如下方面：

1. 知识特性

Polanyi（1966）将知识分为显性知识和隐性知识。在跨国公司母子公司的知识转移中，隐性知识相比显性知识更难以转移。Zander & Kogut（1995）认为跨国公司母子公司之间的知识转移过程会受到知识的可成文性、知识的可教导性、知识的复杂性和系统依赖性等知识的内隐和外显特质的影响，其中知

识的隐性特征是阻碍知识转移的重要原因。在此基础上，Alavi & Leidner（2001）认为知识的隐匿性、可传授性、复杂性、系统性4个特征对跨国公司母子公司之间知识转移的绩效会产生重要影响。肖小勇和文亚青（2005）通过实证研究发现，知识的有用性特征则通过影响跨国公司母子公司之间知识转移的动机影响跨国公司母子公司知识转移的效率，而知识的模糊性、专用性和复杂性会通过影响知识的应用来影响跨国公司母子公司之间知识转移的难易程度。

2. 文化差异

不同的学者从不同的角度对文化给予了不同的解释。Hofstede（1986）认为，文化是具有相同的教育和生活经验的许多人所共有的心理程序。这种心理程序形成某一地区的人们以某种特殊的方式思考、感觉和行动的思维方式。Schein认为，文化是群体在适应外界和统一内部成员过程中逐渐形成的不为成员察觉的隐含性假设。人们的行为受这些隐含性假设的影响，一旦这些假设或信念受到挑战，人们便会感受到“文化振荡”（Culture shock），引发文化冲突（顾庆良，2003）。在文化因素对跨国公司母子公司之间知识转移的影响过程中，可以按照从宏观到微观的层次将文化因素划分为：民族文化、地域文化、组织文化三大层面。在民族文化的异同上，影响最大的是荷兰学者霍夫斯蒂德提出的文化分类体系。霍夫斯蒂德（1986）通过对IBM在全球40个国家的116000多名员工的调查研究基础上，提出了民族文化的四维度体系，即权力距离、不确定性的回避、个人主义与集体主义、男性主义与女性主义。在此基础上，徐笑君和王园园（2008）构建了民族文化特征对跨国公司内部知识转移有效性影响的分析模型，如图2-3所示。

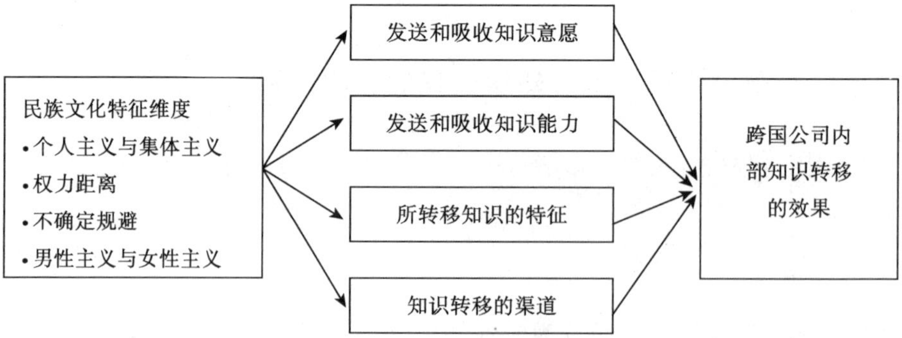

图2-3 民族文化特征对跨国公司内部知识转移有效性的影响分析模型

资料来源：徐笑君，王园园．跨国公司内部知识转移中民族文化因素影响分析——基于Hofstede民族文化维度视角［J］．科学学与科学技术管理，2008，27（4）：87.

地域文化是指跨国公司母公司与子公司各自所在地的区域性文化，包含了跨国公司母公司总部和海外子公司所在的东道国的人文历史、风俗习惯、人际关系、社会价值观等。地域文化在本质上属于亚文化的范畴。地域文化主要是通过对跨国公司母子公司管理风格、激励方式、公司内部团队价值观等组织文化的形成与推动，来对跨国公司母子公司之间知识转移的绩效产生影响。

组织文化对跨国公司母子公司知识转移的影响，集中体现为跨国公司母公司与子公司在文化上的相似性与兼容性。相似性与兼容性程度较高的母子公司间的知识转移程度比相似性与兼容性程度较低的母子公司间的知识转移程度更高，转移效果更好。

3. 母公司知识转移的意愿

母公司的知识转移意愿是跨国公司母公司向子公司转移知识的前提条件。作为跨国公司母子公司之间知识转移的知识源，母公司需要在综合权衡母公司的控制力、子公司的地位以及母子公司相互的信任程度等因素的基础上来决定是否向子公司转移知识的层次和内容。新加坡国立大学王披恩（2001）在考察中国境内的外商独资及合资、合作企业发现后发现：中外合作企业的双方关系越好，则信任度就越高，信任度越高，外国母公司向中国子公司转移知识的意愿就越强，同时，外国母公司对子公司的控制越强，母公司所转移给中国子公司的知识就越丰富，知识转移的绩效水平就会越高。更多的研究表明，在法律允许的情况下，跨国公司母公司更多地倾向于在东道国设立独资子公司。因为在独资子公司中，跨国公司母公司有更多的自主权来决定子公司的要素投入、技术发展、管理方式，此时母公司会更加愿意向子公司转移更多的技术、管理等知识，因为在此条件下母公司在知识产权流失、知识被恶意复制等方面的风险最小。综上分析，在母公司知识转移意愿对跨国公司母子公司之间知识转移的影响方面，跨国公司母公司的股权比例将决定母公司对子公司转移知识的意愿、动力和知识转移的绩效。母公司在子公司中的股权比例越高，子公司受到母公司的控制程度就越强，母公司转移知识的动力就越强。同时，如果跨国公司母子公司之间的信任程度较高，则母公司向子公司的转移意愿就较强，知识转移的过程会越顺畅，知识转移的绩效水平就会越高。

4. 子公司角色与能力

Bartlett & Ghoshal（1986）基于跨国公司内部各部门或子公司能力上的差异性，提出了子公司角色与能力的概念，并构建了子公司角色与能力的模型，如图 2－4 所示。

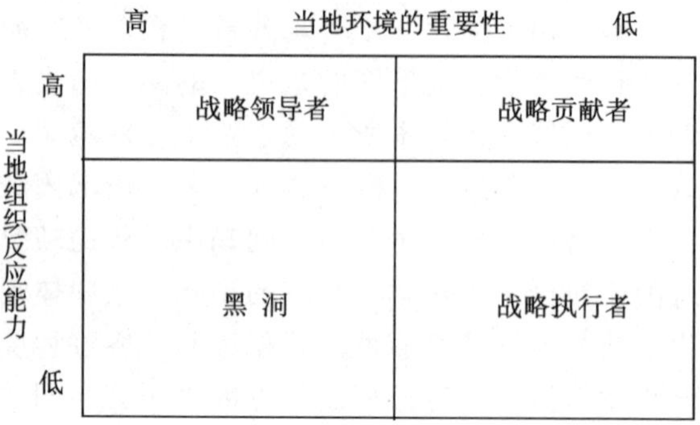

图 2－4　跨国公司子公司角色与能力模型

资料来源：Bartlette，C. A Ghoshal，S.：（1986），Tap Your Subsidiaries for Global Reach，Howard Business Remiew. 64（6）：88.

战略领导型子公司是指那些在跨国公司全球布局体系中占有重要市场并且应变能力较强的子公司。在此条件下，子公司对母公司而言，具有相对的独立性，子公司自身需要根据对环境的变化作出决策，这类子公司往往已经形成了自己的特定竞争优势，并掌握了母公司没有的且又不能进行低成本转移的核心知识，因而母公司向子公司转移知识将面临比较大的成本。

战略贡献型子公司是指那些在跨国公司全球布局体系中占据着不太重要的市场但却拥有较强组织能力的子公司。这类子公司具有主动转移母公司知识的意愿与动力。因为与战略领导型子公司相比，该类子公司往往需要与母公司其他部门合作，将自己的优势作为中间产品镶嵌在完整的价值链中才能发挥出自己应有的作用。所以从资源运用的角度来看，它既掌握了源于当地的独特资源，又同时需要母公司在某些方面的支持，因此需要母子公司的管理人员在公司文化、共同愿景以及管理风格上具有特别多的相互理解，这样才能在保持子公司相对独立的情况下，又能与母公司进行有效的协调（陶向南和赵曙明，2003）。同时，由于战略贡献型子公司的组织能力较强，对知识的吸收能力也较强，其知识转移的效率也会较高。

战略执行型子公司是指那些在跨国公司全球布局体系中所占据的市场不重要并且组织自身应变能力也不强的子公司。在此条件下，战略执行型子公司所有用的资源绝大部分都来源于母公司，在其经营过程中主要依赖于母公司在产品、技术、品牌、价格以及管理等方面的支持来获得自身发展的优势。因此，战略执行型子公司具有主动获得母公司知识转移的愿望，但由于战略执行型子公司的组织应变能力较弱，因此与战略贡献型子公司相比，对母公司知识的吸收能力相对较弱，需要母公司付出较大的成本才能将知识有效地转移给战略执行型子公司。

黑洞型子公司是指那些在跨国公司全球布局体系中所占据的市场较重要但组织自身应变能力不强的子公司。对这类子公司而言，尽管其占据了比较重要的市场，但由于其组织应变能力较弱，因此在其经营过程中，往往属于失败型的公司。就跨国公司母公司对子公司转移的知识而言，一方面，黑洞型子公司自身没有主动获得母公司知识转移的愿望，另一方面，跨国公司母公司也很难产生向其转移知识的动力。

综上分析可以看出，在子公司角色与能力对跨国公司母子公司之间知识转移的影响中，战略领导型子公司主动获得母公司知识转移的意愿较弱，但具有较强的知识的吸收能力；战略贡献型子公司主动获得母公司知识转移的意愿较强，并且知识的吸收能力也较强；战略执行型子公司主动获得母公司知识转移的意愿较强，但其知识的吸收能力较弱；黑洞型子公司无论是在转移意愿上，还是在吸收能力上，都比较缺乏，如图 2－5 所示。

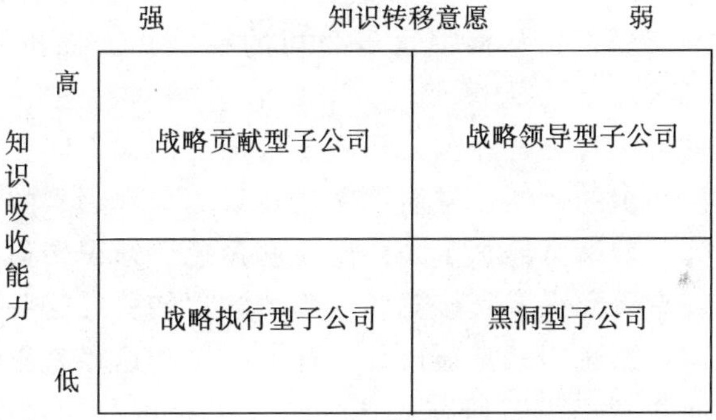

图 2－5　跨国公司子公司角色与能力对母子公司知识转移的影响

资料来源：作者自己绘制。

5. 转移成本

知识在转移过程中都有成本发生，成本的大小不仅取决于知识本身，而且还取决于知识接受者的天赋和后天的知识积累，不同的人在获取不同的知识方面存在着比较优势或比较劣势。知识的转移能否实际发生，关键在于接受者能否获得足够的动力和激励，而动力和激励最终来源于产出的增加及其分配。对跨国公司母子公司而言，母公司是否向子公司转移知识以及子公司是否愿意接受转移，一个重要的前提就是转移之后的收益要大于为之所付出的成本，能够有效地控制成本就成为母子公司知识转移行为发生的重要条件。依据知识转移活动中消耗的资源对知识转移活动的作用方式，跨国公司母子公司之间知识转移的成本可分为直接知识转移成本与间接知识转移成本。

（1）直接知识转移成本。直接知识转移成本是指跨国公司母公司向子公司转移其知识的过程中直接作用于知识转移活动的支出，它主要包括母公司在向子公司展示、传授知识的过程中发生的发送成本；子公司在学习母公司知识的过程中发生的接受成本；母公司因知识转移、知识库建设而发生的管理成本。发送成本和接受成本不仅与跨国公司知识本身的内容和性质密切相关，而且与母子公司的经验、能力和管理知识的积累密切相关，同时还与社会环境、社会制度也有很大的关联性。

（2）间接知识转移成本。间接知识转移成本是指跨国公司母公司向子公司转移知识过程中间接作用于知识转移活动的支出，主要包括知识转移的认知成本和治理成本。知识转移的认知成本是由于跨国公司母子公司知识转移双方之间不能相互理解而造成知识丢失所产生的成本。知识转移的治理成本是指跨国公司母子公司为了防止对方的机会主义行为（如知识接收方滥用转移的知识，使得知识的价值受损，从而损害母公司的利益）而保护知识免受损失所付出的代价。

基于以上文献可以看出，跨国公司母子公司之间知识转移是一个复杂的过程，既受到被转移知识的特性、异质性文化背景等宏观因素的影响，又受到知识转移媒介、母公司转移意愿、子公司地位和角色、知识转移成本等微观因素的影响。然而，现有研究大多直接关注于影响知识转移的这些因素与知识转移绩效的关系，但这些影响因素是通过什么样的机制和途径来影响知识转移绩效的路径机制，目前学者们少有研究，这就造成了跨国公司母子公司的“知识转移绩效黑箱”问题。本书正是在上述研究成果的基础上，基于打开跨国公司母子公司的“知识转移绩效黑箱”的视角，引入了跨国公司母子公司知识转移中的沟通和知识冲突两个过程变量，来探讨“影响因素—沟通—知识冲突—知识转移绩效”的跨国公司母子公司知识转移过程的机理。

第二节 知识转移中的沟通行为研究

沟通是任何组织发展的基础，一个组织可以看作是以沟通关系联结起来的个体的集合。Davenport & Prusak（1998）指出：“对企业而言，沟通能够帮助管理者搜集信息，做出正确的决策，同时也有助于企业员工增进了解，促进知识转移和知识共享，提高员工满意度和工作绩效”。基于此，学者们从沟通的定义、沟通的维度划分、沟通方式的选择、沟通与组织绩效的关系以及知识转移中的视角对沟通进行了广泛的研究。

一、沟通的定义

沟通一词源于拉丁文“communicare”，表示公开、公众、让大家都知道的意思，在英文中为“communication”。《美国传统双解词典》将其定义为“交换思想、交流消息或共同分享信息。”英国《大英百科全书》将沟通定义为“用语言交流、书信往来、电话传递等方法，彼此交换、共享信息和资讯”。我国的《新编汉语词典》将其解释为“通过各种方式和途径使双方能相互通连”。除此之外，不同的学者还从不同的角度对其进行了不同的界定，研究范畴涵盖心理学、社会学、管理学、组织行为学以及传播学等各个领域。季晓芬（2008）在总结不同学者对沟通定义的基础上，将沟通的定义总结为三种不同的观点，如表 2－1 所示。

表 2－1　　沟通的定义

代表性观点	核心思想	定义	代表人物
沟通的信息共享观点	强调沟通双方基于信息传递和接受的信息共享过程	沟通是一个人通过分享观点、信息、态度、知识等方法来影响另一个人的社会行为和动态化的过程，其结果是双方知识与信息的共享	Shannon（1949）；weenig（1999）
		沟通是人们为了共享思想与情感并建立共同性语言而进行的信息发送、信息传递和信息共享的程序性行为	McGregor（1967）
沟通的互动交往观点	强调沟通是沟通双方相互往来的交互活动	沟通是用语言交流、书信往来、电话传递等任何方法，来完成彼此的相互交流和交往的过程	Greenbanm（1974）
		沟通就是人们建立在相互信息交流基础之上的交往过程	Conard（2001）
沟通的劝说影响观点	强调沟通是信息发送者通过劝说对信息接受者的行为施加影响的过程	沟通是参与主体相互影响的动态化过程，即信息发出者通过语言和非语言等方式对信息接受者传递信息并产生某种营销效果的过程	Lasswell（1932）；R·哈里斯（1979）
		沟通是为了影响他人的思想或行为而促使可以共享的信息在两个或两个以上的主体间传递和交换的过程	赵涛，齐二石（2004）

资料来源：季晓芬．团队沟通对团队知识共享的作用机制研究［D］．杭州：浙江大学，2008：64.

从上述梳理可以看出，学者们对沟通定义的界定，尽管其视角各有不同，但都包含一些共同的要素：第一，沟通包括信息发送方和信息接受方两个或两个以上的沟通主体，这种主体可以是个人、团队，可以是以组织的形式出现；第二，沟通包含了信息传递和接受两个基本过程，信息的载体可以是观点、情感，也可以是知识、价值观等要素，这些要素构成沟通的内容；第三，沟通的结果是双方对信息的某种交换、共享，并由此产生的信息接收方在行为或态度上的变化。当沟通的上述过程和内容作用于组织时，就成为组织沟通。

二、沟通的维度

现有对沟通维度划分的研究内容非常广泛。目前，学者们从沟通内容、沟通方向、沟通风格、沟通反馈、沟通渠道、沟通媒介、沟通方式等不同的角度对沟通的维度进行了不同的划分。本研究对国内外学者对沟通维度划分的整理结果，如表 2－2 所示。

表 2－2　沟通的维度划分

划分标准	具体维度	代表人物（年份）
沟通渠道	正式沟通、非正式沟通	Harcourt（1991）
沟通内容	工作沟通、非工作沟通	Miles，Patrick & King（1996）
	任务性沟通、私人性沟通和沟通反应性	季晓芬（2008）
沟通风格	软性沟通、硬性沟通和理性沟通	Yamaguchi（2005）
	直接沟通和间接沟通	季晓芬（2008）
沟通方向	垂直沟通、水平沟通	Kirmeyer & Lin（1987）
	上行沟通、下行沟通、平行沟通、交叉沟通	Smidts（2001）
沟通反馈	单项沟通、双向沟通	Mohr & Nevin（1990）
沟通媒介	面对面沟通、书面沟通、电话沟通、电子沟通	Nonaka & Takeuchi（1995）
沟通方式	语言沟通、非语言沟通（面部表情、肢体语言等）	Lengel & Daft（1985）
	合作性沟通、竞争性沟通	Deutsch（1973）；Tjosvold，粟芳和万洁平（2002）；Law&Sun（2006）；史江涛（2007）
	合作性沟通、竞争性沟通、回避性沟通	Putnam &Wilson（1982） Dreu & Vianen（2001）

资料来源：作者根据相关文献整理。

从表 2－2 可以看出，对沟通维度的划分及其测量，目前学者们并没有达成统一的标准。学者们主要是依据研究的目的以及沟通与其他变量之间的关系来选择沟通的维度。本书对跨国公司知识转移中的沟通研究，主要是从"影响因素—沟通—知识冲突—知识转移绩效"的过程机理出发，探讨沟通通过知识冲突影响知识转移绩效的关系。基于此，本书对沟通维度的选择，主要是依据 Deutsch（1973）和 Tjosvold（2002）在研究跨国公司组织内部冲突时基于沟通与冲突的关系，提出的合作性沟通（Cooperative Communication）和竞争性沟通（Competitive Communication）两个维度，来展开对跨国公司母子公司知识转移过程中沟通如何通过影响知识冲突进而影响知识转移绩效的作用机制的研究。

1. 合作性沟通

合作性沟通是指沟通双方对相关的沟通议题和沟通内容，基于合作型的战略目标，采取共赢的解决办法的一种沟通方式。在合作性沟通中，沟通双方都站在他人的角度思考问题，采用谆谆诱导的交流方式来表达其思想与情感，试图实现沟通双方共赢的目标（Tjosvold，1998；Tjosvold，粟芳和万洁平，2002；Hui & Yu，2003 史江涛，2007）。

合作性沟通通过促进沟通双方对问题的解决，对组织绩效具有很好的促进作用。首先，合作性沟通以解决问题为沟通目标，从而能够正视沟通双方的差异、矛盾甚至冲突，并在沟通中共同寻求解决问题、化解矛盾、减少冲突的办法。其次，合作性沟通能够加强沟通双方的信息交流，从而在信息共享的基础上产生更多的信息交换，激发沟通双方的兴趣、思想。Tjosvold（2001）认为："沟通双方合作性沟通的程度越强，对他人需求的反应就越积极、开放，信息的交换就越多，思想与资源的共享就越丰富，并且通过对相关问题、不同认识的深入讨论，沟通双方会进一步展示知识、整合不同观点"。再次，合作性沟通产生的融洽、协作、相互坦诚的沟通氛围，有利于缓和沟通双方的对立情绪，促使沟通双方建立良好的关系，从而在后续的工作中更进一步地提高其绩效。

合作性沟通的积极作用也得到了实证研究的支持。Tjosvold 与粟芳和万洁平（2002）通过实验研究发现：相对于竞争性沟通而言，合作性沟通更容易导致管理者与员工之间积极的相互影响和共同的利益关系，更有助于双方进行坦诚开放的交流，取得一致意见，并发展双方长期的工作关系。Tang & West（2004）在研究沟通行为对任务反思性及团队绩效影响的过程中，通过对中国上海 300 位员工的调查，发现合作性沟通会增加沟通双方的任务反思性（$p = 0.66$，$p < 0.001$），进而提升组织创新力。

2. 竞争性沟通

竞争性沟通也称为输赢式的沟通方式，是指将沟通视为无法实现合作共赢或者只能实现自我一方利益的输赢之争，认为沟通更多是要基于自我利益并且沟通双方只能有一方能胜出的沟通方式。在竞争性沟通的过程中，沟通双方都站在自己的角度思考问题，以自我的利益为导向，采用压制性的、强迫式的交流方式来表达观点和意见（Lovelace 等，2001；史江涛，2007）。

竞争性沟通不利于沟通双方对问题的解决，对组织绩效一般会起到负面的作用或者仅仅增加某一方的收益。首先，竞争性沟通不利于加强沟通双方的信息交流，由于沟通双方都以自我利益为导向，必然会隐藏不利于实现自我利益的信息，使得双方缺乏信息交流的动力，从而使得双方无法对信息进行共享和整合。其次，竞争性沟通削弱了沟通双方的工作兴趣及任务反思（史江涛，2007）。Tjosvold 等（2003）通过对跨国公司在上海的合资公司中的沟通与团队任务反思和团队绩效关系的实证研究表明，竞争性沟通与团队任务反思呈负相关关系（$p = -0.83$，$p < 0.01$），同时，竞争性沟通也有利于促进团队绩效水平的提升。最后，竞争性沟通不但不利于缓和沟通双方的对立情绪，反而会增加沟通双方的对立情绪，降低沟通双方的关系信心，甚至发生关系冲突。Snell 等（2006）通过实证得出结论：基于相互损坏利益的竞争性沟通方式对团队成员的关系冲突具有正向影响作用（$p = 0.85$，$p < 0.05$），对团队成员感知公平具有负向影响作用（$p = -0.78$，$p < 0.05$），从而影响团队的绩效水平。

三、知识转移中的沟通行为

尽管沟通和知识转移都是学术领域和实践领域的热点研究问题。任何形式的知识转移都需要团队成员之间连续的、高质量的沟通，但专门针对沟通在知识转移领域内的研究还相对较少。

Almedia & Grant（1998）基于知识的隐性特征，将人际沟通、编码传播和内嵌转移作为企业知识转移的方法进行了研究，指出："知识转移中的人际沟通的方法有人员迁移、电子部件、团队合作、电话联系、视频会议、当面商谈、培训研讨会、特殊知识转移团队"。Hendriks（1999）从沟通的视角对知识转移的过程进行了初步分析，他认为："知识转移是一种知识传递者与知识接受者之间的沟通过程，一方面，知识传递者应当有意愿以演讲、授课、著作等方式与他人进行沟通，并将自身知识外部化；另一方面，知识接受者也能通过倾听、模仿、阅读等方式与他人进行沟通，并将接受的知识内部化”。Holden & Kortzfleisch（2004）把国际知识转移类比为沟通中的翻译过程，认为知识转移在三个方面与沟通中的翻译相似，即个人认知、知识从语言到头脑的转移，以及这种语言转移融入社会网络中（转引自王园园，2008）。Daniel（2007）将知识转移、创造和沟通界定为团队的重要功能，导入了一个在知识创造组织情境下关于个体、团队绩效和技术沟通的案例研究综合分析框架，并分析了团队的这两个新功能对团队绩效的作用。研究结果表明：团队成员间沟通越多，即使是多余的，个体和群体间能获得更好的共同理解，从而更多的知识能被转移，更多高层次的知识能被创造，团队和组织会获得更好的绩效。

从以上分析可以看出，学者们都认识到了沟通在知识转移中的重要性，但其视角也仅仅是逻辑性的思辨，缺乏对沟通与知识转移绩效的深入研究。事实上，在跨国公司母子公司知识转移的过程中，影响知识转移的各种因素通常对知识的转移造成干扰，从而使得接受方不能理解和吸收转移方的知识。同时，由于知识显现方式具有多样性，母公司向子公司发送出来的知识将不可避免地含有噪声，从而影响知识转移的正常进行。要消除在跨国公司母子公司之间知识转移过程中出现的噪声和干扰，就需要通过沟通的途径来对所转移的知识进行解释与破译，消除干扰与噪声，以达成理解与共识，最终促进知识的成功转移。因此，沟通作为达成转移共识、减少转移隔阂、消除转移噪声的桥梁和工具，对跨国公司母子公司之间知识的顺利、成功转移具有重要的影响，如图2-6所示。

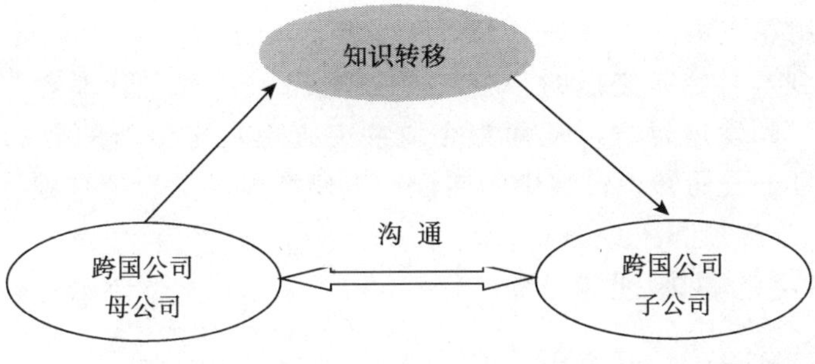

图2-6　跨国公司母子公司之间管理知识转移过程中的沟通模型

资料来源：易加斌，范莉莉，谢冬梅．跨国公司母子公司之间管理知识转移的影响因素分析——一个综合模型［J］．科技管理研究，2009（9）：357.

尽管沟通对促进跨国公司母子公司知识的成功转移具有重要作用，但由于跨国公司母子公司关系的复杂性，使得双方在知识转移动机上往往存在一定的差异，从而影响母子公司对沟通的态度与沟通方式的选择，并常常表现出基于一致态度的合作性沟通行为与存在态度分歧的非合作性（竞争性）沟通行为两种情境。当跨国公司母子公司在知识转移的动机、方式、转移后的收益分配等方面达成一致性目标后，母子公司常常选择合作性的沟通方式，来对知识转移中可能出现的各种问题进行坦诚交流，并试图达成知识转移共识。当母子公司在知识转移的动机、目的、方式以及转移后的收益分配、利益共享等方面无法达成一致性的目标或者在某一方面存在分歧，但基于母公司对子公司的控制力与影响力，子公司不得不从行为上配合母公司的知识转移时，母子公司之间可能会形成母公司强迫而子公司抵制的竞争性沟通方式。由此，本书基于沟通在跨国公司母子公司知识转移中的重要性，结合跨国公司母子公司知识转移中体现出的合作性沟通和竞争性沟通情境，将跨国公司母子公司知识转移中沟通划分为合作性沟通与竞争性沟通两维度，来深入研究跨国公司母子公司知识转移中合作性沟通和竞争性沟通与知识冲突和知识转移绩效的内在关系。

第三节 知识冲突的相关研究

冲突理论的发展经过了19世纪末到20世纪40年代中期的传统冲突理论阶段、20世纪40年代到70年代中期人际关系观点阶段和20世纪70年代中期后的互相作用观点的三大阶段。其基本思想经历了从“冲突是不利，尽可能消除冲突”到“冲突是必然的，应该接纳冲突”，再到“管理者的任务是维持适度的冲突”的发展过程，从而为企业冲突管理带来了新的启示，也为本书对跨国公司母子公司知识转移中的知识冲突研究提供了理论基础。

一、冲突的基本理论

1. 冲突的定义

目前，学者们从不同的角度对冲突进行了论述，但并没有形成一个统一的定义。本研究依据相关文献，对冲突的定义进行了归纳整理，其结果如表2-3所示。

表 2－3　　冲突的定义

代表人物（年份）	定义
Deutsch（1973）	冲突是行为主体之间的不相容的活动，由此而对一方或者另一方的行为有效性形成损害和阻碍
Jones（1976）	冲突是行为主体在某种特定的条件下被驱动去作两个或多个互不兼容的反应或者行为时所处的矛盾、不和谐的状态
Cosier & Ruble（1981）	冲突是行为主体的一方在处理与另一方的关系中基于自身利益最大化而表现出的不合作行为
Morrill（1989）	冲突是行为主体间就相互之间的不满进行正面的或非正面的沟通过程
Rahim（1992）	冲突是行为主体之间或者社会实体之间出现的某种不可调和的矛盾或者双方经历的不一致的交互历程
Wall & Callister（1995）	冲突是行为主体的一方感知到自身的利益受到行为主体的另一方的反对或者受到另一方负面影响的动态过程
Jehn（1995）	冲突是行为主体的一方感知到与另一方的一种不一致状态，包括双方在观点上的差异和关系上的对立
黄培伦（2001）	冲突是由于两个不同的行为主体在目的、意见、方法、手段等方面存在的分歧而导致的相互矛盾、对立的一种状态
胡君辰、杨永康（2004）	冲突是两个不同的行为主体由于不相容的目标、认识或情感而引起的相互作用的一种紧张状态
潘晓云（2008）	冲突是两个不同的行为主体或两个在对客体期望的结果或者发生的行为方面，由于互相矛盾引起的心理上的紧张状态和行为上的竞争过程

资料来源：作者根据相关文献整理。

从以上可以看出，学者们对冲突的界定，包含了静态的不相容状态和动态的互动影响过程、主体间的差异导致冲突和目标利益不相容导致冲突、冲突是一种客观的状态和一种主观的不满等不同的观点。除此之外，也有学者从沟通的视角对冲突进行了界定。尽管学者们对冲突的定义未能达成一致的看法，但其中依然体现出两个基本的共同点：一是冲突客体的差异性，即冲突双方在冲突内容上存在着差异，正是这种差异性，才导致了双方在认识、情感上的不相容、不协调的状态；二是冲突主体的主观性，即冲突包含了冲突双方在情感、利益以及目标上的主观认知，这种主观认知的不兼容导致了双方冲突的产生。因此，本研究认为：冲突的实质就是两个或两个以上的主体基于客体的差异以及主体对其在情感、利益以及目标等方面所期望的结果和处理方式的不相容、不一致和不调和而引起在矛盾状态以及由此发生的行为过程。

2. 冲突的类型

许多学者依据冲突产生的不同原因和冲突发展的不同过程，对冲突类型进行了划分。

Rahim（1992）和 Druckman（1993）根据冲突的来源，将冲突划为：利益冲突、价值冲突和意见冲突。利益冲突是指双方或者多方在相互作用过程中对于利益有不同的占有倾向；价值冲突是指双方或者多方有不同的价值观念；意见冲突则是指双方或者多方在看待达到共同目标时候应采取不同的方法。Jehn（1994，1997）在研究团队冲突时，把团队冲突划分为团队任务冲突（Task Related Conflict）和团队关系冲突（Relationship Conflict）。其中，团队任务冲突指的是团队成员间在工作中基于对工作任务的不同观点、看法和意见而形成的矛盾或者对立；而团队关系冲突则主要是指团队成员之间在感情上形成的某种紧张或者对立的情绪与状态。与此划分相似的是 Amason（1996）将冲突划分为认知冲突和情感冲突。在此基础上，罗宾斯在研究中引入“过程冲突（Process Conflict）”，作为与任务冲突和关系冲突并列的第三种类型的冲突。“过程冲突”发生在完成任务的进程中，包括工作责任和资源分配问题。以后在组织冲突的研究领域，大部分学者都沿用了任务冲突、过程冲突和关系冲突的三种划分，并对其与组织绩效的关系进行了大量的研究（Pelted 等，1999；汪洁，2009）。除此之外，Tjosvold（1985）基于竞争与合作理论（Deutsch，1973），提出了“争辩（Controversy）”和“利益冲突（Conflict of Interests）”两大类型的冲突。但从本质上而言，这两类冲突也可对应于“任务冲突”和“过程冲突”（转引自汪洁，2009）。

总体而言，学者们对冲突的划分，尽管具体类型有所不同，但基本上都归结于“基于内容（任务）的冲突”、“基于过程的冲突”和“基于情感（关系）的冲突”。其划分的标准可以归结为两类：一类是基于引起冲突的客体在冲突双方或多方之间存在的差异性，对应的是“基于内容（任务）的冲突”、“基于过程的冲突”；二是冲突主体双方或多方在情感上出现的矛盾、对立与排斥，对应的是“基于情感（关系）的冲突”。其中，“基于内容（任务）的冲突”、“基于过程的冲突”往往又是“基于情感（关系）的冲突”的前因变量。

3. 冲突与组织绩效的关系

对冲突与组织绩效的关系，学术界存在两种观点：一是冲突对组织绩效具有负面影响的传统观点；二是冲突对组织绩效具有正面和负面双重影响的现代观点。

传统观点认为冲突对人际关系具有破坏作用，从而对组织绩效产生负面影响，因为冲突的产生会破坏和瓦解原来协调、稳固的人际关系，使冲突双方产生隔阂和苦恼。同时，冲突阻碍了决策的制定，降低了组织成员的满意度，破坏了组织的凝聚力，降低了未来战略决策的前瞻性，从而对组织绩效产生不利影响，因此要尽力避免冲突（Blake & Mouton，1984）。

但随着研究的发展，学者们开始发现，冲突对组织绩效的作用并不都是消极的，也有积极的一面。Amason & Schweiger（1994）发现团队成员间的冲突对组织绩效的作用具有双重性，一方面，团队成员间的冲突能提高团队决策的质量，增强团队成员相互之间的理解，从而提升组织绩效。但另一方面是团队成员间的冲突在提高决策质量的同时，却又降低了组织的凝聚力。在此基础上，学者们针对不同类型的冲突可能给组织绩效带来的影响进行了研究。Dedreu & Weingart 在总结 1994 至 2001 年 8 年间的 35 个团队冲突与组织绩效关系研究成果的基础上，对任务冲突、关系冲突与团队绩效及团队成员满意度间的关系进行了分析，结果显示：当任务冲突与关系冲突存在强相关关系（$r>0.52$）时，任务冲突与团队绩效及团队成员满意度存在中等强度的显著负相关（$r=-0.35$）；当两者弱相关（$r\leqslant 0.52$）时，任务冲突与团队绩效及团队成员满意度呈负的弱相关关系（$r=-0.10$）。Chen（2004）通过实证研究验证了中等程度的冲突比低度和高度的冲突有着较好知识转移的绩效，如图 2－7 所示。

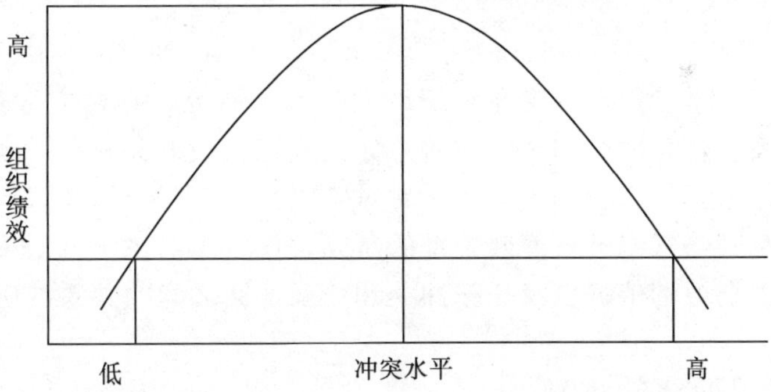

图 2－7　冲突与组织绩效的关系

资料来源：Chen C. J. The determinants of knowledge transfer through strategic alliances [C]. Academy of Management Best Paper Proceedings，2004：6.

我国学者也对冲突类型之间的关系以及冲突与组织绩效的关系进行了进一步验证。郎淳刚等（2007）研究了中国文化背景下的不同类型冲突对团队决策质量认知和满意度的影响。通过对 156 名企业管理人员的问卷调查，发现中两种冲突都对决策满意度有负面影响，其中关系冲突对于任务冲突和决策满意度有中介作用，如图 2－8 所示。

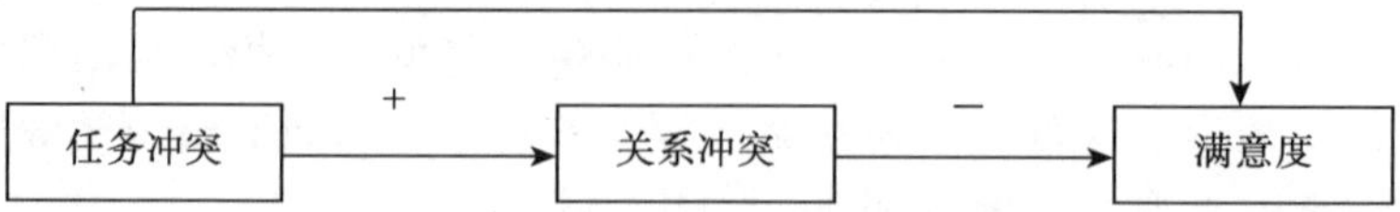

图 2－8　关系冲突的中介作用模型

资料来源：郎淳刚，席酉民，郭士伊．团队内冲突对团队决策质量和满意度影响的实证研究［J］．管理评论，2007，19（7）：12.

陈晓红、李喜华（2008）在分析民营企业高层管理团队（TMT）冲突的基础上，构建了 TMT 冲突与绩效的关系模型，如图 2－9 所示。

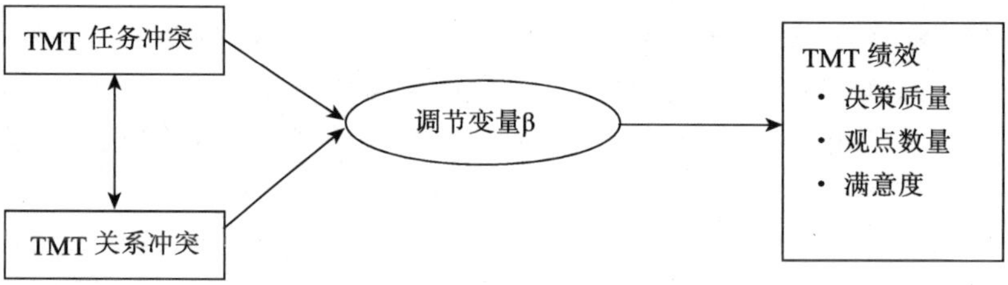

图 2－9　TMT 冲突与绩效的关系

资料来源：陈晓红，李喜华．民营企业高层管理团队冲突和冲突管理模型［J］．系统工程，2008，26（12）：48.

综上所述，学者们对冲突与组织绩效关系的研究，在两方面达成了共识：一是任务冲突和过程冲突与组织绩效总体上呈正相关的关系；二是关系冲突与组织绩效总体上呈正相关的关系。作者对跨国公司母子公司知识转移中的知识冲突的划分及其与知识转移绩效关系的研究，借鉴了前述学者们关于冲突的定义界定、类型划分的依据以及任务冲突和关系冲突之间的关系的研究成果。

二、知识冲突的定义

知识冲突管理是知识管理和冲突管理的一个交叉领域，却又是两者都忽略的一个领域。知识管理研究者往往专注于知识的传递、分享、学习和创新等问题，却对每个环节均有可能产生的冲突未作研究（张钢和倪旭东，2007）。也正因为如此，与学者们对冲突和知识管理进行了大量的研究相比，对将知识管理与冲突理论相结合的知识冲突的研究，还相对缺乏。我国学者也是近几年才开始进行知识冲突的研究。

Nonaka（1994）认为：“团队的构建对于通过团队成员之间的对话为团队

成员的知识共享做出了很大的贡献，但在这种头脑风暴的过程中，发生意见不一致也不少见，并可能产生知识性的冲突”。尽管Nonaka的这一观点指向知识冲突，但他并没有对知识冲突的含义给予一个明确的界定。林莉和周鹏飞（2004）从知识联盟中的不同知识类型出发，分析了知识冲突产生的各种原因，并指出：知识联盟的中心目的就是为了促进不同组织间的知识学习和创造的有效性，减少“剩余”和不必要的浪费。但由于是不同组织之间的联盟，所以彼此间存在差异是不可避免的，这种差异就有可能造成不同组织之间在相互学习和进行知识转移过程中产生冲突。张钢等（2006、2007）对知识冲突的含义进行了明确界定，他们认为：“知识冲突就是拥有不同知识结构的员工在一起工作，由于知识异质性而发生的冲突”。冲突的结果可能是良性的，即适当的知识冲突能够提高组织决策质量、实现异质性知识的公开和共享，从而激发学习知识和创新；同样，这种结果也可能是恶性的，即知识冲突导致组织中的知识偏见以及知识获取和转移的迟滞、知识共享的困难；以至于降低组织凝聚力，严重影响组织绩效。在此基础上，沈丽（2007）指出：“随着学者们对知识的深入研究与对知识分类的日益成熟，不同类型甚至同种类型不同水平的知识之间，在整合、创造与共享过程中，也会由于其差异性而产生冲突，这种由知识差异造成的冲突就是知识冲突”。在此基础上，他对知识冲突进行了具体的界定，即：“个人、团队（群体）或组织所感知到的他（他们）的知识、观点与其他个体、团队（群体）或整个组织存在的不一致和差异”。

从以上学者们对知识冲突的界定可以看出，有的学者（如林莉和周鹏飞等）主要是将冲突理论中的观点直接移植到知识冲突中来，将知识冲突界定为知识转移与共享中的由于目标、观点、利益等不同而带来的双方的对立与矛盾；有的学者（如张钢，倪旭东等）则主要是从知识本身差异的角度来界定知识冲突的含义。在跨国公司母子公司知识转移的过程中，一方面，母子公司在知识结构、存量以及知识类型等知识本体上存在差异，这种差异导致在知识转移过程中会产生知识冲突；另一方面，由于母子公司关系的特殊性和各自利益的分工性，母子公司在知识转移过程中也必然会产生基于转移目标、转移利益等导致的在知识转移中的各种观点上、情感上的不一致。

三、知识冲突的类型

基于以上对知识冲突界定的不同观点，对知识冲突类型的划分，同样也有两种不同的观点：一种是将冲突理论中对冲突维度的划分直接延伸到知识冲突的类型划分中；另一种是从知识本身的差异角度来划分知识冲突的类型。

在冲突理论中对冲突维度的划分直接延伸到知识冲突的类型划分方面，Jehn（1995）和 Amason（1996）依据冲突的多纬度概念，将知识冲突划分为两种类型：认知冲突和情感冲突。以此为依据，孙刚（2008）在对合资企业知识冲突与知识转移效能的研究中，也将知识冲突界定为认知型知识冲突和情感型知识冲突。认知型知识冲突类似于团队成员间的任务冲突，而情感型知识冲突则既包含了对知识差异的不同看法，同时又包含了知识团队中的某种情感对立与矛盾，类似于团队成员间的关系冲突。

在从知识本身的差异角度来划分知识冲突的类型方面，苏君阳（2006）认为：根据对理论知识与实践知识、规范知识与实证知识、战略知识与策略知识、显性知识与隐性知识的选择、表达与应用的不同，可以把知识冲突分为选择性冲突、表达性冲突与应用性冲突三种知识冲突类型。张钢和倪旭东（2006）从知识冲突影响绩效的过程出发，将知识冲突划分为良性知识冲突和恶性知识冲突。良性知识冲突激发并最终推动完成了组织中一个完整的知识流动整合创新过程；恶性知识冲突导致双方互不合作或者勉强合作。在此基础上，张钢和倪旭东（2007）采用不同的知识类型和不同的知识层级的标准，将知识冲突划分为四种类型：水平异型冲突，即处在组织同一层级但知识类型相异的员工之间的冲突；水平同型冲突，即处在相同层级而拥有相同知识类型员工间的冲突；垂直异型冲突，即指处于不同层级、拥有不同知识类型员工间的冲突；垂直同型冲突，即指处在不同层级但拥有同种知识类型员工间的冲突（见图 2－10）。进一步地，张钢和方珑（2007）借鉴已有的关于显性知识与隐性知识、个人知识与组织知识的分类方法，将团队中的知识冲突区分为三种类型，即：显性与隐性知识的冲突、专家类知识间的冲突、团队现存知识与新知识的冲突。

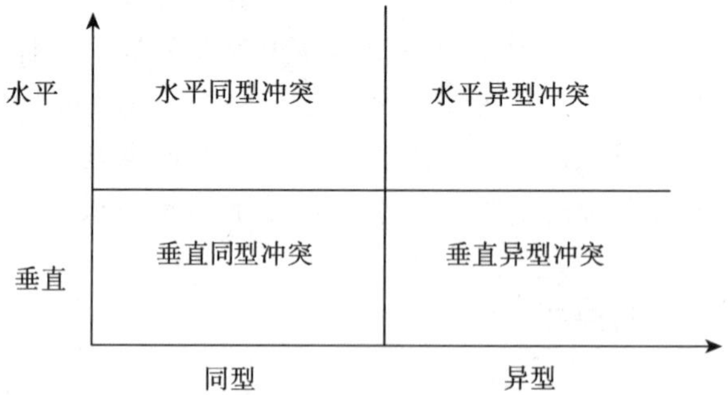

图 2－10　知识冲突的四种类型

资料来源：张钢，倪旭东．组织中的知识冲突研究［J］．科学学与科学技术管理，2007（1）：107.

依据对跨国公司母子公司知识转移中的知识冲突含义的界定，综合考虑冲突管理关于冲突维度的划分和知识本体视角的知识冲突划分，并结合跨国公司母子公司知识转移的具体特点，本研究将知识冲突划分为三个维度：结构型知识冲突、存量型知识冲突和关系型知识冲突。其中，结构型知识冲突主要是基于跨国公司母子公司的成员（团队）在知识结构上的异质性而产生的；存量型知识冲突主要是基于跨国公司母子公司的成员（团队）在知识存量上的异质性而产生的；关系型知识冲突则主要是基于跨国公司母子公司的成员（团队）在情感与关系上的矛盾而产生的对立状态。

第四节 知识转移绩效的形成机理与评价维度研究

跨国公司母子公司之间的成功知识转移，除了要考察影响知识转移的各种情景因素和知识转移机制、路径等过程变量之外，还要对知识转移的绩效进行科学度量。只有这样，才能从知识转移结果的角度来衡量跨国公司母子公司之间知识转移的效果以及基于知识转移的综合绩效水平，并以此为依据，来论证影响知识转移的各种因素并知道知识转移过程是否合理，从而调整或完善跨国公司母子公司之间知识转移的模式、路径以及相应的机制等，最终通过成功的知识转移来提升其核心竞争力。

一、知识转移绩效评价研究的文献综述

目前国外学者对知识转移绩效的研究，主要是基于知识本体的视角，将成功的知识转移作为因变量，从知识转移影响因素与成功知识转移关系的角度来展开的。Teece（1976）认为，知识转移成本是衡量知识转移绩效的重要指标，它决定了知识转移绩效的强度。Meyer & Rowan（1977）指出，成功的知识转移包括知识的内化和知识的可接受两个方面，这两个方面共同体现了知识的所有权。Winter（1995）指出，应该用知识接受方对知识复制和应用的程度来对知识转移的绩效水平加以评价，其复制和应用的具体内容应该包含知识放送方的知识源复制程度、知识放送方的知识嵌入网络在知识接受方的复制程度。Szulanski（1996）将知识接受方对知识转移的满意度作为衡量知识转移绩效的指标，指出知识接受方对知识转移的过程、内容和成本越是满意，则知识转移的绩效则越高。反之，如果知识接受方对知识转移的过程、内容和成本越不满

意，则知识转移的绩效则越低。Kostova（1999）则将知识接受方对知识转移的承诺作为衡量知识转移绩效水平的指标，即在知识转移过程中，如果知识接受方对知识转移的承诺度越大，则表明知识转移的绩效越大。Hakanson & Nobel（2000）认为知识转移的绩效可以以一定时间内转移的知识数量和一定时间内转移的知识质量两方面来加以衡量。

除此之外，国外学者还从知识转移对企业绩效影响的角度，基于组织整体绩效的视角，对知识转移的绩效进行了研究。Simonin（1997）通过收集151家企业的调查问卷，对联盟中企业的知识学习与合作绩效进行了实证研究，结论是：第一，合作技术诀窍与从合作中获得的利益正相关；第二，合作技术诀窍与合作经历正相关；第三，企业规模与合作绩效正相关。在此基础上，他建议联盟企业之间要通过发展相互合作中的技术诀窍，来提高未来的合作绩效。Subramaniam & Venkatraman（2001）将企业新产品开发能力作为衡量知识转移绩效的指标，他们通过对45个跨国公司中的90个新产品开发团队的实证研究，结果发现：信息获取的内隐程度和信息处理机制的丰富程度将影响知识转移后的新产品开发能力。Yli－Renko & Sapienza（2001）在对180家高科技合资企业知识获取与组织绩效的研究中，从产品、技术、市场和社会层面构建了新产品开发、技术独创性、销售成本、社会交互作用等衡量知识获取绩效的指标体系，并发现：①知识获取与新产品开发、技术独创性、销售成本呈显著相关关系；②社会交互作用与知识获取呈正相关关系。

国内学者对知识管理绩效的研究论述较多，但对于知识转移绩效的研究较少。任荣（2005）基于员工能力变化和投资成本两个维度构建了知识转移效果的评价指标，并对客观量化法、主观量化法和定性说明法三种知识转移效果评价方法进行了探讨。卢兵等（2006）从获得知识的主体数、每个主体获得知识的长度、每个主体获得知识的宽度三个维度构建了知识转移效果的立方体模型。肖久灵（2007）对中国海外企业知识转移的绩效评价进行了研究，采用模糊综合评价法，构建了包含4项一级指标（技术创新、组织层面、利益相关者层面、员工层面）、13项二级指标和48项三级指标的知识转移绩效评价体系，但没有对知识转移绩效的扩散与传递机制进行分析，导致指标体系的目标层缺乏一定的关联性。王珩骞（2007）从知识的制度化、转移成本、企业盈利能力、创新绩效、受体满意度五个因素对知识转移绩效进行了测量；曹竹（2008）基于知识转移的影响因素，从知识供给方、知识需求方、编码化措施水平、人际沟通措施水平、知识情景五方面构建了合资制造企业知识转移的绩效评价指标体系。李楠和严素梅（2009）构建了转移频率、转移成本、知识使用效果、知识再创程度、受体投入程度等科技服务企业知识转移绩效评价的五因素指标。

从以上国内外研究成果来看，目前对知识转移绩效的研究，主要存在以下问题：①对知识转移绩效的研究，主要是为研究知识转移影响因素与知识转移效果之间关系而服务的，研究的重点不是作为结果变量的知识转移绩效，而是作为前导变量的知识转移影响因素或转移路径等。②目前文献对知识转移绩效维度的划分，要么是基于知识接受的知识本体层面，要么是基于企业绩效的组织层面，或者是某些个体要素的零散构建，缺乏将知识转移绩效作为企业的整体资源进行系统分析，并以此来划分知识转移绩效的维度。

二、跨国公司母子公司知识转移绩效评价层次及维度划分

跨国公司母子公司间的知识转移，常常由母公司发出而子公司接受，但子公司也可以通过知识反哺的形式向母公司反转移知识（丛聪和徐枞巍，2010）。在这一过程中，作为知识的接受方，首先需要对所接受的知识进行相应的转换、吸收和创新。Nonaka & Takeuchi（1995）提出了知识转移与知识创造过程的 SECI 螺旋模式，揭示了知识转移与知识创造的基本过程。第一步是知识的社会化（Socialization）过程，即组织隐性知识转换为个人隐性知识的过程；第二步是外部化（Externalization），即将来自主观经验的隐性知识转换成显性知识的过程。第三步是组合（Combination），即将既有知识加以分类和重新组合而产生新的知识。第四步是内部化（Internalization），即通过实际操作与反复试错等边干边学的方式，促进知识在组织内部的相互交流与共享。此过程遍及个人、团队、组织与组织间四个层次。以此为依据，本书从衡量跨国公司母子公司之间知识转移绩效形成过程与结果的系统视角，基于知识转移过程中对知识吸收、共享、内化、创新以及价值创造的不同阶段和知识在跨国公司母子公司的个人、团队、组织扩散过程中形成跨国公司母子公司知识转移绩效的路径及其传递机制，构建了跨国公司母子公司之间知识转移绩效的评价层次模型，并将知识转移绩效划分为个体绩效、团队绩效、组织绩效三个维度，如图 2 - 11 所示。

以上由个体绩效、团队绩效、组织绩效构成的跨国公司母子公司之间知识转移绩效评价层次，一方面体现了知识的传递、共享、创新、应用直到创造价值的过程，是 SECI 知识螺旋模式在跨国公司母子公司之间知识转移过程中的具体表现，集中反映了知识在个体、团队、组织间的传递机制。另一方面，也体现了知识在个人、团队、组织扩散过程中形成知识转移绩效的路径及其传递机制。个体绩效是团队绩效的前提，知识只有在个体接受与理解的基础上，才

能为团队所共享并发挥团队的作用创造新的知识；同样，团队绩效又是组织绩效的基础，由团队成员所创造的新知识最终应用于企业的外部运营和内部管理，将知识转化为现实的生产力，从而促进企业的价值创造与竞争力提升，形成基于知识的组织绩效。

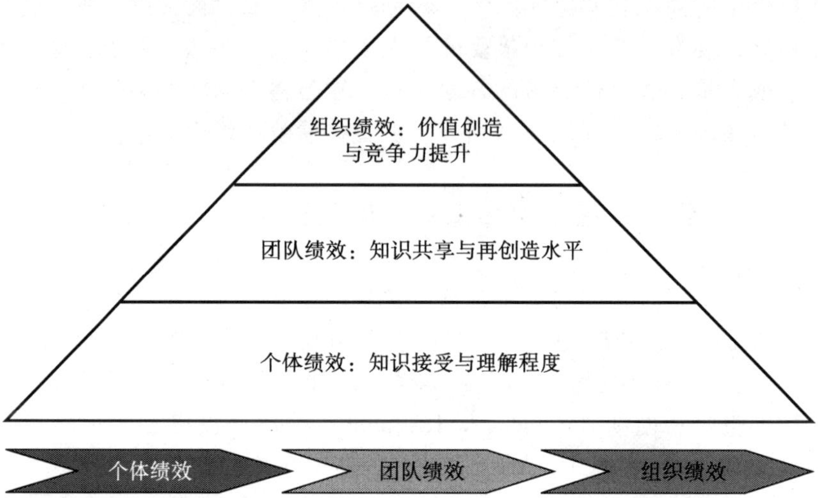

图 2－11 跨国公司母子公司之间知识转移绩效评价层次

资料来源：易加斌，范莉莉，谢冬梅．跨国公司母子公司之间知识转移绩效评价研究［J］．公司治理评论，2010（12）：27.

第三章 模型构建与假设提出

依据前面章节对基本理论和相关文献的系统梳理和分析，基于本书以跨国公司母子公司知识转移中的沟通、知识冲突及其交互作用对知识转移绩效影响机制为研究内容，本章首先对本相关概念模型构建的基础理论进行了阐述，并由此推演出本研究构建的“沟通—知识冲突—知识转移绩效”概念模型中各变量的内在逻辑关系；在此基础上，将沟通划分为合作性沟通、竞争性沟通两个维度，将知识冲突划分为存量型知识冲突、结构型知识冲突和关系型知识冲突三个维度，将知识转移绩效划分为知识转移的个体绩效、团队绩效和组织绩效三个维度，构建了一个跨国公司母子公司知识转移中的沟通、知识冲突与知识转移绩效的概念模型；最后提出了本研究概念模型中各变量间相互关系的研究假设。

第一节 模型构建的理论基础

一、整体框架的理论基础——组织学习理论

组织学习的概念最早由 March 和 Simon 于 1958 年提出，在此基础上，Anderson（1995）将组织学习定义为“使相对持久的变化在经验引起的潜在行为中发生的过程，并且在这一过程中还包含了人性的所有方面及人与环境的互动行为。”此后，随着组织是由知识团队构成并由此获得组织优势与竞争力等观

念的兴起，组织学习这一概念得到了来自不同领域的研究者们的注意。Argyris 和 Schon 于 1978 年的《组织学习：行动维度理论》一书的正式出版，标志着组织学习理论的正式形成。Senge 于 1990 年的《第五项修炼——学习型组织的艺术与实务》一书的出版，则标志着组织学习理论的研究进入了一个黄金时期。在此背景下，学者们从心理学、社会学、管理学等不同领域对组织学习理论进行了广泛的研究，并积累了丰富的研究成果，逐渐形成了组织学习理论的认知视角和社会/文化视角两大理论体系。

1. 组织学习理论的认知视角

从认知视角对组织学习理论进行研究，主要是来自于计算机科学、系统理论、心理学和神经系统科学等领域的学者。Von Krogh（1998）将认知模式的信息加工系统用来解释组织的学习行为，认为一个组织的学习过程，就是一个组织体系的个体、团队与组织部门来寻找能洞察大脑的物质结构和认知加工基础上的信息处理与逻辑推理过程，并由此带来个体、团队与组织层次上潜在行为的变化。Easterby & Araujo（1999）个体行为是组织学习的中介，一旦个体在加工、翻译和信息反馈上变得更熟练，学习就发生了，并由此带来组织学习环境和行为的改善。Ayas（1999）指出，组织学习是指组织成员分享见解、知识和心智模式的过程，并且以过去组织记忆中知识和经验为基础，通过知识和理解来改善行动。在这一过程中，知识共享是为其他人的行动创造新的潜力，从这个意义上说，知识转移与知识共享的实质上是一个积极的组织学习过程。尽管组织学习的认知理论研究了组织学习中个体的心智模式、信息加工等推动学习行为的内在机理，但组织学习的认知理论主要关注的是学习个体的认知推理过程，忽略了组织学习中学习对象与社会环境、文化的交互作用，从而不能解释组织学习中的社会化现象。

2. 组织学习理论的社会/文化视角

从组织学习理论的社会/文化视角，认为个体根植于一定的社会/文化环境，在学习过程中是嵌入在一定的社会/文化环境中而进行的持续学习而非在譬如接受培训或者阅读文件时之类特定的时间段里学习（Lave，1987；Lave & Wenger，1991）。因此，组织学习理论的社会/文化视角将组织的学习置于组织成员嵌入所在社会/文化环境中并整合过去的经验的过程，而社会文化的复杂性又使得组织的学习过程不仅仅是一个组织成员个体的认知过程，而是基于认知基础的复杂的价值观、道德、信仰以及个人经验与知识信息的交互过程（Wenger，1998）。从这个意义上来说，组织学习可以被理解为深深地根植于组织个体与团队成员日常的经历与行为中，同时，组织与外部环境的嵌入也深刻地影响组织学习的动力和机制，成为组织学习的持续活动，而是不仅仅发生在诸如进修、培训时或者读书时的一些特定时间（季晓芬，2008）。由此，Davenport & Prusak（1998）认为，社会文化与组织所处的内外部环境是组织知识共享成功与否的关键因素之一。

除此之外，还有学者从学习行为发生的层面对组织学习进行了研究。Mine等（1990）将组织学习的行为划分为四个层面：（1）组织中的个体学习行为，即组织通过激励个体不断学习新知识、新技能，并在此基础上形成新的价值观和能力；（2）组织中的团队学习行为，即组织中基于个体的自发联合或者有组织的联合形成团队学习小组的形式来参与对新知识的接收和新能力的打造；（3）组织整体层面的学习行为，即组织通过建构适宜于知识流动和共享的组织结构和文化来促进组织的整体学习；（4）组织间的学习，即不同组织间相互借鉴、相互学习以提高组织效率和能力。

基于组织学习理论，跨国公司母子公司的知识转移与知识共享，就是知识在跨国公司母子公司之间的个体、团队、部门、组织与组织间的流动、整合、吸收、转化和创新的过程，其本质上是组织的学习行为。在此过程中，跨国公司母子公司基于知识转移的组织学习既包含了学习个体对知识的信息解读和心智认知，更体现了跨国公司母子公司间基于异质性文化与社会环境而对国别性知识在组织单元间的转化和融合。更重要的是，基于跨国公司的组织知识基础理论①，这种跨国公司母子公司之间知识转移与共享的学习过程，也决定了跨国公司是一个以知识为构成基础的知识型组织，并以此形成跨国公司的竞争优势。因此，组织学习理论和跨国公司的组织知识基础观理论为本研究的整体框架提供了理论基础。

二、沟通、知识冲突与知识转移绩效结构设计的理论基础

作者认为，在设计沟通、知识冲突与知识转移绩效关系的概念模型之前，首先要明确沟通、知识冲突与知识转移绩效变量的含义与各变量维度划分的理论依据以及支撑各变量关系的理论依据之间存在的内在关系，从而能够为沟通、知识冲突与知识转移绩效关系概念模型的结构设计提供理论支撑。为此，

① 除了组织学习理论之外，跨国公司组织的组织知识基础观理论也是本书对跨国公司母子公司知识转移研究整体框架的理论基础，鉴于本书第二章对这一理论已经有了阐述和分析，本部分不再赘述。

本部分在第二章文献综述的基础上，进一步对沟通、知识冲突与知识转移绩效各变量选择及其维度划分的理论基础进行说明和分析。

1. 沟通及其维度划分的理论基础——合作与竞争理论

合作与竞争理论是伴随着20世纪90年代以来经济全球化和竞争国际化背景下而产生的全球性跨国公司如何处理全球竞争与合作行为的新理论，其主要代表人物是乔尔·布利克（Joel Bleeke）与戴维·厄恩斯特（David Ernst）。合作与竞争理论的核心观点是：对于全球性的跨国公司而言，完全损人利己的竞争时代已经结束。跨国公司为了获得全球市场的竞争优势，必须从原有的“你死我活”的竞争模式转型为“在合作中竞争、在竞争中合作”的竞合型模式。在此理念下，跨国公司可以有选择地与竞争对手以及与供应商分享和交换控制权、成本、资本、市场机会、信息和技术，从而为顾客和股东创造最大价值，并提升跨国公司在全球市场中的竞争力。

最初的合作与竞争理论用于解释跨国公司与竞争对手之间的竞合关系，随着跨国公司经营实践的发展，学者们开始将合作与竞争理论用于解释跨国公司内部母子公司之间的关系以及跨国公司母子公司在各项活动中的行为。基于跨国公司母子公司之间特殊的产权关系与控制机制，跨国公司母子公司之间既存在共同的利益合作关系，同时又基于跨国公司母子公司之间在地位、合作程度与利益分配等方面的不同，又存在不同程度的竞争，由此形成了跨国公司母子公司之间既竞争又合作的内部组织间关系。对此，Johnson & Johnson（1989）将跨国公司母子公司间的合作关系划分为三种类型：合作型、竞争型和独立型。跨国公司母子公司合作的关系促使跨国公司母子公司间形成合作型的依赖关系，并相互鼓励、相互支持，共同分享信息和资源，努力为实现跨国公司母子公司的共同目标而提供各种帮助（Johnson & Johnson，1989）。相反，竞争导致跨国公司母子公司间的利益相互抵触，从而给跨国公司母子公司双方都带来负面的消极影响。在跨国公司母子公司合作型目标和合作型依赖关系下，跨国公司母子公司间将会坦诚地讨论各种冲突和问题，进行富有建设性的争论。而在跨国公司母子公司竞争型目标和竞争型关系下，跨国公司母子公司间的沟通总是基于自身的利益而充满“火药味”（Tjosvold，1998）。对此，Dean Tosvold & 粟芳（2002）采用实验方法，采用合作型沟通方式与竞争性沟通方式，并基于合作型目标与竞争型目标的框架，对其进行了验证，其结果表明，与竞争型沟通方式相比，合作型沟通更能够达成沟通双方的战略一致性，其富有建设性的讨论问题的方式更能有效地促进问题的解决。史江涛（2007）进一步地将团队知识共享中的合作型沟通与竞争型沟通与团队知识共享绩效的关系进行了实证研究。其实证研究表明：合作型沟通对员工知识共享意愿和知识整合能力均有正向影响，而竞争型沟通、回避型沟通则不利于促进知识共享意愿。

基于合作与竞争理论，跨国公司母子公司知识转移中对沟通方式的选择，要受制于跨国公司母子公司间合作与竞争关系的影响。而由于如前所述的跨国公司母子公司关系的复杂性，使得跨国公司母子公司在知识转移过程中对沟通的态度与沟通方式的选择并不总能达成一致，往往体现出合作型沟通和竞争型沟通。由此，本研究基于合作与竞争理论的基本思想，依据 Deutsch（1973）和 Tjosvold（2002）提出的合作性沟通（Cooperative Communication）和竞争性沟通（Competitive Communication）两个维度，来研究跨国公司母子公司知识转移过程中沟通与知识冲突以及通过知识冲突影响知识转移绩效的路径机制。

2. 知识冲突其维度划分的理论基础——知识异质性与冲突管理理论

知识异质性理论来源于团队成员的特质差异理论（Pfeffer，1983；张钢和倪旭东，2007）。团队成员特质差异理论最早是由 Pfeffer（1983）运用组织人口统计学方法来研究组织人员调整问题中提出来的，其核心思想是团队成员由于在性别、年龄、种族、价值观等方面的异质性，而对组织人员的调动产生影响。在此之后，学者们逐渐地将团队成员特质差异性理论用于研究组织人员调整的单一研究扩展到用于对高层管理团队价值观差异、组织成员满意度、组织决策、组织创新等影响组织绩效的多视角研究领域（Pelledma，1999；吴维库，2002；刘军和富萍萍，2005、2007）。

随着组织学习理论和知识经济时代的兴起，学者们将团队成员特质差异理论中团队成员特质的差异性指向进一步延伸，即研究一个知识型组织体系中，团队成员间的知识异质性是如何影响团队成员之间的关系以及组织绩效，从而形成了知识异质性理论（Grant，1996；张钢和倪旭东，2007）。张纲等（2007）认为，在以知识为基础的竞争条件下，组织的生存与发展越来越依赖于团队这个组织的核心工作单元。团队具有挖掘集体知识的优势，但是，在知识型团队中，团队成员除了在个人特征、经验特征等方面的差异之外，最显著性的差异就是团队成员所拥有的不同类型、不同专业背景以及不同结构的知识。这种团队成员的知识异质性又会随着部门间的差异和组织间的差异而更为突出。比如，在一个企业组织中的营销部门内部，营销部门的团队成员之间往往由于学历不同、专业构成不同而形成知识的异质性，而这种异质性团队成员构成的营销部门与企业组织中的研发部门的团队成员的知识异质性又更为突出。由此，张钢和倪旭东（2007）指出："知识经济时代，组织所面临的主要问题之一，是如何有效整合组织内不同主体（个体、团队或部门）所拥有的不同类型知识”（Grant，1996）。

既然在知识经济时代组织内团队成员的知识异质性不可避免，那么，团队成员间的知识异质性会产生什么样的后果以及组织应该如何有效地处理这个后果呢？对此，学者们将冲突管理理论引入团队知识异质性理论中来，用于解释知识异质性的后果和如何整合“知识异质性团队成员”的模式。张钢和方珑（2007）指出，拥有不同知识结构的员工在一起工作，最有可能产生一种基于知识异质性而触发冲突，他们将这种冲突界定为“知识冲突”；同时，借鉴已有的关于显性知识与隐性知识、个人知识与组织知识的分类方法（Nonaka，1991），将知识冲突区分为三种类型，即：显性与隐性知识的冲突、专家类知识间的冲突、团队现存知识与新知识的冲突。进一步地，学者们又按照知识冲突的性质和结果，将知识冲突区分为良性知识冲突和恶性知识冲突（Tan，2005；张钢和倪旭东，2007）。对此，张纲等（2007）指出：“知识冲突的结果可能是良性的，即适当的知识冲突能够提高组织决策质量、实现异质性知识的公开和共享，从而激发知识学习和创新；同样，知识冲突的结果也可能是恶性的，即知识冲突导致组织中的知识偏见以及知识获取和转移的迟滞、知识共享的困难，以至于降低组织凝聚力，严重影响组织绩效”。

基于知识异质性与冲突管理理论形成的“知识冲突”观，跨国公司母子公司之所以会发生知识转移行为，正是母子公司间存在知识的异质性，才使得跨国公司通过母子公司知识转移来试图消除知识的异质性，从而实现母子公司知识的融合，并提升跨国公司的整体绩效。同时，这种跨国公司母子公司知识的异质性在实际的转移过程中，也必然会产生知识冲突；再有，在跨国公司母子公司知识转移的过程中，承担知识发送任务的母公司成员和承担知识接收任务的子公司成员所构成的知识转移团队成员在知识结构、知识存量等方面也会产生基于知识异质性而触发的知识冲突。因此，在跨国公司母子公司知识转移的过程中，基于知识异质性的知识冲突不可避免。对此，诸多学者也从跨国公司母子公司知识距离（Kogut & Zander，2003）、母子公司成员知识差异（Snejina & Zaidah，2011）对知识转移绩效的影响进行了研究。除此之外，基于冲突管理理论对冲突类型划分的观点和跨国公司母子公司关系的特殊性和各自利益的分工性而形成的跨国公司母子公司在知识转移过程中也必然会产生基于转移目标、转移利益等导致的各种观点、情感的不一致，跨国公司母子公司知识转移中也必然会产生“关系型知识冲突”（孙刚，2008）。由此，基于知识异质性与冲突管理理论，本书将跨国公司母子公司知识转移中的知识冲突划分为三个维度：结构型知识冲突、存量型知识冲突和关系型知识冲突，从而深入研究不同类型的知识冲突对跨国公司知识转移绩效的影响机制。

3. 知识转移绩效及其维度划分的理论基础——知识转换和创造的SECI螺旋理论

Nonaka & Takeuch（1995）基于知识本体论（Ontological）和认知论（Epistemology）提出了知识转移与知识创造过程的SECI螺旋理论，其构成如图3－1所示。

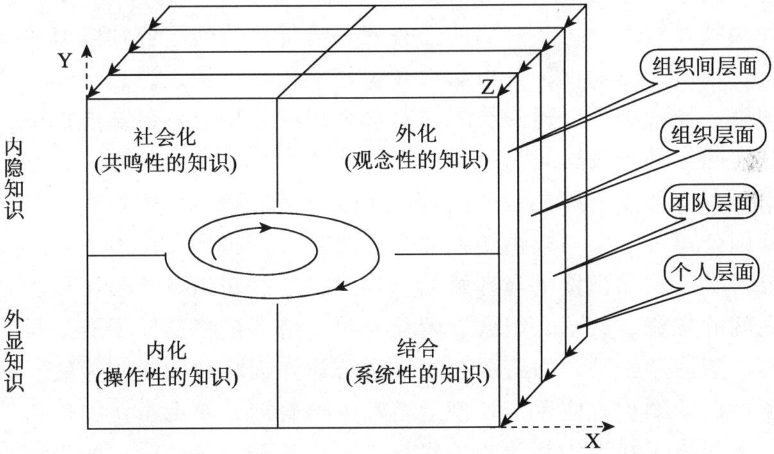

图3－1 Nonaka和Takeuch知识转换和创造的SECI螺旋理论模型

资料来源：Nonaka，I.，Takeuchi. The Knowledge－creating Company［M］. N. Y Oxford University Press，1995：58.

在图3－1中，X轴和Y轴为知识转移的本体层面，其中，X轴表示知识转移的载体，由个人层面、团队层面、组织层面、组织间层面构成，即知识要在个人层面、团队层面、组织层面、组织间层面进行转移和传递。Y轴表示知识的类型，包括隐性知识和显性知识两个构面，即根据知识的可编码性将知识划为隐性知识和显性知识两个维度。Z轴则体现为认知层面，即由隐性知识和显性知识构成的知识在个人、团队、组织和组织间的转移，要经历四个步骤：第一步是知识的社会化（Socialization）过程，即组织隐性知识转换为个人隐性知识的过程；第二步是外部化（Externalization），即将来自主观经验的隐性知识转换成显性知识的过程。第三步是组合（Combination），即将既有知识加以分类和重新组合而产生新的知识。第四步是内部化（Internalization），即通过实际操作与反复试错等边干边学的方式，促进知识在组织内部和组织间的相互交流与共享。知识转换和创造的SECI螺旋理论一方面揭示了知识转移的主体构成，即知识需要通过个人层面、团队层面、组织层面、组织间层面来完成对知识的转移和共享；另一方面，知识转换和创造的 SECI 螺旋理论揭示了知识转移与创造的过程以及由此形成知识转移绩效的演进机理，即知识转移与创造要通过个人与团队的吸收来形成个人知识转移与团队知识转移绩效；然后进一步地通过组织内部与组织之间的知识转移共享与创新机制，来形成知识转移的组织绩效以及组织间绩效。

基于知识转换和创造的 SECI 螺旋理论，可以认为跨国公司母子公司之间的知识转移是一个跨国公司内部组织之间的知识共享与创新过程。在此过程中，作为接收方的子公司，首要的任务就是将母公司通过各种渠道转移而来的组织知识转化为个体知识，并将隐性知识显性化。也就是说，子公司接受母公司知识的第一步就是子公司的员工要对母公司的知识能够系统地接受，正确地理解。这实际上是子公司对母公司知识社会化和外部化的过程，其承担者是子公司员工，由此形成了跨国公司母子公司之间知识转移绩效评价的第一个层面，即跨国公司母子公司知识转移的个体绩效。其次，在作为个体层面的跨国公司子公司员工对知识接受与理解的基础上，通过知识在子公司员工之间、各个部门之间的交流、共享、组合、内化与再创造，最终形成了子公司团队成员对知识转移的绩效水平，即跨国公司母子公司知识转移的团队绩效。最后，子公司将创新后的知识，应用于外部运营和内部管理，实现企业的价值创造，并建立起一系列基于知识创新的竞争优势。形成子公司竞争优势的先进知识又通过子公司对母公司的反转移传递到母公司，母公司再转移给其他子公司，从而形成了跨国公司内部网络各个节点之间的知识转移机制，最终实现跨国公司整体价值创造和竞争力水平提升的终极战略目标，即实现跨国公司母子公司知识转移的组织绩效（易加斌和范莉莉，2009）。以上由个体绩效、团队绩效、组织绩效构成的跨国公司母子公司之间知识转移绩效评价层次，一方面，体现了知识的传递、共享、创新、应用直到创造价值的过程，是知识转换和创造的 SECI 螺旋理论在跨国公司母子公司之间知识转移过程中的具体表现，集中反映了知识在个体、团队、组织间的传递机制。另一方面，也体现了知识在个人、团队、组织扩散过程中形成知识转移绩效的路径及其传递机制，二者的内在逻辑机理如图 3－2 所示。

根据上述分析，本书基于知识转换和创造的 SECI 螺旋理论，以及知识转移过程中对知识吸收、共享、内化、创新以及价值创造的不同阶段和知识在跨国公司母子公司的个人、团队、组织扩散过程中形成跨国公司母子公司知识转移绩效的路径及其传递机制，将跨国公司母子公司知识转移绩效划分为个体绩效、团队绩效、组织绩效三个纬度，来研究不同的沟通和知识冲突类型与不同

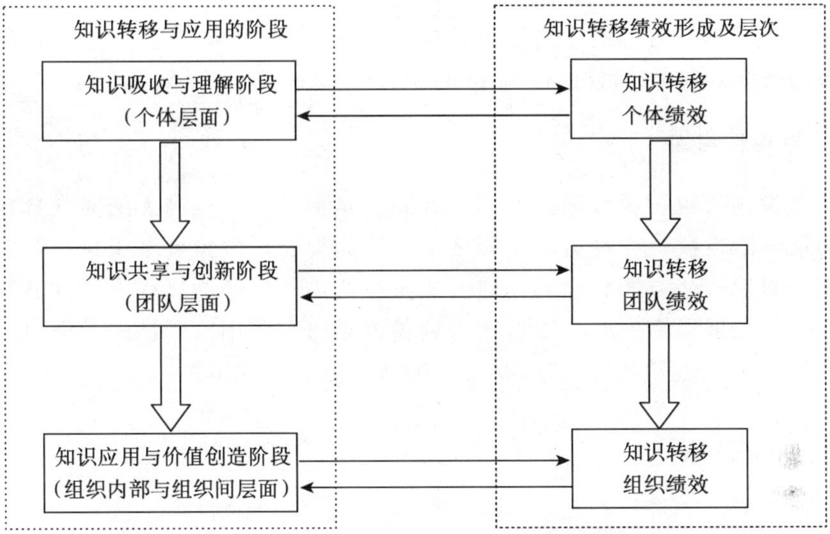

图 3－2 基于 SECI 螺旋理论的跨国公司母子公司知识转移绩效形成机理

资料来源：易加斌，范莉莉，谢冬梅．跨国公司母子公司之间知识转移绩效评价研究［J］．公司治理评论，2010，2（3）：23.

层次的知识转移绩效的内在逻辑关系。

第二节 基本概念界定

一、沟通

基于对沟通文献的梳理和根据沟通维度划分的合作与竞争理论，本研究将跨国公司母子公司知识转移中的沟通含义界定为：跨国公司母公司与子公司，就所转移的知识而进行的信息传递、交流与共享并在此基础上对子公司行为与态度产生某种影响的动态过程。在此基础上，本研究将沟通划分为合作性沟通（Cooperative Communication）和竞争性沟通（Competitive Communication）。

1. 合作性沟通

合作性沟通是指沟通双方对相关的沟通议题和沟通内容，基于合作型的战略目标，采取共赢的解决办法的一种沟通方式。在合作性沟通中，沟通双方都站在他人的角度思考问题，采用谆谆诱导的交流方式来表达其思想与情感，试图实现沟通双方共赢的目标（Hui&Yu，2003；Chen 等，2005；史江涛，2007）。

2. 竞争性沟通

竞争性沟通也称为输赢式的沟通方式，是指将沟通视为无法实现合作共赢或者只能实现自我一方利益的输赢之争，认为沟通更多是要基于自我利益并且沟通双方只能有一方能胜出的沟通方式。在竞争性沟通的过程中，沟通双方都站在自己的角度思考问题，以自我的利益为导向，采用压制性的、强迫式的交流方式来表达观点和意见（Hui&Yu，2003；史江涛，2007）。

二、知识冲突

基于知识异质性与冲突管理的基本理论和相关文献，本书对跨国公司母子公司知识转移中的知识冲突的界定，综合考虑了知识差异和冲突理论中对冲突定义的界定，将知识冲突界定为：母子公司在知识转移过程中，基于母子公司在知识存量、知识结构等知识本体上的异质性和基于转移目标、转移利益等导致的在知识转移中的各种观点上、情感上的不一致而产生的矛盾、对立与差异状态。

依据对跨国公司母子公司知识转移中的知识冲突含义的界定，综合考虑冲突管理关于冲突维度的划分和知识本体视角的知识冲突划分，并结合跨国公司母子公司知识转移的具体特点，本书将知识冲突划分为三个维度：结构型知识冲突、存量型知识冲突和关系型知识冲突。

1. 结构型知识冲突

结构型知识冲突是指跨国公司母子公司的成员（团队）基于知识结构上的差异而导致的在知识转移中产生的冲突。所谓知识结构，是指母子公司的成员（团队）在知识的专业背景、专业构成上形成的专家类知识差异，导致对同源性知识形成的不同看法，双方在知识转移中形成的差异和矛盾（Tan，2005；张钢和倪旭东，2007）。正如张钢和方珑（2007）所指出的，对于那些显性知识型个体，即使他们都拥有专业（学科）类或专家类知识，但由于专业或专家类知识间的差异，也会造成拥有不同专家类知识个体间的冲突。

2. 存量型知识冲突

存量型知识冲突是跨国公司母子公司在知识贮备的量上的差异而导致的在知识转移中产生的冲突。所谓知识存量，是指跨国公司母子公司在某一个/某一类要转移的知识上存在着基础性的存量上的差异，导致在接收方接受所要转移的知识时，可能缺乏相应的知识储备而与转移方产生冲突。母子公司知识存量的阶梯性落差，被认为是母子公司知识转移的动力，但由此也形成了基于母子公司知识存量差异的知识冲突（张钢和倪旭东，2007）。

3. 关系型知识冲突

关系型知识冲突是跨国公司母子公司在知识转移过程中由于双方的相互不喜欢、排斥与对立造成的关系的紧张、情感上的摩擦与矛盾的行为状态。在跨国公司的全球经营体系中，基于母子公司的信任程度、合作动机、子公司不同的地位与作用等形成了复杂的既合作又竞争的母子公司关系（陶向南和赵曙明，2003），这种复杂的母子公司关系又会随着内外环境的变化而处于动态化的演变过程中，并可能在知识转移过程中可能会形成情感上的矛盾、对立和竞争状态，从而进一步地嵌入到所转移的知识中，体现出一种基于关系的知识冲突。

本书划分的知识冲突三个维度中，结构型知识冲突和存量型知识冲突是从知识本体的角度来划分的，这两类冲突属于良性知识冲突；关系型知识冲突则是从母子公司的关系角度来划分的，它对应的是冲突管理中的情感冲突维度，属于恶性知识冲突（Tan，2005；张钢和倪旭东，2007）。

三、知识转移绩效

针对目前学者们对知识转移绩效要么是基于知识接受的知识本体层面（Meyer & Rowan，1977；Winter，1995），要么是基于企业绩效的组织层面（Subramaniam & Venkatraman，2001），或者是某些个体要素的零散构建（任荣，2005；曹竹，2008），缺乏将知识转移绩效作为企业的整体资源进行系统分析的局限性，结合本书对跨国公司母子公司知识转移形成的逻辑，作者将跨国公司母子公司知识转移绩效的含义界定为：跨国公司母子公司要转移的知识在个人、团队、组织内部与母子公司之间的传递过程中所形成的对知识吸收、理解、共享、内化、创新和价值创造与竞争力提升的满意程度与绩效水平程度（Nickerson & Zenger，2005）。依据跨国公司母子公司知识转移传递的主体层次并由此形成绩效的路径机制，本书从系统评价的角度，将跨国公司母子公司知识转移绩效划分为知识转移个体绩效、知识转移团队绩效和知识转移组织绩效三个维度。

1. 个体绩效：知识接受与理解程度

在跨国公司母公司向子公司转移知识的过程中，对于接受方的子公司而言，首要的任务就是承担相应的接受知识任务的子公司员工，将母公司通过各种渠道转移而来的组织知识转化为个体知识，并将隐性知识显性化。也就是说，子公司接受母公司知识的第一步就是子公司的员工要对母公司的知识能够系统地接受，正确地理解。这实际上是子公司对母公司知识社会化和外部化的过程，其承担者是接受知识的子公司员工，由此形成了跨国公司母子公司之间知识转移绩效评价的第一个层面：个体绩效评价。其核心是评价个体对知识的接受与理解程度。如果个体对知识的接受与理解程度越高，则个体绩效越好；反之，如果个体对知识的接受与理解程度越低，则个体绩效越差。

2. 团队绩效：知识共享与再创造水平

团队绩效风险也可称为团队效能风险，Nickerson 和 Zenger（2005）将其定义为团队成员在形成具有广度的团体产出、成员满意度和对组织承诺等方面的不确定性。跨国公司母子公司之间知识转移的团队绩效是在作为个体层面的跨国公司子公司员工对知识接受与理解的基础上，通过知识在子公司员工之间、各个部门之间的交流、共享、组合、内化与再创造，最终形成了子公司团队成员对知识转移的绩效水平。其核心是评价子公司团队对知识的共享程度和再创造水平。如果子公司团队成员对知识的共享程度和再创造水平越高，则团队绩效越好；反之，如果子公司团队成员对知识的共享程度和再创造水平越低，则团队绩效越差。

3. 组织绩效：价值创造与竞争力提升

价值创造与竞争力提升，是跨国公司母子公司之间知识转移的终极目标，也是跨国公司母公司向子公司转移知识的原动力。对子公司而言，子公司将共享与创新后的知识，应用于子公司的外部运营和内部管理，实现企业的价值创造，并建立起一系列基于知识创新的竞争优势。这些竞争优势的获得，有助于子公司与所在东道国的原料供应商、产品销售商、竞争对手、行业协会、政府机构、消费者公共组织等业务合作伙伴构建紧密的合作关系，并通过吸收来自业务伙伴的先进知识，从而进一步强化子公司的竞争优势。形成子公司竞争优势的先进知识又通过子公司对母公司的反转移传递到母公司，母公司再转移给其他子公司，从而形成了跨国公司内部网络各个节点之间的知识转移机制，最终实现跨国公司整体价值创造和竞争力水平提升的终极战略目标。因此，跨国公司母子公司知识转移组织绩效评价，既反映了子公司应用母公司转移来的知识创造价值，提升竞争优势的能力，也反映了母公司吸收子公司反转移而来的知识创造价值和有效整合子公司竞争优势从而提升其整体竞争力的能力。

在三个维度的跨国公司母子公司知识转移绩效评价中，个人绩效和团队绩效从知识本体的层面反映了知识转换、内化、创新的过程，是对知识转移过程中跨国公司母子公司之间知识转移绩效的反映；组织绩效则反映了知识转化为生产力，作用于跨国公司的经营管理，从而实现跨国公司创造价值与竞争力提升的过程，是从知识转移结果的角度来衡量跨国公司母子公司之间知识转移的整体水平。本研究除了验证沟通、知识冲突与知识转移绩效的个体绩效、团队绩效、组织绩效之间的关系，还将进一步地考察知识转移的个体绩效、团队绩效、组织绩效相互之间的演进关系。

第三节 整体概念模型的构建

一、变量间逻辑关系

根据上面对国内外文献的梳理和跨国公司母子公司知识冲突、沟通与知识转移的理论基础分析和维度划分，形成本研究的逻辑：

（1）跨国公司母子公司知识转移的过程，是实现跨国公司母子公司知识转化并实现跨国公司母子公司知识共享、整合、创新和应用的过程，从本质上体现了组织学习的过程。

（2）跨国公司母子公司知识转移的过程，本身是一个基于知识嵌入的信息交流和沟通的过程，沟通方式和沟通程度的不同，会作用于不同类型的知识冲突，进而影响知识转移的绩效。然而，基于跨国公司母子公司跨国公司母子公司既竞争又合作的内部组织间关系，跨国公司母子公司往往会形成合作性沟通与竞争性沟通两种不同的沟通方式。

（3）作为一个知识的集合体，跨国公司母子公司知识的异质性，形成了跨国公司母子公司知识转移的前提和动因之一，但同时必然会产生基于知识异质性而触发的知识冲突。不同程度和不同类型的知识冲突会产生不同的知识转移效果，从而影响知识转移的绩效水平。

（4）从跨国公司母子公司知识转移的结果视角来看，跨国公司母子公司知识转移的过程遍及了个人、团队、组织与组织间四个层次，并由此形成了知识转移的个体绩效、团队绩效和组织绩效，从而反映了跨国公司母子公司的知识转移绩效水平。

（5）整合上述不同变量的界定及其在跨国公司母子公司知识转移中的作用，形成了本研究对变量间研究的逻辑关系，即：在组织学习理论和跨国公司组织知识基础观理论的框架下，跨国公司母子公司的知识转移首先是一个知识转移双方的沟通过程；而不同的沟通方式与程度会作用于不同类型的知识冲突；而不同的知识冲突程度又会影响跨国公司知识转移的绩效水平，由此形成跨国公司母子公司知识转移中沟通（合作性沟通与竞争性沟通）→知识冲突（结构型知识冲突、存量型知识冲突、关系型知识冲突）→知识转移绩效（个体绩效、团队绩效、组织绩效）的知识转移路径机制。因此，本研究将沟通、知识冲突、知识转移绩效整合在一起，在沟通与知识冲突、知识冲突与知识转移绩效关系的基础上，重点研究沟通是如何通过影响知识冲突进而影响知识转移绩效的路径机制，从而打开跨国公司母子公司知识转移的“黑箱”。

二、整体概念模型的形成

基于上述分析，本研究在整体上构建了一个跨国公司母子公司知识转移中的知识冲突、沟通与知识转移绩效关系的概念模型，如图 3 – 3 所示。

从图 3 – 3 的概念模型可以看出，在跨国公司母子公司的知识转移过程中，首先，知识冲突（包括存量型知识冲突、结构型知识冲突和关系型知识冲突三个维度）作为知识转移绩效（包括个体绩效、团队绩效、组织绩效三个维度）的自变量，对知识转移绩效具有直接的影响作用；其次，沟通（包括合作性沟通和竞争性沟通两个维度）一方面作为知识冲突的自变量，与知识冲突具有直接的关系；另一方面，沟通又通过知识冲突的中介作用来影响知识转移绩效，即知识冲突作为沟通与知识转移绩效中介变量，对沟通与知识转移绩效的关系起到一定的中介作用；最后，知识转移绩效作为衡量跨国公司母子公司知识转移效能与效果的结果变量，其个体绩效、团队绩效、组织绩效三维度之间呈现出层层递进的传递机制和交互影响作用。因此，该概念模型主要回答

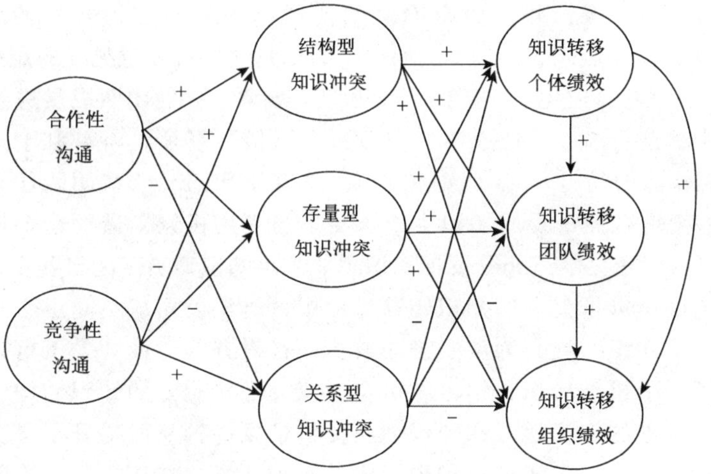

图 3-3 跨国公司母子公司沟通、知识冲突与知识转移绩效关系概念模型

注："+"表示正向影响关系；"-"表示负向影响关系。

了知识冲突与知识转移绩效的关系、沟通与知识冲突之间的关系以及知识冲突在沟通与知识转移绩效之间具有什么样的中介效应，即沟通是如何通过影响知识冲突并进而进一步地影响跨国公司母子公司知识转移绩效的路径机制，从而明晰地描述了跨国公司母子公司"沟通——知识冲突——知识转移绩效"的知识转移过程机理。

由此，该整体概念模型还可以进一步地分解为知识冲突对知识转移绩效的影响模型、沟通对知识冲突的影响模型、沟通通过影响知识冲突进而影响知识转移绩效的过程模型和不同层次的知识转移之间相互关系模型等子模型。本章后续将对此展开深入分析，并由此形成本研究假设。

第四节 知识冲突与知识转移绩效关系的研究假设与概念模型

一、结构型知识冲突与知识转移绩效的相关性假设

结构型知识冲突即跨国公司母子公司的成员（团队）在知识的专业背景、专业构成上形成的专家类知识差异，导致的对同一个知识形成的不同看法，在知识转

移中形成双方的冲突，并进而影响跨国公司母子公司知识转移的绩效。Janis (1982) 认为团队中因知识结构不同而产生的批判性评价和意见在一定程度上促进成员的多样化思考，避免了“群体盲目思考”现象，并使团队成员进入一个“情景学习”中，创造出一个低成本、虚拟的“试错”场所，将有利于团队成员认识水平和工作能力的提升”。张钢和方珑（2007）指出：“在团队任务完成过程中，知识冲突是一种重要的知识生成、共享与利用机制，借助这个机制，团队成员可以自由表达见解，充分发挥知识才能满足知识型员工的自我实现需求”。

在跨国公司母子公司的知识转移过程中，母子公司成员间由不同专业背景构成的结构型知识冲突，为母子公司成员站在对方的专业背景下审视所转移的知识提供了一个重新认识、学习的机会，双方都从对方的知识结构中吸取知识的营养，为双方的知识学习和知识创新提供了条件，从而提升了自身的知识水平；同时，双方在知识转移过程中形成的知识交流、共享机制，能够实现整个团队知识水平的提升，并进而通过团队知识的创新来促进跨国公司的整体绩效水平。张钢和倪旭东（2007）的研究表明，基于结构型知识差异形成的不同的专家类知识个体间的知识冲突，一方面，打破了由专家类知识个体形成的知识团队成员间的心理桎梏，有利于克服知识团队成员间由于知识结构不同而形成的小团体主义思想；另一方面，基于团队成员知识结构而形成的知识交叉，有利于团队成员间知识的相互交流、借鉴和整合，并缩短成员间相互学习的时间，提高了成员间知识交流和共享和效率，给团队成员带来更为丰富的视角，从而成为团队创新的重要源泉和提高团队成员完成任务的绩效水平。

因此，基于以上分析，本研究对结构型知识冲突与知识转移绩效的关系，形成以下假设：

H1：跨国公司母子公司知识转移中的结构型知识冲突与知识转移绩效显著正相关。

H1a：跨国公司母子公司知识转移中的结构型知识冲突越大，知识转移个体绩效越高。

H1b：跨国公司母子公司知识转移中的结构型知识冲突越大，知识转移团队绩效越高。

H1c：跨国公司母子公司知识转移中的结构型知识冲突越大，知识转移组织绩效越高。

二、存量型知识冲突与知识转移绩效的相关性假设

存量型知识冲突即指跨国公司母子公司在某一个/某一类要转移的知识上

存在着基础性的存量上的差异，导致在接受所要转移的知识时，接受方可能缺乏相应的知识储备而与转移方产生冲突，并进而影响知识转移的绩效。在跨国公司母子公司的知识转移过程中，存量型知识冲突被认为是母子公司知识转移的动力。正是跨国公司母子公司之间在知识存量上存在的阶梯性差异以及由此而带来的冲突，才使得知识存量丰富的一方（通常为母公司）有机会向知识存量较少的一方（通常为子公司）转移知识，也才为作为知识接收方的子公司成员提供了一个重要的知识吸收和学习的机会，知识接收方通过吸收被转移的知识，在扩大自身知识储量的同时，通过知识在团队内的流动和共享，促进了团队知识存量的增加和创新水平，在此基础上知识接收方将共享与创新后的知识，应用于子公司的外部运营和内部管理，实现企业的价值创造，并建立起一系列基于知识创新的竞争优势。跨国公司在全球化经营过程中，也正是其母公司不断地将自己先进的知识转移给子公司和子公司通过复制母公司的先进知识来提升其核心竞争能力，才促进了跨国公司在全球范围内的扩展和竞争力的提升。

当然，由于知识存量的不同，形成了存量上的知识冲突，造成了跨国公司母子公司在转移过程对知识的不同理解。与结构型知识冲突类似，这种由存量型知识差异形成的冲突，反而为母子公司双方的知识碰撞和创新，提供了可能。正如 Jehn & Mannix（2001）所研究的结论显示：由于团队成员间在知识存量上的差异而造成的对团队任务的争议和矛盾，会促使团队成员知识丰富的一方向知识欠缺的一方积极转移知识，并在知识共享的基础上提升团队成员的协作水平，最终使得团队任务完成得更好。张钢和方珑（2007）在对团队现存知识与新知识的冲突和团队绩效的实证研究中也发现：团队成员现存知识与新知识的冲突与个体绩效和群体绩效都显著正相关，团队成员基于在存量上基于现存知识与新知识的冲突，虽然有可能对团队成员和合作产生负面效应，但更有可能通过提升团队成员间的知识交流和知识共享，提升成员个体的认识水平和工作能力，并增加团队成员的归属感和满意度。

因此，基于以上分析，本研究对存量型知识冲突与知识转移绩效的关系，形成以下假设：

H2：跨国公司母子公司知识转移中的存量型知识冲突与知识转移绩效显著正相关。

H2a：跨国公司母子公司知识转移中的存量型知识冲突越大，知识转移个体绩效越高。

H2b：跨国公司母子公司知识转移中的存量型知识冲突越大，知识转移团队绩效越高。

H2c：跨国公司母子公司知识转移中的存量型知识冲突越大，知识转移组织绩效越高。

三、关系型知识冲突与知识转移绩效的相关性假设

关系型知识冲突即跨国公司母子公司在知识转移过程中由于双方的相互厌恶、排斥、对立造成的关系的紧张、情感上的摩擦与矛盾的冲突状态。大量的研究结果表明，关系冲突与绩效都呈现负相关的关系。Jehn（1995）研究发现："无论是在团队成员的个体层面，还是在整个团队层面，关系冲突对团队成员的个体绩效和整体团队绩效都有负面的影响"。Simons & Peterson（2000）在总结国外冲突研究的结果后认为关系冲突对团队决策绩效有很大的负面影响。郎淳刚等（2007）总结了相关的研究成果，认为："首先，关系冲突使团队成员浪费了大量的时间和精力，限制了团队的信息加工；其次，关系冲突增加了团队成员的压力和焦虑，从而影响了他们的认知能力；最后，关系冲突促使团队成员对他人行为恶意归因，可能导致互相对立和冲突的升级"。

在跨国公司母子公司的知识转移过程中，关系型知识冲突使得母子公司成员在情感上的对立、排斥和相互猜测，导致母子公司的成员无法把心思用在对被转移知识的本身上，也使得个体缺乏对知识学习与吸收的动力。Deutsch（2006）研究认为，基于关系的知识冲突会使得团队成员在知识转移过程中，对知识的理解出现障碍，从而导致团队的知识转移任务难以顺利完成。在关系型知识冲突产生之后，团队成员间的知识转移过程往往变成了关系的协调过程，而不是知识本身，这显然无法实现知识在个体之间、团队内部以及组织之中形成畅通的"知识流"，无疑会降低知识转移的绩效水平（孙刚，2008）。由此我们可以推断，在跨国公司母子公司的知识转移过程中，跨国公司母子公司双方成员基于情感上的对立，可能会将知识转移的障碍归因于对方，而且由于个体缺乏对知识的吸收和理解，从而使得团队无法有效地对知识共享和加工；没有团队知识的共享，知识转移的组织绩效也就无从谈起。

因此，基于以上分析，本研究对关系型知识冲突与知识转移绩效的关系，形成以下假设：

H3：跨国公司母子公司知识转移中的关系型知识冲突与知识转移绩效显著负相关。

H3a：跨国公司母子公司知识转移中的关系型知识冲突越大，知识转移个体绩效越低。

H3b：跨国公司母子公司知识转移中的关系型知识冲突越大，知识转移团队绩效越低。

H3c：跨国公司母子公司知识转移中的关系型知识冲突越大，知识转移组织绩效越低。

四、概念模型的形成

基于上述对各变量间逻辑关系的理论推演和研究假设，本研究形成了知识冲突与知识转移绩效关系的概念模型（见图3-4）。在该概念模型中，自变量为跨国公司母子公司的结构型知识冲突、存量型知识冲突和关系型知识冲突，因变量为知识转移的个体绩效、团队绩效和组织绩效。其中，每一个自变量与每一个因变量之间都存在相互的影响关系。该模型从整体上反映了跨国公司母子公司知识转移中不同的知识冲突类型对不同层次的知识转移绩效水平的影响机制。

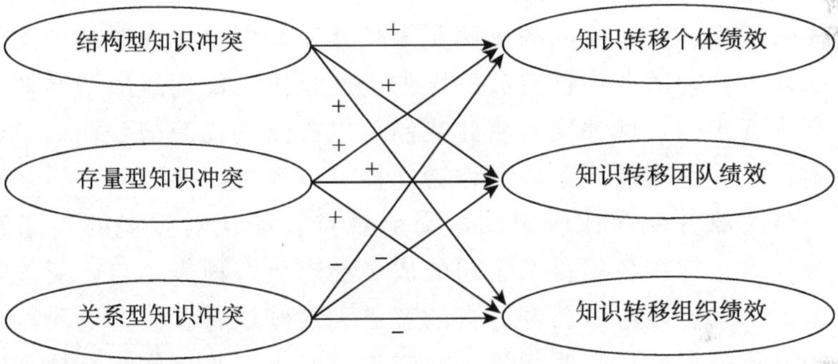

图3-4　跨国公司母子公司知识冲突与知识转移绩效关系的概念模型

注：“+”表示正向影响关系；“-”表示负向影响关系。

第五节 沟通与知识冲突关系的研究假设与概念模型

一、合作性沟通与知识冲突的相关性假设

在合作性沟通（Cooperative Communication）条件下，沟通双方基于合作共赢的目标，都站在他人的角度思考问题，采用谆谆诱导的交流方式来表达思想与情感，并通过友好协商的途径来寻求问题的解决和达成一致性的意见（Chen，2005；史江涛，2007）。对跨国公司母子公司之间的知识转移而言，

当跨国公司母子公司在知识转移的动机、方式、转移后的收益分配等方面具有一致性背景和基础条件之后（陶向南和赵曙明，2003），跨国公司母子公司常常选择合作性的沟通方式，来对知识转移中可能出现的各种问题进行坦诚交流，并试图达成知识转移共识。

潘晓云（2008）指出："组织知识转移中任务冲突发生的一个必要条件就是在组织内部存在一种基于共同目标的合作性沟通氛围。在这种氛围之下，团队成员可以自由地表述他们的看法和交流双方的观点和意见，并试图达成一致性的目标"。刘军等（2007）认为："在团队成员的知识转移过程中，基于知识差异和知识背景的冲突总是不可避免，而沟通在成功解决基于知识差异和知识背景的知识冲突和使知识冲突演化为团队创新成果方面具有举足轻重的作用。Tjosvold，Law&sull（2006）指出，团队成员之间的合作性交流与沟通，使团队成员在相互熟悉、了解的过程中建立起友谊和相互信任、相互依赖，对工作的责任感增强，此时不同的见解更多是基于共同目标而对某一问题的各种不同意见的发表，在团队中创造鼓励性的沟通氛围。能促进团队有效运作，从而使团队产生更多的良性冲突。由此我们可以推测，在跨国公司母子公司知识转移过程中，合作性沟通由于以合作为前提，以解决问题为导向，从而使得跨国公司母子公司双方能够比较坦诚地交流观点，谈论对知识的不同看法和理解。在此背景下，跨国公司母子公司的成员能够更好地表达自己对被转移知识的不同看法，并且比较愿意公开各自的意见和对知识转移任务的看法，从而促使跨国公司母子公司成员之间无论是在知识存量上还是在知识结构上产生更多的交流、碰撞，形成更多的差异化的看法和理解，最后引发更多的存量型知识冲突和结构型知识冲突。

就关系型知识冲突而言，随着跨国公司母子公司成员在知识转移过程中以合作性沟通的方式来公开、坦诚地讨论其被转移的知识和相应的知识冲突问题，从而营造了一种自由的、没有权威压力的沟通氛围，很多母子公司成员之间隐藏在内心深处的情感上的顾虑、矛盾，双方就可以直接地"摆上台面"一起讨论，这样就会降低跨国公司母子公司成员之间因为信息隔阂、误解等所导致的情感上的不满，化解双方之前可能存在的情感上的独立，从而减少双方的关系型知识冲突。潘晓云（2008）指出，在沟通双方的合作性条件下，团队成员习惯于对不同的开发展开公开讨论，久而久之，团队成员就能够坦然面对对方的不同意见并展开坦诚交流，而且更加容易站在对方的立场上看待问题，这样关系型冲突就会自然减少，更加容易达成一致性的意见；在此基础上，作者通过实证研究也发现："团队之间沟通的公开性与合作性越强，团队之间的关系冲突就越少"。

因此，基于以上分析，本研究对合作性沟通与知识冲突的关系，形成以下假设：

H4a：跨国公司母子公司知识转移中的合作性沟通越强，结构型知识冲突越多。

H4b：跨国公司母子公司知识转移中的合作性沟通越强，存量型知识冲突越多。

H4c：跨国公司母子公司知识转移中的合作性沟通越强，关系型知识冲突越少。

二、竞争性沟通与知识冲突的相关性假设

在竞争性沟通（Competitive Communication）情境中，沟通双方都站在自己的角度思考问题，以自我的利益为导向，采用压制性的、强迫式的交流方式来表达观点与意见（Chen，2005；史江涛，2007）。就跨国公司母子公司之间的知识转移而言，当母子公司在知识转移的动机、目的、方式以及转移后的收益分配、利益共享等方面无法达成一致性的目标或者在某一方面存在分歧，但基于母公司对子公司的控制力与影响力（陶向南和赵曙明，2003），子公司不得不从行为上配合母公司的知识转移时，跨国公司母子公司之间可能会形成母公司强迫而子公司抵制的竞争性沟通方式。

Lovelaee et al（2001）认为竞争性沟通给员工造成了巨大的压力，影响了质疑的自由程度，使员工失去检讨自己想法背后的思维是否正确的机会，不利于对任务以及心智模式进行深层反思，而反思是一种省察现有思维方式的观察方式，是知识整合的重要前提（转引自史江涛，2007）。竞争性沟通对沟通双方产生的压迫感和心理压力，容易引发工作倦怠，无法促使双方对信息、知识的共享，也就产生不了更多的差异性知识讨论。而对差异性知识的讨论，则是结构型知识冲突和存量型知识冲突产生的前提条件。由此，我们可以推测，在跨国公司母子公司的知识转移过程中，由于母子公司双方成员都站在自身的立场思考问题，使得双方缺乏信息交流的动力，双方对各自的知识结构和知识存量都“信心十足”，缺乏了解、探索对方知识结构和知识存量的兴趣，很难听取对方从自己的知识结构和知识存量的角度对所转移的知识所做的解释，从而双方无法对信息进行共享和整合，也很难在此基础上对所要转移的知识产生思想上的碰撞和交流，也就无法形成更多的差异化的看法和理解，因此双方无法引发更多的存量型知识冲突和结构型知识冲突。

对关系型知识冲突而言，竞争性沟通不但不利于缓和沟通双方在情感上的

对立情绪，反而会增加沟通双方的对立情绪，降低沟通双方的关系信心，增加关系冲突的程度。因为竞争性沟通条件下的沟通目标对立，成员目标和利益的实现受阻，可能会激发诸如愤怒、烦恼、仇恨和侵略性等“敌对情绪”，也可能会扩大所面对问题的强度与范围，由知识本身的异议扩大成为关系问题乃至人际冲突，与有效的知识转移背道而驰。Tjosvold, Law & sun（2006）也指出，在知识转移中，竞争性沟通不但不利于对知识和任务的反思，范围还会扩大双方对知识转移任务本身的范围和强度，从而导致由最初的任务异议上升为沟通双方的感情问题乃至人际冲突，从而降低沟通双方的关系信心，增加沟通双方的关系冲突。

因此，基于以上分析，本研究对竞争性沟通与知识冲突的关系，形成以下假设：

H5a：跨国公司母子公司知识转移中的竞争性沟通越强，结构型知识冲突越少。

H5b：跨国公司母子公司知识转移中的竞争性沟通越强，存量型知识冲突越少。

H5c：跨国公司母子公司知识转移中的竞争性沟通越强，关系型知识冲突越多。

三、概念模型的形成

基于上述对合作性沟通、竞争性沟通与结构型知识冲突、存量型知识冲突、关系型知识冲突各变量间逻辑关系的理论推演和研究假设，本研究形成了沟通与知识冲突关系的概念模型（见图3-5）。该模型中，自变量为跨国公司母子公司知识转移中的合作性沟通和竞争性沟通，因变量为跨国公司母子公司知识转移中的结构型知识冲突、存量型知识冲突和关系型知识冲突。其中，每一个自变量与每一个因变量之间都存在相互的影响关系。该模型从整体上反映了跨国公司母子公司知识转移中不同类型的沟通方式对知识冲突的影响机制。

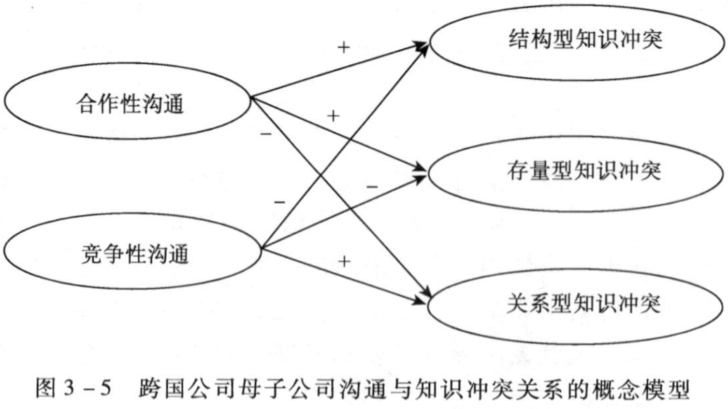

图3-5　跨国公司母子公司沟通与知识冲突关系的概念模型

注：“+”表示正向影响关系；“-”表示负向影响关系。

第六节 沟通通过知识冲突影响知识转移绩效的模型与假设

关于沟通通过知识冲突影响知识转移绩效的路径机制，以往的研究文献并没有涉及。本研究认为：跨国公司母子公司知识转移的过程，首先是一个沟通的过程，一方面，有无沟通会直接影响知识转移的绩效水平；另一方面，在有沟通的情况下，跨国公司选择不同的沟通方式，对知识转移中的冲突的增加或减少会产生不同的影响，而知识冲突的增加或减少又会影响知识转移的绩效。因此，本书在以上研究知识冲突与知识转移绩效关系、沟通与知识冲突关系的基础上，还将通过进一步考察在有无沟通的条件下知识冲突程度和知识转移绩效水平的变化程度和在加入沟通的基础上，沟通是如何通过影响知识冲突并进而影响知识转移的绩效水平的路径机制。

一、合作性沟通通过知识冲突影响知识转移绩效路径机制的研究假设

合作性沟通创造了一个良好的沟通环境和以解决问题为导向的沟通目标，使得母子公司成员能够自由地、坦诚地交流观点，从而使得母子公司的成员能够在知识转移的过程中，基于双方的知识存量型差异和知识结构型差异，进行更多交流、探讨和相互学习，从而能够使双方产生更多的思想碰撞，如果这种思想碰撞控制在双方良性的冲突范围内，则会带来更多的存量型知识冲突和结构型知识冲突（Law & sull，2006；刘军，2007；潘晓云，2008）。Tjosvold，粟芳和万洁平（2002）认为，合作性沟通有利于使沟通双方构建一致性的目标和共同的利益和机制取向，并通过沟通过程中对彼此的相互积极影响，进行建设性和创造性的对话，从而形成知识创新的氛围。Collins & Smith（2006）的实证研究结果表明，合作性沟通对促进员工产生更多的知识差异和形成知识存量并在此基础上进行知识的共享意愿和知识整合，均有显著的正面影响。跨国公司母子公司知识转移中的存量型知识冲突和结构型知识冲突的进一步增多，又会进一步提升知识转移绩效水平（张钢和方珑，2007）。由此我们可以推测，与没有任何沟通的情况相比，在跨国公司母子公司知识转移过程中，合作性沟通方式的介入，则会提升母子公司之间的存量型知识冲突和结构型知识冲突，存量型知识冲突和结构型知识冲突程度的增加，则会进一步提升母子公

司的知识转移绩效。

同样，合作性沟通所创设的自由、平等的沟通环境和以解决问题为导向的沟通目标，能够有效地化解双方因误解、隔阂等造成的情感上的对立，从而有助于缓和或减少母子公司双方的关系型知识冲突（Chen，2005；史江涛，2007）。跨国公司母子公司双方的关系型知识冲突程度的降低，又会进一步地提升母子公司之间的知识转移包括知识转移的个体绩效、团队绩效和组织绩效（Simons & Peterson，2000；Deutsch，2006；孙刚，2008）。Borgatti & cross（2003）研究指出，与双方缺乏沟通而形成的信息闭塞相比，合作性沟通通过构建双方的共同语言来和友好的合作氛围，来减少或者降低双方情感上、关系上的矛盾和冲突，并促进双方共享知识结构，提升知识共享水平。由此我们可以推测，与没有任何沟通的情况相比，在跨国公司母子公司知识转移过程中，合作性沟通方式的介入，则会降低跨国公司母子公司之间的关系型知识冲突，关系型知识冲突的降低，又会进一步地提升跨国公司母子公司的知识转移绩效水平。

因此，基于以上分析，本研究就合作性沟通通过影响知识冲突进而影响知识转移绩效的路径机制，形成以下假设：

H6：与无沟通条件相比，合作性沟通通过增加结构型知识冲突，从而提高知识转移的绩效水平。

H6a：与无沟通条件相比，合作性沟通通过增加结构型知识冲突，从而提高知识转移的个体绩效。

H6b：与无沟通条件相比，合作性沟通通过增加结构型知识冲突，从而提高知识转移的团队绩效。

H6c：与无沟通条件相比，合作性沟通通过增加结构型知识冲突，从而提高知识转移的组织绩效。

H7：与无沟通条件相比，合作性沟通通过增加存量型知识冲突，从而提高知识转移的绩效水平。

H7a：与无沟通条件相比，合作性沟通通过增加存量型知识冲突，从而提高知识转移的个体绩效。

H7b：与无沟通条件相比，合作性沟通通过增加存量型知识冲突，从而提高知识转移的团队绩效。

H7c：与无沟通条件相比，合作性沟通通过增加存量型知识冲突，从而提高知识转移的组织绩效。

H8：与无沟通条件相比，合作性沟通通过降低关系型知识冲突，从而提高知识转移的绩效水平。

H8a：与无沟通条件相比，合作性沟通通过降低关系型知识冲突，从而提高知识转移的个体绩效。

H8b：与无沟通条件相比，合作性沟通通过降低关系型知识冲突，从而提高知识转移的团队绩效。

H8c：与无沟通条件相比，合作性沟通通过降低关系型知识冲突，从而提高知识转移的组织绩效。

二、竞争性沟通通过知识冲突影响知识转移绩效路径机制的研究假设

在竞争性沟通的环境下，由于母子公司双方都认为依据自身的知识结构或者知识存量，能够实现对被转移知识的理解；母公司的成员在这一过程中采用一种压制甚至强迫式的沟通方式要求子公司成员接受被转移的知识，子公司成员可能由于在跨国公司的体系中与母公司处于不对等的地位而回避与母公司在知识上的讨论（史江涛，2007）。因此，与没有任何沟通的条件相比，竞争性沟通方式的介入，使得母子公司双方在知识转移过程中彼此的压制、强迫式的态度对立会进一步上升，所导致的结果是双方不但不能产生更多的思想碰撞，反而可能会进一步压制自己真实的想法，从而使得双方在竞争性沟通的条件下，其基于知识差异的结构型知识冲突和存量型知识冲突的程度不但不会上升，反而可能降低。而跨国公司母子公司知识转移中结构型知识冲突和存量型知识冲突的程度的降低，又会进一步地降低知识转移的个体绩效、团队绩效和组织绩效水平（Borgatti & cross，2003；张钢和方珑，2007）。由此我们可以推测，与没有任何沟通的情况相比，在跨国公司母子公司知识转移过程中，竞争性沟通方式的介入，则会降低跨国公司母子公司之间的存量型知识冲突和结构型知识冲突，并通过存量型知识冲突和结构型知识冲突程度的降低，来进一步地降低跨国公司母子公司的知识转移绩效水平。

同样，与没有任何的沟通方式相比，由于竞争性沟通在跨国公司母子公司知识转移的过程中，不但不能缓和跨国公司母子公司之间在情感上的对立情绪，反而会增加双方情绪上的对立，降低跨国公司母子公司的关系信心，从而提升了关系型知识冲突的程度（Wong et al，2005；Law & sun，2006）。而关系型知识冲突的增加，又会进一步地降低跨国公司母子公司的知识转移个体绩效、团队绩效和组织绩效水平（Simons & Peterson，2000；Deutsch，2006）。Snell 等（2006）的实证研究结论表明，与没有任何沟通方式相比较而言，竞争性目标下的沟通行为增加了沟通双方的不公平感（$p = 0.74$，$p < 0.01$）；随

着双方公平感的较少和情感对立程度的增加，双方的关系信心会大打折扣，进而会增加沟通双方冲突，并对团队工作绩效产生负面影响（$p = -0.63$，$p < 0.01$）。由此我们可以推测，与没有任何沟通的情况相比，在跨国公司母子公司知识转移过程中，竞争性沟通方式的介入，则会增加跨国公司母子公司之间的关系型知识冲突程度，并通过关系型知识冲突程度的增加，来进一步地降低跨国公司母子公司的知识转移绩效水平。

因此，基于以上分析，本研究就竞争性沟通通过影响知识冲突进而影响知识转移绩效的路径机制，形成以下假设：

H9：与无沟通条件相比，竞争性沟通通过降低结构型知识冲突，从而降低知识转移的绩效水平。

H9a：与无沟通条件相比，竞争性沟通通过降低结构型知识冲突，从而降低知识转移的个体绩效。

H9b：与无沟通条件相比，竞争性沟通通过降低结构型知识冲突，从而降低知识转移的团队绩效。

H9c：与无沟通条件相比，竞争性沟通通过降低结构型知识冲突，从而降低知识转移的组织绩效。

H10：与无沟通条件相比，竞争性沟通通过降低存量型知识冲突，从而降低知识转移的绩效水平。

H10a：与无沟通条件相比，竞争性沟通通过降低存量型知识冲突，从而降低知识转移的个体绩效。

H10b：与无沟通条件相比，竞争性沟通通过降低存量型知识冲突，从而降低知识转移的团队绩效。

H10c：与无沟通条件相比，竞争性沟通通过降低存量型知识冲突，从而降低知识转移的组织绩效。

H11：与无沟通条件相比，竞争性沟通通过增加关系型知识冲突，从而降低知识转移的绩效水平。

H11a：与无沟通条件相比，竞争性沟通通过增加关系型知识冲突，从而降低知识转移的个体绩效。

H11b：与无沟通条件相比，竞争性沟通通过增加关系型知识冲突，从而降低知识转移的团队绩效。

H11c：与无沟通条件相比，竞争性沟通通过增加关系型知识冲突，从而降低知识转移的组织绩效。

三、概念模型的形成

基于上述对各变量间逻辑关系的理论推演和研究假设，本研究提出了沟通通过知识冲突影响知识转移绩效的路径机制模型（即知识冲突对沟通与知识转移绩效的中介效应模型），如图 3 – 6 所示。

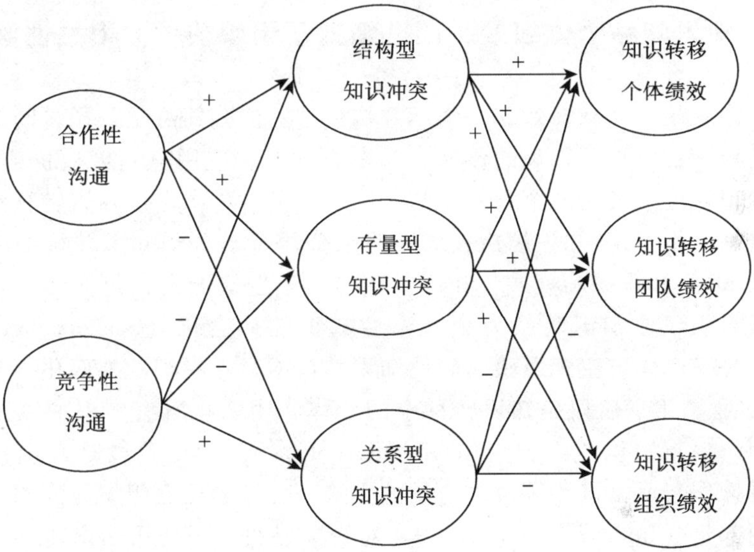

图 3 – 6　跨国公司母子公司知识冲突对沟通与知识转移绩效的中介效应模型

注：“ + ”表示正向影响关系；“ – ”表示负向影响关系。

在上述概念模型中，沟通通过知识冲突影响知识转移绩效的路径机制，主要是通过合作性沟通的介入，使得存量型知识冲突和结构型知识冲突的程度增加和关系型知识冲突程度的降低，来进一步提升跨国公司母子公司知识转移的个体绩效、团队绩效和组织绩效水平；竞争性沟通对知识冲突与知识转移绩效关系的影响机制，主要是通过竞争性沟通的介入，使得存量型知识冲突和结构型知识冲突的程度降低和关系型知识冲突程度的增加，来进一步降低跨国公司母子公司知识转移的个体绩效、团队绩效和组织绩效水平。上述概念模型从整体上反映了跨国公司母子公司知识转移中沟通通过影响知识冲突进而影响知识转移绩效的路径体系。

第七节 知识转移绩效各维度相互关系的研究假设与概念模型

一、知识转移个体绩效、团队绩效及组织绩效的相关性假设

由个体绩效、团队绩效、组织绩效构成的跨国公司母子公司之间知识转移绩效维度划分，体现了知识的传递、共享、创新、应用直到创造价值的过程，体现了知识在母子公司的个人、团队、组织扩散过程中形成知识转移绩效形成的路径机制，是 SECI 知识螺旋模式在跨国公司母子公司知识转移中的具体体现。依据 SECI 知识螺旋模式，知识转移与知识创造的过程包括四个阶段：第一阶段是组织隐性知识转换为个人隐性知识的社会化（Socialization）过程；第二阶段是来个体自主观经验的隐性知识转换成显性知识的外部化（Externalization）过程；第三阶段是知识转移中的个体和团队将既有知识加以分类和重新组合而产生新知识的组合（Combination）过程；第四阶段是知识转移团队通过实际操作与反复试错等边干边学的方式，促进知识在组织内部相互交流与共享的内部化（Internalization）过程。对跨国公司母子公司知识转移的绩效形成机制而言，以上过程遍及个人、团队、组织与组织间四个层次。其中，知识转移个体绩效和知识转移团队绩效从知识本体的层面反映了知识转换、内化、创新的过程，是从知识转移过程的角度对跨国公司母子公司知识转移绩效的反映。对此，Ikujiro Nonaka（1995）基于知识的显性和隐性程度，认为知识转移中的个体对知识接受和理解的程度，决定了知识转移团队能否实现知识在团队中的共享与再创造的程度，从而决定了知识转移团队绩效的水平。

基于知识转移与知识创造和应用的 SECI 螺旋模式，跨国公司母子公司知识转移组织绩效主要体现在两个层面：一是子公司基于知识的价值创造与竞争力提升，这是作为知识接收方的子公司愿意接受来自母公司知识的重要目标；二是母公司吸收子公司反转移而来的知识创造价值和有效整合子公司竞争优势，所形成的母公司基于知识的价值创造与竞争力提升的绩效水平，这是母公司愿意向子公司转移知识的动力。这两个层面相辅相成、相互支撑，形成了母子公司之间知识相互知识转移的螺旋模式，反映了知识转化为生产力，作用于跨国公司的经营管理，从而实现跨国公司创造价值与竞争力提升的过程，是从

知识转移结果的角度来衡量跨国公司母子公司之间知识转移的整体水平（易加斌和范莉莉，2010）。正如 Lee & Soo（2006）所指出的，在知识转移的过程中，基于对所转移知识的转化、整合以及达成一致性的创新成果的三个阶段中可能存在不同个体之间、个体到团队之间、团队到组织之间以及不同组织如知识联盟之间的相互递进的传递机制，正是因为彼此在知识内容、特性、结构等方面存在差异并由此产生的传递机制，才促进了知识转移绩效的形成。

由此我们可以推断，在跨国公司母子公司的知识转移过程中，知识转移个体绩效是知识转移团队绩效的前提，知识只有在个体接受与理解的基础上，才能为团队所共享并发挥团队的作用创造新的知识；同样，跨国公司母子公司知识转移团队绩效又是知识转移组织绩效的基础，由团队成员所创造的新知识最终应用于跨国公司母子公司的外部运营和内部管理，将知识转化为现实的生产力，从而促进跨国公司的价值创造与竞争力提升，提高跨国公司母子公司知识转移的组织绩效水平。

因此，基于以上分析，对跨国公司母子公司知识转移个体绩效、团队绩效、组织绩效之间的关系，形成以下假设：

H12：跨国公司母子公司知识转移个体绩效与团队绩效正相关。

H13：跨国公司母子公司知识转移团队绩效与组织绩效正相关。

H14：跨国公司母子公司知识转移个体绩效与组织绩效正相关。

二、概念模型的形成

基于上述对跨国公司母子公司知识转移绩效各变量间逻辑关系的理论推演和研究假设，本研究形成了跨国公司母子公司知识转移个体绩效、团队绩效、组织绩效相互关系的概念模型（见图 3－7）。该模型从整体上反映了跨国公司母子公司知识转移绩效形成的路径机制，反映了跨国公司母子公司知识转移的最终战略目的。

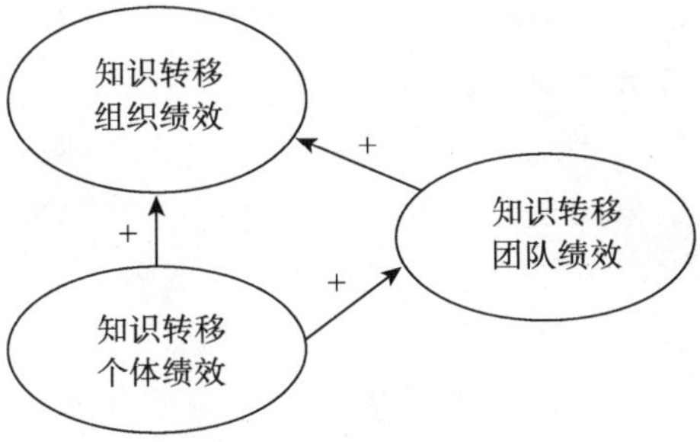

图 3－7　知识转移个体绩效、团队绩效、组织绩效相互关系概念模型

注：“＋”表示正向影响关系。

第四章

研究设计与实验方法

作者期望通过规范的实验设计与控制及实验数据，来分析跨国公司母子公司知识转移中的知识冲突、沟通与知识转移绩效的内在关系。因此，在研究设计上，本章主要对实验研究的实验分组、实验被试的来源与选择、实验情景与任务设计、实验操控以及实验流程等实验设计内容和预实验与正式实验的过程进行了重点阐述；同时，对实验中变量测量的量变开发和问卷形成以及相关的数据处理方法给予了说明；除此之外，还对实验结果分析和假设检验的统计方法应用进行了阐述，主要包括相关分析、回归分析、方差分析、配对样本 T 检验等统计分析方法。

第一节 实验设计

一、实验方法应用的文献回顾

实验研究方法的最早应用是在 18 世纪自然科学领域中展开的，如伽利略的斜面实验、牛顿的光学实验，这些实验的开展开辟了自然科学实验的新时代，使得人类对自然界的了解从经验向科学演进（黄蔚，2007）。此后，学者们开始将自然科学的实验理论与方法应用到生理实验和心理实验研究中，实验心理学开始得以发展。其标志性的事件是德国心理学家冯特于 1879 年在莱比锡创建了世界上第一个心理实验室，通过强调变化刺激情景的条件来观察实验被试的变化，由此展开了对心理实验方法的研究和应用。此后，艾宾浩斯（1850—1909）对冯特未能展开的人类高级心理活动过程——学习和记忆，进行了心理实验研究，并引入了测量量表对实验结果进行测度。在此基础上，高尔顿（1822—1911）开展了个体差别化的心理实验研究，并在心理实验研究的统计方法和心理测验工具，建立了系统的心理学实验研究理论和方法体系，这不仅促进了实验心理学的快速发展，而且也为后来学者们将实验方法引入经济学、管理学等社会科学的研究，奠定了方法论基础。

随着人类社会经济的发展和基于传统经济学关于"理性人"假设在解释现实经济现象中存在的无法解释清楚的"混沌"状况，学者们开始将心理学实验方法引入到经济现象的研究中，用以解释人们的行为决策（Decision Making）问题。沃德·爱德华兹（Edwards，1954）通过对经济学、统计学和哲学中决策研究的综述性分析，指出将心理学的研究理论和实验研究方法引入到经济科学来探讨人们行为决策，对心理学家的研究具有重要意义。诺贝尔经济学奖得主赫伯特·西蒙（Simon，1955）基于人类行为的有限理性（Bounded Rationality），强调研究者应该注重通过对人类实际决策行为过程中的感知、认知和学习等因素来解释人类有别于标准"经济人"模型的决策行为（转引自贾建民，2002）。美国普林斯顿大学心理学家 Denial Kahneman 教授和美国乔治梅森大学的实验经济学家 Vernon Smith 教授将认知心理学（Cognitive Psychology）和经济学有机结合，通过实验方法研究人们如何在不确定性的状态下做出判断和决策，并创建了一个有别于传统经济学研究范式的新学科——行为经济学（Behavioral Economic）。在此背景下，学者们在资本与证券市场研究（如杨晓兰，2005；杨晓兰和金雪军，2006）、行为金融学与经理人行为研究（如张征争和黄登仕，2008，2009；Li Jia Tao，2010）以及消费心理（如庄锦英，2003；代祺和周庭锐，2007）等众多领域展开了实验研究。

伴随着实验研究方法在实验经济学、行为经济学等研究领域的广泛应用，越来越多的学者们也希望运用实验方法来研究管理领域的课题，并进行了初步的探索。Berends & Georges（1999）通过对 1986—1998 年全球管理类实验研究的统计研究后认为，管理类实验研究还没有成为西方学术界的研究热点问题。Dean Tjosvold，粟芳和万洁平（2002）通过设计出合作和竞争的实验环境，邀请广州 80 名大学生参与实验，并基于实验结果，对合作与竞争的理论进行了实验检验。谢刚等（2004）认为，作为发现和验证管理理论与管理规律的重要方法和手段，是促进管理学发展的重要因素之一，但当前针对管理问题的实验研究却陷入了困境。白云涛（2007）利用 MBA 学员作为实验被试，对高层管理团队（TMT）风险偏好异质性对企业战略投资决策的影响机制进行了实验研究，其研究结果验证了 TMT 的风险偏好异质性与企业战略决策中的过程满意度、结果满意度、决策一致性等变量的不同关系。黄蔚（2007）对营销研究问题的变量选择、实验类型、实验方法、实验控制以及数据处理等实验设计问题进行了比较系统性的介绍。魏光兴和谢安石（2008）对人力资源管理的实验研究方法进行了分析，指出人力资源管理的实验研究既包含主观的命题，又包含客观的问题描述，因此与自然科学的实验研究相比，人力资源管理的实验研究更加复杂。郭菊娥和席酉民（2008）设计了权威类型和决策程序如何影响高层管理团队决策结果的管理实验，利用 200 多名 MBA 学员作为实验对象，其结果验证了团队中存在的知识权威和复合权威能够显著提升高层管理团队决策质量和团队中不同权威采取的决策程序会对高层管理团队决策结果一致性产生影响的研究结论。

综上所述可以看出，与实验方法广泛应用于行为经济学领域的研究状况相比，尽管学者们对管理问题的实验方法研究给予了一定的关注，但目前对管理实验方法的应用主要还是集中于对管理问题实验方法的介绍性阐述、经验性分析等探索阶段，缺乏对管理问题实验研究的深入和规范研究的应用性成果。本研究则是运用实验研究方法在跨国公司母子公司知识转移研究领域的探索性研究，也是对实验方法如何有效地应用到管理问题中进行的系统性示范研究，必将丰富跨国公司知识转移领域的研究成果和实验研究方法的应用领域。

二、实验设计的基本准则

基于实验方法可以通过对实验条件的严格控制，来证明一种变量的变化能否引起另一变量的变化，从而在解释变量之间因果关系方面更为有效（代祺，2007），因此，实验研究方法常常又被称为因果性调研方法（Causal Research）而区别于案例研究、观察研究和调查研究等其他研究方法。从实验心理学、实验经济学再到实验管理学（万迪昉，2005；何斌等，2010），实验研究方法形成了自身的体系和实验设计中的一些基本准则。基于此，本研究在设计跨国公司母子公司知识冲突、沟通与知识转移绩效关系的实验研究中，也采用了这些科学方法。

1. 实验的随机化准则

实验的随机化（Randomization）是指实验材料的分配、实验被试的分组与配对、实验被试参与实验的顺序等都是随机产生的。如果上述因素都是随机的，则称之为完全随机化（Complete Randomization），如果实验被试被随机分配到各个实验组或者进行随机的实验配对，则称之为随机分配（Random Assignment）。实验设计随机化准则的作用，主要体现为两方面：第一，通过随机化能够减少甚至排除某些外生变量（Extraneous Factors），尤其是那些没有得到控制的干扰因素对实验结果的影响（张岩，2008）。第二，随机化也是对实验结果进行统计分析的客观需要。在实验结果的统计分析中，要求实验的观测值、误差等实验基础数据是独立随机变量，而在随机化的实验设计条件下，可以认为这些实验数据是独立随机变量（奚恺元，2009）。在本研究的实验设计中，基于随机化的实验准则，为了避免实验中出现主试效应和被试效应，采用了双盲设计和随机化配对设计，即所有实验被试和实验协助人员都不知道实验的真实用意，而且所有符合条件的实验被试都是随机配对和分组的。

2. 实验的可复制性准则

实验的可复制性（Replicability）准则，是指在相同的实验处理条件下，独立重复实验可以得到重复样本和实验数据。可复制性是实验研究方法优越于其他研究方法的重要表征之一。实验的可复制性，对确保实验测试结果的统计意义、更精确地估计样本均值、避免他人对实验设计科学性的质疑等具有重要的作用。首先，实验的可复制性有助于实验设计者对实验对实验误差有一个比较准确的估计，这种估计能够帮助实验设计者了解实验测试结果是否有统计意义上的不同，在此基础上基于实验测试结果的误差来寻求实验设计可能存在的问题并由此对实验设计进行改进和完善；其次，对于一些复杂的、需要一定数据量才可以达到一定置信度的实验设计而言，实验的可复制性为实验结果测试提供了足够的数据量（徐飞，2008）；最后，实验的可复制性，确保了对实验设计与实验结果有质疑的其他学者，通过同样的实验处理条件来重复实验过程并验证实验结果，提供了依据和条件，从而有助于避免他人对实验的质疑（张征争，2008）。

作者对跨国公司母子公司知识冲突、沟通与知识转移绩效关系的研究表明，一方面，跨国公司母子公司间的知识冲突、沟通在实际的环境中，其知识冲突呈现的时间与情景、母子公司知识转移中沟通方式与行为，都具有即时性，是不可能重复的，而实验研究方法具备了复制性的特点，可以通过对跨国公司母子公司间的知识冲突、沟通方式的重复实验，来获取足够的实验数据，从而检验理论的有效性；另一方面，作者严格按照实验的可复制性原则，在实验情景与任务、实验被试选择、实验过程操控等方面，都给出了规范性的实验设计，这些都为其他研究者重复本研究的实验过程并验证实验结果提供了重要保障。

3. 实验的可控制性准则

实验的可控制性（Control）准则，是指在实验中，对各种实验材料、自变量、无关变量、实验被试结构、实验信息以及实验过程等实验要素的操控能力。其中，对实验中自变量控制、无关变量的控制、实验被试结构的控制是实验控制的关键。

首先，对实验自变量的控制，是实验控制的核心要素。实验研究正是通过对自变量的有效操控来研究自变量与因变量（结果变量）之间的关系。本研究对跨国公司母子公司知识冲突、沟通与知识转移绩效关系研究的实验设计，正是通过构建真实的沟通场景与知识转移中的冲突过程，并对跨国公司母子公司知识转移中的沟通方式和知识冲突类型进行有效的控制，从而更精确地考察不同的沟通方式、知识冲突类型与知识转移绩效的关系，并对理论模型的假设进行更为精确的检验。

其次，实验设计中，在控制自变量的同时，还要对无关变量加以控制，这是消除实验干扰因素，提高实验效度的关键。无关变量又称为无关因素（Nuisance Factor）或者混淆变量（Confounding Variable），是指实验之前就知道的一些实验个体可能含有会影响实验测试结果的因素，但是这些因素又不是实验结果所关心的，没有得到控制的无关变量会使测试结果发生系统性的偏差，使得我们无法确定因变量的变化是否是由自变量的变化所引起的（张岩和徐飞，2009）。本研究对无关变量的控制，主要体现为对来自于不同国家（中国、德国）的实验被试文化背景上差异这一无关变量可能产生的对知识转移绩效这一结果变量的干扰的控制（其控制方式将在文章后续实验操纵部分给予详细阐述）。如果不对其加以控制，就有可能导致无法判断其结果变量——知识转移绩效，到底是由自变量（知识冲突、沟通）引起的，还是无关变量（文化差异）引起的。

最后，对实验被试结构的控制，是实验样本有效性的重要保障。其主要体现为对实验被试在性别、年龄、受教育程度、专业化背景等方面的控制性要求。实验被试的结构安排，没有统一的标准，主要取决于实验自身的要求（张征争，2008）。比如，有的实验要求实验被试在性别、年龄、受教育程度、专业化背景等方面具有同质性；而有的实验则要求实验被试在性别、年龄、受教育程度、专业化背景等方面具有异质性。本研究对实验被试结构的控制，主要是基于跨国公司母子公司知识冲突这一自变量在实验被试身上的学历层次、专业背景两方面的异质性和同质性的控制上，即不同的知识冲突类型要求实验被试所组成的知识转移团队成员在自身的知识结构（专业化背景）和知识存量（受教育程度）上具有相应的同质性或异质性要求。这些要求最终体现为本研究对实验被试进行选择的重要依据。

三、实验阶段与分组设计

基于上述实验设计的基本准则，可以把实验过程划分为两个主要阶段：第一阶段，在无沟通条件下的跨国公司母子公司知识冲突与知识转移绩效关系实验；第二阶段，在有沟通条件下的沟通通过知识冲突对知识转移绩效影响的实验。以下对每一个阶段的实验分组和实验设计思路进行阐述。

1. 第一阶段：无沟通条件下的知识冲突与知识转移绩效关系实验分组

在无沟通条件下的知识冲突与知识转移绩效关系实验部分，本实验采用4×1因素被试间分组设计，即设计四组实验，分别是实验组的结构型知识冲突—知识转移绩效实验组、关系型知识冲突—知识转移绩效实验组、存量型知识冲突—知识转移绩效实验组；控制对照组的无知识冲突—知识转移绩效实验组。在正式实验中，每个实验组由16个知识转移团队构成，共计64个知识转移团队128人参与了实验。每个实验团队由知识发送方成员（扮演母公司成员的实验被试）和知识接收方成员（扮演子公司成员的实验被试）组成。其实验设计与分组如表4-1所示。

表4-1　无沟通条件下的知识冲突与知识转移绩效关系实验分组

实验分组		参与人数
实验组	结构型知识冲突组 实验1.1	16个知识转移团队（32人） 中方被试16人，德方被试16人
	存量型知识冲突组 实验1.2	16个知识转移团队（32人） 中方被试16人，德方被试16人
	关系型知识冲突组 实验1.3	16个知识转移团队（32人） 中方被试16人，德方被试16人
对照组	无知识冲突组 实验1.4	16个知识转移团队（32人） 中方被试16人，德方被试16人

2. 第二阶段：有沟通条件下沟通通过知识冲突影响知识转移绩效的实验分组

本部分的实验采用因子实验设计，将沟通分为合作性沟通与竞争性沟通，和结构型知识冲突、关系型知识冲突、存量型知识冲突相结合，共有6组实验，分别为：合作性沟通—结构型知识冲突实验组、竞争性沟通—结构型知识冲突实验组、合作性沟通—存量型知识冲突实验组、竞争性沟通—存量型知识冲突实验组、合作性沟通—关系型知识冲突实验组、竞争性沟通—关系型知识冲突实验组。在正式实验中，每个实验组由 8 个知识转移团队构成，共计 48 个知识转移团队 96 人参与了实验。其实验设计与分组如表 4－2 所示。

表 4－2　沟通通过知识冲突影响知识转移绩效的实验分组

		知识冲突		
		结构型知识冲突	存量型知识冲突	关系型知识冲突
沟通	合作性沟通	实验 1.1.1 参与人数 16 人	实验 1.2.1 参与人数 16 人	实验 1.3.1 参与人数 16 人
	竞争性沟通	实验 1.1.2 参与人数 16 人	实验 1.2.2 参与人数 16 人	实验 1.3.2 参与人数 16 人

为了避免实验中出现的主试效应和被试效应，本实验采用双盲设计和随机化配对设计。即所有实验被试和实验主持者都不知道实验的真实用意，而且所有符合条件的实验被试都是随机配对的。除此之外，为了激励实验被试做出真实的行为反映，避免实验中出现随意效应，每位实验被试在遵循所要求的沟通方式的条件下，将获得 20 元人民币的实验报酬。

四、实验被试来源与选择

本项研究的对象是跨国公司母子公司，与一般意义上的母子公司关系不同的是，跨国公司母子公司具有跨文化背景的显著特征，即跨国公司母公司所在的母国和跨国公司子公司所在的东道国在国家制度、民族文化、风俗习惯等方面存在差异并将这些差异嵌入到组织和个人的知识体系中。这也对实验被试的选择提出了一个基本的要求，即要求所选择的由扮演知识发送方的母公司成员和知识接收方的子公司成员构成的知识转移团队成员，来自于不同的国家、具有不同的国籍并具备一定的文化认知差异。基于此，本实验的实验被试选择，主要由两部分群体构成：一部分是来自于国外扮演母公司成员的实验被试；另一部分是来自于国内扮演子公司成员的实验被试。

在预实验中，第一阶段每个实验组由 6 个知识转移团队构成，共计 24 个知识转移团队 48 人参与。第二阶段每个实验中每个实验组由 3 个知识转移团队共计 18 个知识转移团队 36 人参与。其中，扮演母公司成员的被试主要来自西南交通大学、四川大学的美国、德国等国家的留学生和外教共计 24 人；扮演子公司成员的中方被试主要是来自西南交通大学的在读博士研究生、硕士研究生和本科生。

在正式实验中，第一阶段每个实验组由 16 个知识转移团队构成，共计 64 个知识转移团队 128 人次参与。第二阶段每个实验组由 8 个知识转移团队构成，共计 48 个知识转移团队 96 人次参与。第一阶段控制对照组——无知识冲突实验组的实验被试将不进入下一阶段的实验。其中，扮演母公司成员的被试，是在“中德科学基金研究交流中心资助项目——中德跨文化决策冲突与沟通化解的实验方法及应用讲习班”的赞助和支持下，来自德国拜罗伊特大学（Uni Bayreuth）的博士研究生、硕士研究生和本科生，其配对的中方被试则是来自于西南交通大学、四川外国语学院两所高校的博士研究生、硕士研究生和本科生。

在实验被试的选择上，我们主要采取招募报名的方式。由于正式实验中扮演跨国公司母公司的被试主要是前来参与“中德跨文化决策冲突与沟通化解的实验方法及应用讲习班”的德方学员，因此本实验对实验被试选择的主要任务就是要通过对中方实验被试的选择来完成与德方被试基于专业、学历层次的要求来进行跨国公司母子公司知识转移团队的构建。为此，对中方实验被试的选择是在自由报名的中方实验参与者中间，基于与德方被试在专业、学历等知识结构和知识存量的配对要求和标准来进行选择的。其中，要求中方被试除了能运用英语进行交流之外，还要能够比较熟练地运用德语进行交流。

除此之外，为了确保实验控制的有效性，我们还招募了 16 名实验主持人，其主要任务是对实验被试的沟通行为是否符合合作性沟通和竞争性沟通的要求，进行监督和控制；同时完成向实验被试发放问卷的工作。为了排除实验主持人对实验被试的主观引导对实验结果的干扰，我们没有告知实验主持人实验的真实用意，而且实验主持人的分组也是被随机分配到每个实验阶段实验中的 16 个知识转移团队的。这 16 名实验主持人主要是来自西南交通大学外国语学院中德国际商务班的优秀学生，他们不仅能用流利的德国与德方被试进行交流，而且还能用英语与中德被试进行交流。

五、实验情景与任务

本书采用情景模拟实验①。实验材料来自于真实世界中的总部位于德国并

① 有关实验情景与任务的具体说明，请见附录 2：《实验说明书》。

在全球市场发展的大型跨国企业集团。XX 公司（中国）有限公司作为这家跨国公司全球市场中的重要子公司，在中国市场已经有 20 多年的发展历程。2009 年，XX 公司总部（母公司）在经过前期论证的基础上，制定了研发一款更具有可靠性能的新产品 D 的战略规划，并计划将该产品在全球范围内上市推广。为此，公司总部决定向子公司——XX 公司（中国）有限公司转移为开发这款新产品所需要的相关的知识，以便 XX 公司（中国）有限公司能够利用这些知识围绕该新产品进行相应的技术攻关、市场策划以及组织管理上的调整等工作。

实验任务就是要求参与人 A 和参与人 B 根据所提供的背景材料，组成一个知识转移小组共同完成知识转移的任务。参与人 A 扮演 XX 公司总部（母公司）的成员，参与人 B 扮演子公司——XX 公司（中国）有限公司的成员。参与人 A 和参与人 B 都知道自己与对方在学历层次、专业结构等方面是否存在差异以及对方是否掌握了情景模拟中不利于自己的信息。在实验中，参与人 A 将向参与人 B 发送 5 个知识[①]（在进入实验室后这些知识将由实验主持人发放给 A），A 要求 B 必须接受这些知识，但 B 可以接受也可以不接受这些知识。

在实验的第一阶段，B 对 A 发送过来的知识进行阅读、理解。如果 B 认为自己理解了这些知识或者认为这些知识将能够为自己所在的子公司以及整个跨国公司带来好的效益，B 可以接受这些知识；相反，如果 B 认为自己没有理解这些知识或者认为这些知识不能够为自己所在的子公司以及整个跨国公司带来好的效益，B 可以拒绝这些知识中的某一个或者全部。在这一过程中，A 和 B 不得进行任何交流。当 B 认为自己已经有了可以接受或者不接受这些知识的答案后，参与人 B 向实验研究助理示意阐明自己已经有了决定。B 做出这些决定的时间是 10—20 分钟，不能少于 10 分钟，但也不得超过 20 分钟。然后实验主持人将向 A 和 B 发放问卷，A 和 B 填写完毕以后，交给实验组织者。这一阶段的实验情景如图 4 -1 所示。

实验组织者回收问卷之后，在实验主持人的示意下，A 和 B 进入实验第二阶段。在这一阶段，A 和 B 按照自己所在组的沟通方式的要求，就知识转移的相关问题进行沟通。其中，如果 A 和 B 构成的知识转移小组属于合作性沟通小组，则 A 和 B 要构建合作性的沟通目标，采用温和的、循循善诱的沟通方式。A 要尽力说服 B 接受这些知识，并向 B 解释为什么母公司要转移这些知识给子公司，并且子公司（包括 B）获得这些知识之后能够得到什么利益；B

① 情景模拟实验中的 5 个知识，涵盖了企业管理、营销、财务、人事、技术类知识，其具体知识内容请见附录 3：《A（母公司）向 B（子公司）转移的知识》。

图 4 - 1 实验第一阶段的录像截图之一

就对知识的学习、理解中的疑问与 A 进行沟通，并向 A 解释为什么自己愿意接受或者不愿意接受所转移的知识的理由。对双方存在的分歧，A 和 B 都要尽力站在对方的立场上进行解释（见图 4 - 2）。如果 A 和 B 构成的知识转移小组属于竞争性沟通小组，则 A 和 B 都要以坚持自己的立场，与对方进行沟通时要采用压制式的、竞争性的沟通语言。A 要站在自己的立场上来解释所转移的这些知识，并要想办法强制性地要求 B 接受被转移的知识。B 也要尽力站在自己的立场上来阐述自己愿意接受或者不愿意接受所转移的这些知识。对双方存在的分歧，A 和 B 都要站在自己的立场上，坚持自己的观点（见图 4 - 3）。这一阶段双方围绕所转移知识的沟通过程持续 10—20 分钟，不能少于 10 分钟，也不能超过 20 分钟，如果 A 和 B 就这些知识是否能在双方实现共享并能给母子公司带来整体利益，达成了一致性意见或者认为不一致性意见，则向实验主持人示意。然后实验主持人将向 A 和 B 发放问卷。A 和 B 填写完毕以后，交给实验主持人（见图 4 - 4 和图 4 - 5）。

图 4 - 2 实验第二阶段中合作性沟通的录像截图之一

图 4－3 实验第二阶段中竞争性沟通的录像截图之一

图 4－4 实验结束问卷回答的录像截图之一（一）

图 4－5 实验结束问卷回答的录像截图之一（二）

六、实验操控

基于实验设计的基本准则和实验操控的要素，本研究的实验操控主要体现为两大层面，即对实验中自变量（包括知识冲突和沟通）的操控和对无关变量干扰效应排除的操控。

1. 对知识冲突的操控

依据概念模型和理论假设所设计的实验分组，本研究将跨国公司母子公司知识冲突划分为：存量型知识冲突、结构型知识冲突和关系型知识冲突。基于本研究对知识冲突三维度含义的界定，借鉴张钢和倪旭东（2007）的设计，对各类型知识冲突的操控，主要是基于学历层次上的差异体现出知识存量的不同、专业背景上的差异体现出知识结构的不同、知识转移情感上的对立体现出的关系型矛盾和冲突以及在知识转移决策上的冲突，从知识差异、情感矛盾和决策冲突三层面来对其进行操控。对存量型知识冲突、结构型知识冲突和关系型知识冲突的操控，最终体现为本研究实验选择被试和对实验被试进行分组配对的依据，如表 4－3 所示。

表 4－3　对知识冲突的操控方式

实验分组	对知识冲突的操控 （母公司成员用 A 表示；子公司成员用 B 表示）
结构型知识冲突组	• A 与 B 都是同一学历层次，但 A 与 B 之间的专业不一致。 • A 与 B 都知道对方与自己处于同一学历层次，但专业与自己不一致。 • A 要求 B 必须接受所转移的知识；B 可以接受，也可以不接受所转移的知识。
存量型知识冲突组	• A 与 B 不属于同一学历层次，A 的学历高于 B，但 A 与 B 之间的专业一致。 • A 与 B 都知道对方的学历层次与自己不同，但专业一致。 • A 要求 B 必须接受所转移的知识；B 可以接受，也可以不接受所转移的知识。
关系型知识冲突组	• A 与 B（被试）学历层次相同，专业一致。 • A 与 B 都知道对方的学历层次和专业与自己相同。 • A 与 B 都知道对方掌握了一些不利于自己的信息，并有可能在将来的合作中刁难对方。 • A 要求 B 必须接受所转移的知识；B 可以接受，也可以不接受所转移的知识。

2. 对沟通的操控

除了对知识冲突进行操控之外，本研究实验还要对沟通的两维度——合作性沟通和竞争性沟通进行操控。在实验中被试是否按照合作性沟通和竞争性沟通的要求来进行沟通，成为实验是否有效的关键。对此，本研究参考 Dean Tjosvold、粟芳和万洁平（2002）对合作或者竞争实验环境下不同沟通方式的控制措施，通过沟通目标、沟通语言、解决分歧方式等方面来对合作性沟通和竞争性沟通进行操控。为此，在实验中我们要求：

在所有的合作性沟通小组中，母子公司成员（被试）要构建合作性的沟通目标，采用温和的、循循善诱的沟通语言，母公司成员要尽力站在对方的立场上来解释所转移的知识并尽力说服子公司成员接受被转移的知识。子公司成员也要尽力站在对方的立场上来解释自己愿意接受或者不愿意接受知识的理由；双方对可能出现的知识转移分歧基于共同的目标采用合作方式来加以解决。

在所有的竞争性沟通小组中，母子公司成员要以坚持自己的立场为基准点，采用压制式的、竞争性的沟通语言，母公司成员要尽力站在自己的立场上来解释所转移的知识并强制性地要求子公司成员接受被转移的知识。子公司成员则要站在自己的立场上来阐述自己愿意接受或者不愿意接受所转移的知识的理由。

除此之外，在每个知识转移团队中我们还配备了一个实验主持人。实验主持人的核心任务就是引导和控制被试的沟通方式，确保被试在实验中遵循所要求的沟通方式来进行沟通。在实验中，如果被试双方采用的沟通方式违背了应该采用的沟通方式，实验主持人将给予提醒，并要求双方回到所要求的沟通方式中来，同时计算扣除被试的实验报酬。

实验中对合作性沟通和竞争性沟通的操控方式总结如表 4－4 所示。

表 4－4　对沟通的操控方式

实验分组	对沟通的操控 （母公司成员用 A 表示；子公司成员用 B 表示）
合作性沟通实验组	• 沟通目标：A 与 B 建立合作共赢的沟通目标 • 沟通语言：A 与 B 采用温和的、循循善诱的沟通语言 • 处理分歧方式：站在对方的立场来解释和处理可能的分歧 • 沟通结果：A 与 B 尽可能达成一致性的意见 • 惩罚措施：如果违背上述要求，实验主持人将给予提醒、纠正并计算扣除实验报酬。
竞争性沟通实验组	• 沟通目标：A 与 B 建立自我利益导向的沟通目标 • 沟通语言：A 与 B 采用压制式的、强迫式的沟通语言 • 处理分歧方式：站在自己的立场，强制性要求对方接受自己的观点 • 沟通结果：A 与 B 可达成一致性的意见，也可不达成一致性意见 • 惩罚措施：如果违背上述要求，实验主持人将给予提醒、纠正并计算扣除实验报酬。

3. 对无关变量干扰效应排除的操控

如前所述，无关变量又称为无关因素（Nuisance factor）或者混淆变量（Confounding variable），是指实验之前就知道的一些实验个体可能含有会影响实验测试结果的因素，但是这些因素又不是实验结果所关心的，没有得到控制的无关变量会使测试结果发生系统性的偏差，使得我们无法确定因变量的变化是否是由自变量的变化所引起的。本研究在被试选择上要求中外被试是基于自不同国家的跨文化背景从而使得实验情景符合现实条件，以提升实验的效度。但这带来了另外一个问题，即来自不同国家的被试的跨文化差异本身会影响知识转移的绩效。因此，本研究的实验操控还需要排除无关变量——实验个体的跨文化差异对实验结果的影响。

为此，在正式实验之前，首先运用Hofstede（1985，2006）对民族文化测度的五维度量表即权力距离、不确定性回避、个人主义/集体主义、男性主义/女性主义、长期观念/短期观念[①]来对中德被试进行文化差异的测试；测试完毕后，围绕五维度的中德民族文化差异，给每位实验参与者发放关于中德文化差异的阅读材料并要求中德被试认真阅读、理解和识记材料的内容；阅读完毕，再对中德被试对对方文化了解的程度进行测试；最后比较中德被试材料阅读前后对对方文化的了解程度，并选择已经对对方国家文化了解程度达到标准的被试参与最终实验，从而最终确保实验被试双方虽然具有跨文化背景，但又对对方国家文化有所认识并对双方的文化差异形成完全认知，从而排除在实验中基于对对方文化的不了解而产生的对知识转移绩效测试的干扰。

七、实验流程

本实验将按照以下流程来完成：

第一，实验被试的选择：严格按照知识冲突三种类型对实验被试在学历和专业上的要求，来选择实验被试和对实验被试进行分组、配对。在此前提下，所有实验被试将被随机分配到各个知识冲突类型的实验组和无知识冲突的控制组；并进一步通过抽签的方式将各个知识冲突类型的小组成员分配到第二阶段实验的合作性沟通小组和竞争性沟通小组中，每组中将有一人扮演参与人A（母公司成员）和参与人B（子公司成员）。

第二，实验被试对实验规则的了解和培训：在分组完毕以后，所有实验参与者要完成一份测度是否正确理解实验规则和实验要求的问卷，以考察被试是否了解了实验的规则，是否明白实验目的，是否明白自己的角色和所处的场景。通过问卷结果剔除那些对实验规则不了解的被试，或者通过再培训、再测试，直到被试都正确地了解和熟悉了实验规则和实验要求。

第三，实验被试跨文化差异程度的测试与消除：按照对无关变量干扰效应排除的操控要求，通过测试、培训、再测试，来选择已经对对方国家文化了解程度达到标准的被试参与最终实验，从而最终确保实验被试双方虽然具有跨文化背景，但又对对方国家文化有所认识并对双方的文化差异形成完全认知，从而排除对无关变量——实验个体的跨文化差异对实验结果有可能产生的干扰。

① 具体内容请见附录6：《实验前测问卷》。

第四，实验第一阶段的展开和完成：扮演参与人 A（母公司成员）和参与人 B（子公司成员）按照实验规则和所在实验组的要求，进入第一阶段的知识转移过程。这一实验阶段持续 10—20 分钟。实验完成后，实验主持人向 A 和 B 发放测度知识冲突和知识转移绩效的问卷。问卷填写完毕以后，由实验实验主持人回收回问卷。

第五，实验第二阶段的展开和完成：在实验主持人的引导下，实验进入第二个阶段，即按照原有的合作性沟通与竞争性沟通的分组结果，进入沟通的实验阶段。这一阶段的情景实验中，沟通双方必须按照所在组规定的沟通方式要求来就上一阶段所转移的知识产生的问题进行沟通。如果双方采用的沟通方式违背了自己所在组应采用的沟通方式的要求，实验主持人将给予提醒，并计扣实验报酬。这一实验阶段持续 10—20 分钟，实验完成后，实验主持人向 A 和 B 发放测度沟通、知识冲突、知识转移绩效的问卷。问卷填写完毕以后，由实验主持人回收回问卷。

第六，实验结束：实验完成后，所有被试者填写一份有关其基本信息的问卷，并依据实验主持人对实验监控的结果，向实验参与者发放实验报酬，整个实验结束。

以上实验流程如图 4－6 所示。

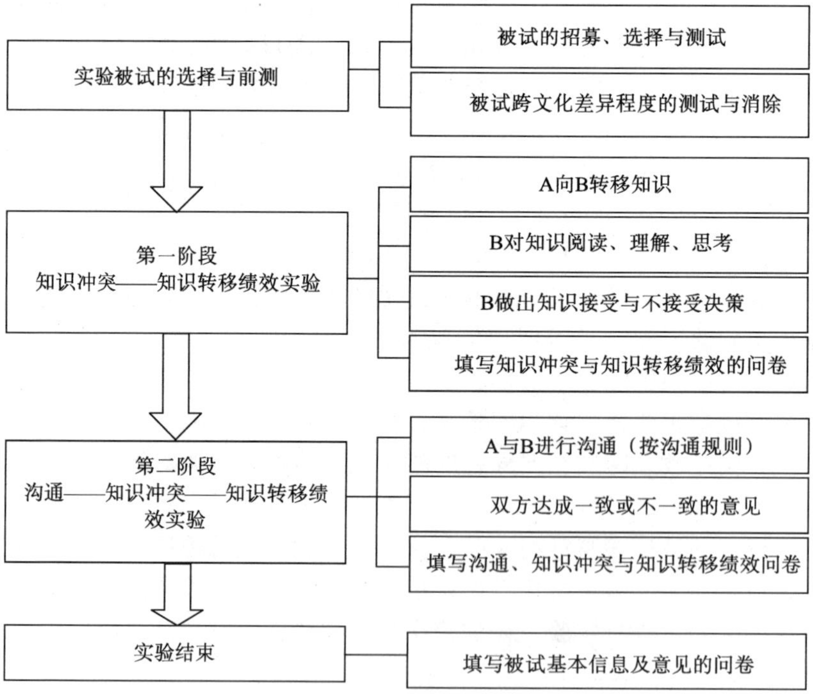

图 4－6 实验研究流程

第二节 变量测量与量表开发

一、量表的开发与设计

本书除了严格按照学历与专业结构上的要求来对三种类型的知识冲突进行操控之外，还要通过量表对知识冲突的感知程度、沟通程度和知识转移绩效进行测量。在实证研究中，通常采用李克特（Likert Scale）量表来测量人们对某种事物的态度、看法、意见、感受和评价等主观性感知，这些主观性感知通过李克特（Likert Scale）量表可以将其定量化并通过分析工具进行各种统计分析。本研究的各个知识冲突、沟通与知识转移绩效三类变量，由于都是在实验室中基于情景模拟而发生的，因此其测量的结果反映了实验被试在实验控制条件下对知识冲突、沟通与知识转移绩效的意见和评价，属于实验被试的主观性感知。因此，本研究采用了李克特（Likert Scale）5点计分法对知识冲突、沟通与知识转移绩效变量加以测度。

依据学者们的研究成果和主要观点（Anderson & Gerbing，1988；Jehn，2002；李怀祖，2004），本研究按照如下步骤来展开问卷量表的开发与设计工作：首先，对近年来国内外学者们对跨国公司知识转移中的沟通、知识冲突与知识转移绩效研究的文献成果进行大量的阅读、比较和分析，找出适用的成熟量表。其次，请三位英语系研究生将英文量表翻译成中文量表，并请两位管理学博士详细地检查量表中的各题项，然后请三位德语系研究生将中文量表进行翻译成德文，之后再请两位德国教授（外教）对德文量表进行了仔细的校正①。再次，为了确保量表的效度，在尽可能保持原量表的基础上，根据本研究的需要，结合相关理论，对一些原有文献没有涉及的题项，通过对长期从事跨国公司经营与管理的人员进行深度访谈，自行发展了一些题项，以弥补现有文献成果的不足和本研究的需要（徐贵宏，2008）。最后，通过预实验对知识冲突程度感知量表、沟通程度测量量表和知识转移绩效测度量表进行预测试，

① 由于本文的实验被试中，扮演跨国公司母公司的实验被试主要来自德国，同时与其配对的中方实验被试在实验中与对方是用德语进行交流，因此本文的量表除了用中文表达之外，还形成了德文版的量表。

去掉了删除后能够显著提高 Cronbach's α 值的题项，最终形成了本研究对变量的测量量表。

基于上述量表开发过程，本研究对变量测量的量表共包含 8 个部分，分别用于对跨国公司母子公司知识冲突（包括结构型知识冲突、存量型知识冲突和关系型知识冲突）、沟通（包括合作性沟通和竞争性沟通）、知识转移绩效（包括知识转移个体绩效、知识转移团队绩效和知识转移组织绩效）等变量的测量。

1. 结构型知识冲突（Structural Knowledge Conflict，SKC）的测量

对跨国公司母子公司结构型知识冲突的测量，主要借鉴了 Chatman & Flynn（2001）、张钢和倪旭东（2007）关于测度专家类知识冲突的感知程度量表，并结合跨国公司母子公司知识转移中在知识专业背景上的差异性对部分题项加以改造，形成了测量跨国公司母子公司知识转移中的结构型知识冲突程度感知量表。量表采用李克特 5 点计分法，1 表示感知程度“非常低”，5 表示感知程度“非常高”，如表 4 – 5 所示。

表 4 – 5　跨国公司母子公司结构型知识冲突（SKC）的测量

编号	题项	来源
SKC1	您感知到的和对方在专业背景上的差异程度是否很高？	Chatman & Flynn（2001）；张钢和倪旭东（2007）
SKC2	您的专业背景影响您对知识理解的程度是否很高？	
SKC3	您感知到的对方专业背景影响他对知识理解的程度是否很高？	
SKC4	您感知到由于专业背景而形成的对知识产生不同理解的程度是否很高？	
SKC5	您感知到的知识转移中的专业冲突程度是否很高？	
SKC6	由于专业背景上不同使得你们决策对立程度是否很高？	

2. 存量型知识冲突（Stock – Based Knowledge Conflict，SBKC）的测量

对跨国公司母子公司存量型知识冲突（SBKC）的测量，主要借鉴了 Cabrera & Cabrera（2002）张钢和倪旭东（2007）关于测度团队现存知识与新知识的冲突量表，用于测度跨国公司母子公司知识转移中在知识基础性的存量上的差异和由此产生的决策冲突。量表采用李克特 5 点计分法，1 表示感知程度“非常低”，5 表示感知程度“非常高”，如表 4 – 6 所示。

表 4－6　　跨国公司母子公司存量型知识冲突（SBKC）的测量

编号	题项	来源
SBKC1	您感知到的和对方在知识储备的差异程度是否很高？	Cabrera & Cabrera（2002）；张钢和倪旭东（2007）
SBKC2	您的知识储备影响您对知识理解的程度是否很高？	
SBKC3	您感知到的对方知识储备影响他对知识理解的程度是否很高？	
SBKC4	您感知到由于学历差异形成的知识储备对知识产生不同理解的程度是否很高？	
SBKC5	您感知到的知识转移中的学历差异程度是否很高？	
SBKC6	由于知识储备上的不同使得你们对立程度是否很高？	

3. 关系型知识冲突（Relational Knowledge Conflict，RKC）的测量

对跨国公司母子公司关系型知识冲突（RKC）的测量，主要借鉴了 Jehn（2002）关于群体内关系型冲突（IRC）量表，并通过对长期从事跨国公司经营与管理的人员进行深度访谈对量表进行了部分修订，形成了测量跨国公司母子公司知识转移中的关系型知识冲突程度感知量表。量表采用李克特 5 点计分法，1 表示感知程度“非常低”，5 表示感知程度“非常高”，如表 4－7 所示。

表 4－7　　跨国公司母子公司关系型知识冲突（RKC）的测量

编号	题项	来源
RKC1	对方掌握了对您不利的信息，这影响你情绪的程度是否很高？	Jehn（2002）
RKC2	您感知到了对方和你在情绪上对立的程度是否很高？	
RKC3	你们情绪上的对立影响您对知识理解的程度是否很高？	
RKC4	您感知到知识转移中关系矛盾的程度是否很高？	
RKC5	你们情绪上的对立影响决策冲突的程度是否很高？	
RKC6	您能感知到的你们相互不喜欢的程度是否很高？	
RKC7	您能感知到的你们情感矛盾的程度是否很高？	
RKC8	你们情绪上的对立影响对方对知识理解的程度是否很高？	

4. 合作性沟通（Cooperative Communication，COC）的测量

对跨国公司母子公司合作性沟通（COC）的测量，主要借鉴了 Lovelaee，shapiro & weingart（2001）从谈判及沟通文献中提炼出的合作性沟通测量量表（包括 11 项条款，Cronbacha＝0.83）；Dean Tjosvold，粟芳和万洁平（2002）

在合作与竞争理论实验研究中对团队成员合作性沟通的感知测量量表（包括5项条款，Cronbacha＝0.79）；Chen & Tjosvold（2006）关于跨部门知识团队创新中的合作性沟通测度量表（包括8项条款，Cronbacha＝0.86）；同时，结合跨国公司母子公司知识转移中合作性沟通的情景性与互动性特点，在对长期从事跨国公司经营与管理的人员就母子公司的合作性沟通行为进行深度访谈的基础上，对量表进行了部分修订；在此基础上形成了测量跨国公司母子公司知识转移中的合作性沟通测度量表。量表采用李克特5点计分法，1表示“完全不同意”，5表示“完全同意”，如表4－8所示。

表4－8　　　　跨国公司母子公司合作性沟通（COC）的测量

编号	题项	来源
COC1	我感知到对方与我都是基于合作性目标所进行的沟通行为	Lovelaee，shapiro & weingart（2001）；DeanTjosvold，粟芳和万洁平（2002）；Chen & Tjosvold（2006）
COC2	我感知到对方使用了劝说、温和的语气在与我进行沟通	
COC3	我感知到我与对方都欣赏“我们在同一条战线上”的态度	
COC4	我感知到我与对方都将知识转移中的分歧作为共同面临的问题来面对	
COC5	我感知到由于我与对方都基于合作性的目标，因此知识转移中没有决策冲突	
COC6	对知识的分歧，我们都寻求对母子公司有利的解决办法	
COC7	对知识转移中的分歧，我们都站在对方的立场上考虑问题	
COC8	在知识转移的沟通过程中，我们相互尊重对方的意见	
COC9	我感知到我与对方在阐述和评价自己的观点时比较客观	

5. 竞争性沟通（Competitive Communication，CPC）的测量

对跨国公司母子公司竞争性沟通（CPC）的测量，主要借鉴了Lovelace，ShaPiro & Weingart（2001）关于高管团队效能及创新研究中所提出的争论式沟通测量量表（包括6项条款，Cronbacha＝0.85）和Chen & Tjosvold（2006）关于跨部门知识团队创新中的竞争性沟通测度量表（包括4项测量条款，Cronbacha＝0.95）；同时，结合跨国公司母子公司知识转移中竞争性沟通的情景性与互动性特点，在对长期从事跨国公司经营与管理的人员就母子公司的竞争性沟通行为进行深度访谈的基础上，对量表的测量条款进行了部分修订；在此基础上形成了测量跨国公司母子公司知识转移中的竞争性沟通测度量表。量表采用李克特5点计分法，1表示“完全不同意”，5表示“完全同意”，如表4－9所示。

表 4-9 跨国公司母子公司竞争性沟通（CPC）的测量

编号	题项	来源
CPC1	我与对方都是基于自我的竞争性目标所进行的沟通行为	Lovelaee, shapiro & weingart (2001); Chen & Tjosvold (2006)
CPC2	我感知到对方使用了强制、压迫式的语气在与我进行沟通	
CPC3	在知识转移中，我们都要求对方同意自己的观点	
CPC4	为了实现自我目标，我与对方都坚持自我立场的重要性	
CPC5	对知识转移中的分歧，我与对方都坚持自己的看法	
CPC6	对知识转移的分歧，我们都希望对方做出让步，而不是自己	
CPC7	为达成知识转移的一致性，我与对方会主动做出让步	
CPC8	对知识转移中的分歧，我们很难达成一致性的意见	
CPC9	我与对方的沟通就是在争论，非要分个输赢不可	

6. 知识转移个体绩效（Individual Performance，IDP）的测量

对跨国公司母子公司知识转移个体绩效（IDP）的测量，主要借鉴了 Kostova（1999）；Hakanson & Nobel（2000）；Chen & Tjosvold（2006）等关于知识转移个体绩效测度量表，并通过对长期从事跨国公司经营与管理的人员进行深度访谈对测量条款进行了部分修订，形成了测量跨国公司母子公司知识转移个体绩效量表。量表采用李克特 5 点计分，1 表示“完全不同意”，5 表示“完全同意”，如表 4-10 所示。

表 4-10 跨国公司母子公司知识转移个体绩效（IDP）的测量

编号	题项	来源
IDP1	学习这些被转移的知识对我很重要	Kostova (1999); Hakanson & Nobel (2000); Chen & Tjosvold (2006)
IDP2	我已经理解这些被转移的知识	
IDP3	在工作中使用转移的知识非常重要	
IDP4	我已经能够判断和辨别这些知识是如何被转移和使用	
IDP5	这些被转移的知识更加容易使用	
IDP6	我有责任使用好这些知识	
IDP7	对知识转移的过程感到满意	
IDP8	对知识转移的结果感到满意	
IDP9	我全部接受这些被转移的知识	

7. 知识转移团队绩效（Team Performance，TAP）的测量

对跨国公司母子公司知识转移团队绩效（TAP）的测量，主要借鉴了

Hackman（1987）从团队成员任务完成度、团队成员满意度、团队成员知识技能提升三个方面来测度团队创新绩效的测度量表；关涛（2005）和 Chen & Tjosvold（2006）关于知识转移团队绩效量表；同时，结合跨国公司母子公司知识转移团队任务完成的特点，对长期从事跨国公司经营与管理的人员就知识转移过程中团队知识共享与再创造水平进行了深度访谈，以此对量表的测量条款进行了部分修订；在此基础上形成了测量跨国公司母子公司知识转移团队绩效量表。量表采用李克特 5 点计分法，1 表示"完全不同意"，5 表示"完全同意"，如表 4－11 所示。

表 4－11　　跨国公司母子公司知识转移团队绩效（TAP）的测量

编号	题项	来源
TAP1	我与对方都对在预定时间内完成知识转移工作感到满意	Hackman（1987）；关涛（2005）；Chen & Tjosvold（2006）
TAP2	我与对方都会使用这些知识，来创造出更多的新知识	
TAP3	我与对方都会利用这些知识，与新产品开发的实践相结合	
TAP4	对创造出来的新知识，我与对方都愿意进一步转移与共享	
TAP5	我们都对对方在知识转移中的态度和行为感到满意	
TAP6	通过知识转移，我们双方的知识数量都有了增加	
TAP7	通过知识转移，我们双方的经验与能力都有所提升	
TAP8	我们认为利用这些转移的知识，将创造出更多的新知识	

8. 知识转移组织绩效（Organizational Performance，OGP）的测量

在跨国公司母子公司知识转移组织绩效（OGP）的测量方面，目前没有现成的量表可以直接参考。早期对组织绩效的测量，多是从财务指标的角度来进行设计的，如 Negandhi & Yuen（1985）用营收成长率、毛利率、投资报酬率、利润率等指标来衡量组织绩效水平。之后，学者们认为单纯的财务性指标会使经理人强调企业的短期会计报酬而忽略了公司的长期整体利益，开始从单纯的财务指标向综合评价指标转变（Eeeles & Pybum，1992；Bushmanetal，1996；Stivers & Joyce，2000；叶淑燕，2001）。随着知识经济时代的到来，围绕知识资源转化所衡量的组织绩效也为学者们关注的研究的焦点之一。Delaney & Huselid（1996）从认知与态度的角度来考虑组织绩效时认为，基于认知与态度的知识资源转化所形成的组织绩效衡量指标应该包括：产品或服务品质的提升、新产品的开发力度、顾客满意的程度、管理者与员工之间的关系、员工对组织的承诺等（转引自沈丽，2007）。本研究对跨国公司母子公司知识转移组织绩效（OGP）的测量量表，借鉴了 Delaney & Huselid（1996）对知识

转化所形成的组织绩效衡量的认知与态度视角，基于跨国公司母子公司知识转移组织绩效的形成机理，通过对长期从事跨国公司经营与管理的经理和相关人员，通过焦点小组访谈的定性研究开发设计的。量表采用李克特5点计分法，1表示“完全不同意”，5表示“完全同意”，如表4－12所示。

表4－12 跨国公司母子公司知识转移组织绩效（OGP）的测量

编号	题项	来源
OGP1	母子公司作为一个整体具有共同的利益和发展目标	Delaney & Huselid (1996)；焦点小组访谈
OGP2	通过母子公司的知识转移，跨国公司整体知识数量增加了	
OGP3	母子公司通过知识转移，跨国公司将创造出更多的新知识	
OGP4	通过母子公司的知识转移，将增强母子公司双方的关系	
OGP5	通过母子公司知识转移，跨国公司新产品上市将取得成功	
OGP6	通过母子公司知识转移，将提升跨国公司的整体市场份额	
OGP7	通过母子公司知识转移，将提升跨国公司的顾客满意度	
OGP8	通过母子公司知识转移，将提升跨国公司的全球竞争能力	
OGP9	通过母子公司知识转移，将增加跨国公司员工的满意度	
OGP10	母子公司的知识转移增强了跨国公司员工与管理者的关系	

二、预实验与问卷题项的前测

预实验在西南交通大学的西蒙—泽尔腾行为决策实验室进行，是严格按照上述的实验设计内容和流程来操作完成的。预实验的目的主要有两个方面：第一，通过预实验来完成对实验设计、实验控制过程的检验、修正和完善，以便正式实验的顺利完成；第二，通过预实验的数据来对量表进行前测，从而形成正式的调查问卷和测量量表。按照实验设计的内容和步骤，预实验分为两个阶段：第一阶段是无沟通条件下的知识冲突与知识转移绩效关系实验，在这一阶段，每个实验组由6个知识转移团队构成，共计24个知识转移团队48人参与了实验；第二阶段是在沟通条件下，沟通对知识冲突与知识转移绩效关系的调节效应实验，在这一阶段，每个实验组由3个知识转移团队构成，共计18个知识转移团队36人参与。实验被试来自于西南交通大学、四川大学的美国、德国等国家的留学生、外教和读博士研究生、硕士研究生以及本科生。

基于预实验的数据，本研究采用SPSS11.5中的因子分析法（Factor Analysis）对变量衡量的量表信度和效度进行前测检验。信度主要是用来考察问卷的内部一致性系数，根据社会科学的统计要求（李怀祖，2004），Cronbach's α值在0.70以上时测量条款可以接受。效度主要考查结构化效度指标，一般认为，变量测量条款的内部相关系数应该大于0.5，因子载荷值应高于0.50，因子载荷系数低于0.50的测量条款应该删除。以此为标准，本研究对预实验问卷的信度和效度进行了检验，其统计结果在删除了RKC8、COC5、CPC7、IDP3、TAP6、OGP1六个测量条款后的值。最终的信度和效度检验指标如表4－13所示，并据此形成了本书的正式问卷①，用于正式实验中对变量的度量。

表4－13　量表信度和效度的前测检验结果

变量	测量条款	效度				信度
		测量条款与量表的相关系数	因子载荷	KMO值	Bartlett球形检验P值	Cronbach's Alpha
结构型知识冲突（SKC）	skc1	0.8622	0.909	0.777	0.000	0.9137
	skc2	0.6877	0.784			
	skc3	0.7349	0.819			
	skc4	0.7616	0.841			
	skc5	0.7616	0.841			
	skc6	0.7453	0.826			
存量型知识冲突（SBKC）	sbkc1	0.6570	0.759	0.766	0.000	0.9013
	sbkc2	0.7846	0.859			
	sbkc3	0.7550	0.841			
	sbkc4	0.7252	0.816			
	sbkc5	0.8011	0.869			
	sbkc6	0.6629	0.765			
关系型知识冲突（RKC）	rkc1	0.7016	0.772	0.870	0.000	0.9318
	rkc2	0.8647	0.911			
	rkc3	0.7641	0.837			
	rkc4	0.9620	0.978			
	rkc5	0.7641	0.837			
	rkc6	0.7016	0.772			
	rkc7	0.7641	0.837			
合作性沟通（COC）	coc1	0.7938	0.846	0.894	0.000	0.9455
	coc2	0.8781	0.906			
	coc3	0.8277	0.878			
	coc4	0.6891	0.756			
	coc6	0.8530	0.884			
	coc7	0.8218	0.870			
	coc8	0.7421	0.805			
	coc9	0.9532	0.963			

①　正式问卷请见附录5：《实验调查问卷》。

续表

变量	测量条款	效度				信度
		测量条款与量表的相关系数	因子载荷			测量条款与量表的相关系数
竞争性沟通（CPC）	cpc1	0.7038	0.770	0.805	0.000	0.8982
	cpc2	0.8870	0.915			
	cpc3	0.9347	0.958			
	cpc4	0.8246	0.872			
	cpc5	0.7477	0.812			
	cpc6	0.7512	0.813			
	cpc8	0.6168	0.703			
	cpc9	0.8164	0.862			
个体绩效（IDP）	idp1	0.6512	0.718	0.892	0.000	0.9465
	idp2	0.7312	0.782			
	idp4	0.9532	0.968			
	idp5	0.8218	0.871			
	idp6	0.8530	0.894			
	idp7	0.8530	0.894			
	idp8	0.8530	0.894			
	idp9	0.7579	0.816			
团队绩效（TAP）	tap1	0.7238	0.802	0.887	0.000	0.9175
	tap2	0.7679	0.829			
	tap3	0.7017	0.779			
	tap4	0.8451	0.893			
	tap5	0.8171	0.875			
	tap7	0.7927	0.853			
	tap8	0.7605	0.828			
组织绩效（OGP）	ogp2	0.9643	0.978	0.798	0.000	0.9491
	ogp3	0.7974	0.841			
	ogp4	0.7401	0.792			
	ogp5	0.6602	0.731			
	ogp6	0.7885	0.836			
	ogp7	0.8671	0.900			
	ogp8	0.8671	0.899			
	ogp9	0.8238	0.861			
	ogp10	0.7831	0.829			

第三节
统计方法的应用

本书对实验数据的统计分析主要包括三部分：一是对实验样本数据的信度和效度进行检验；二是对实验控制（包括自变量的控制和无关变量干扰效应排除的控制）的效果进行检验；三是对概念模型的相关假设进行验证。其使用的统计方法主要包括信度和效度分析、相关分析、回归分析、方差分析、配对样本 T 检验、独立样本 T 检验等。

一、信度和效度分析

信度和效度分析是对变量测量条款的可靠性和实际测量值反映试图测量特征程度的分析方法。信度和效度分析一种评估论证研究工作，并非是一种论证研究方法，其主要目的在于考察某项研究的科学性及其应用价值（李怀祖，2004）。

1. 信度分析

信度分析（Reliability）是对量表测量条款的可靠性进行检验的分析方法。量表的信度分析主要包括内在信度分析和外在信度分析。

内在信度分析主要是要检验一组评估项目之间是否具有较高的“内部一致性（Internal Consistency）”。“内部一致性”指标通常采用克朗巴哈（Cronbach）α 系数和折半（Split - haif）信度系数来加以测量。克朗巴哈（Cronbach）α 系数是通过计算各评估项目的相关系数矩阵和相关系数的均值来进行，适合于对诸如 likert 量表等定距尺度量表的测试。折半（Split - haif）信度系数是将量表一分为二后分别计算两部分的克朗巴哈（Cronbach）a 系数，进而对两部分量表的信度进行比较。根据学者们（Jehn，2002；李怀祖，2004；Bock et al.，2005）的观点，Cronbach's α 值大于 0.70，表明测量条款的内在一致性较高，量表可以接受。

外在信度分析主要是用来检验在不同时点上对同一批受测者实施重复测量时，其测量结果是否具有一致性。如果在不同时点上对同一批受测者实施重复测量所得到的结果具有前后一致性，则表明得到的测量结果是可信的。对外信度的评价用折半（Split - haif）信度系数来反映。利用折半信度系数来对量表的外在信度进行检验时，可将受测者前后两次的测量条款得分横向合并在一起，然后计算折半信度系数（李怀祖，2004；Bock et al.，2005）。

除此之外，Churchill（1979）认为，在进行因子分析前还要通过对每一测量条款与其他所有测量条款之和的相关系数（Corrected Item - Total Correlation，CITC）的分析来对“垃圾测量项目”（Garbage Items）进行净化和消除。一般认为，测量条款的 CITC 值大于 0.5 时，该题项才可以被接受，否则就应该删除（转引自徐贵宏，2008）。

基于上述信度检验的方法，本书对样本数据的信度分析，首先按照 CITC 值应该大于 0.5 的标准，对各个变量的测量条款进行净化，删除了 CITC 值小于 0.5 的项目，并且删除后可以增加 Cronbach's α 的测量项目；其次，按照 Cronbach's α 值在 0.70 以上时测量条款可以接受的标准，来对量表中各因素的内部一致性程度进行检验。

2. 效度分析

效度分析是指一种用于判断测量结果是否真正反映了研究者所预期要测量的结果，即测量值与理想值的差异程度。一般而言，对效度的评价，主要是采用内容效度（Content Validity）和结构效度（Construct Validity）两类指标。

内容效度（Content Validity）是指测量工具是否可以全部涵盖研究者所要衡量的主题，即量表中的每个测量条款的设计，是否具有代表性和综合性。一个具有良好的内容效度的变量测量条款的设计，一般要通过扎实可行的文献分析和对研究主题的深入访谈才能获得，进而才能确保变量测量条款设计的全面性和系统性（Bock & Kim，2002）。基于此，本书对量表内容效度的控制，主要采用了如下方法：首先，对近年来国内外学者们对跨国公司知识转移中的沟通、知识冲突与知识转移绩效的研究文献梳理和分析，找出适用的成熟量表并通过内容判断和语言判断来对量表进行翻译、整理和校正，并通过和焦点小组讨论，来对没有合适的量表进行开发；其次，对长期从事跨国公司经营与管理的人员进行访谈测试、通过他们的反馈和评价，对量表中的测量条款进行修正，同时通过预实验的反馈来对量表的测量项目进行完善。

结构效度（Construct Validity）是指量表中的测量条款与研究者的理论概念之间是否具有一致性，即量表中所设置的测量条款是否“走向”一起，形成一个整体来对理论概念加以有效地反映（徐贵宏，2008）。目前，学者们普遍的做法是从变量测量条款的收敛效度（Convergent Validity）和变量测量条款的区别效度（Discriminant Validity）两方面来对测量条款的结构效度加以检验。

收敛效度是指测量同一变量的不同测量条款之间的一致性程度。同一概念的不同测量条款之间一致性程度越高，则表明收敛效度越好。依据 Churchill（1979）对“垃圾测量项目”（Garbage Items）进行净化和消除的方法，本书对收敛效度的检验，主要是采用了 CITC 值应该大于 0.5 的标准，认为 CITC 值小于 0.5 就表示其收敛效度差，对应的测量条款应该给予剔除，来减少测量条款的多因子现象，提高测量因子的解释能力。

区别效度是指不同变量的差异化程度，即来自不同变量的测量条款，应该具有较低的一致性程度。区别效度主要是采用探索性因子分析方法（Explorative Factor Analysis，EFA），来评价测量条款的因子载荷来加以检验。依据学者们的主要观点（Bock et al，2005；薛薇，2007），本书主要采用主成分分析法（Principle Component Methods）和最大方差法（Varimax）作为旋转变换方法的探索性因子分析方法，按照特征值（Eigenvalue）大于 1 和测量条款在所属因子的载荷量大于 0.5 的标准来进行评价，以保证概念测量变量的单因子性和有效的区别效度。依据统计方法的基本要求，在对测量条款进行因子分析之前，需要采用 KMO 统计量检验和 Bartlett 球体检验的方法来对指标进行评价，要求 KMO 值在 0.7 以上并且 Bartlett 球体检验显著（马庆国，2002；薛薇，2007）。在满足此条件的基础上才能进行后续的因子分析。

二、样本 T 检验

样本 T 检验包括单样本 T 检验、两独立样本 T 检验和两配对样本 T 检验。本书对样本 T 检验统计方法的应用主要体现为：

第一，利用两配对样本 T 检验方法来检验沟通通过知识冲突影响知识转移绩效的路径机制。其基本思路是：通过两配对样本 T 检验方法，来检验在无沟通条件下知识冲突与知识转移绩效的得分均值和加入沟通条件下知识冲突与知识转移绩效的得分均值，是否呈现显著的差异性。如果无沟通条件下知识冲突与知识转移绩效的得分均值与加入沟通条件下知识冲突与知识转移绩效的得分均值，呈现显著的差异性，则表明沟通对知识冲突程度与知识转移绩效水平产生了影响，进而表明沟通通过知识冲突影响了知识转移绩效；反之则表明沟通没有对知识冲突程度与知识转移绩效水平产生影响，也就无法验证沟通通过知识冲突影响了知识转移绩效。

第二，为了进一步发现跨国公司母子公司间的沟通方式与知识转移绩效关系的规律性，本书对知识转移绩效的实验结果，利用两独立样本 T 检验方法进行组间比较，通过分析不同的沟通方式条件下知识转移绩效水平是否呈现显著性的差异来验证合作性沟通和竞争性沟通与知识转移绩效的相互关系。

三、方差分析

方差分析是从观测变量（因变量）的方差入手，研究控制变量中的哪些变量是对观测变量（因变量）有显著影响的变量，并对观测变量（因变量）有显著影响的各个控制变量的不同水平以及各个水平的交互搭配是何如影响观测变量（因变量），进行验证的统计分析方法（李怀祖，2004；薛薇，2007）。

通过方差分析来判断控制变量不同水平下的观测变量（因变量）值是否发生明显波动的基本原则是：如果在控制变量的不同水平下，观测变量（因变量）总体的分布出现没有显著性差异，则表明控制变量不同水平上的观测变量（因变量）值没有发生明显的波动，也即意味着控制变量对观测变量（因变量）没有产生显著的影响；反之，如果在控制变量的不同水平下，观测变量（因变量）总体的分布出现了显著性差异，则表明控制变量不同水平上的观测变量（因变量）发生了明显的波动，也即意味着控制变量对观测变量（因变量）产生了显著的影响。依据控制变量的数量多少，方差分析包括单因素方差分析、多因素方差分析和协方差分析三类。其中，单因素方差分析是用于测度一个控制变量的不同水平，是否对观测变量产生了显著性的影响。

本书在对中德被试通过材料培训对对方国家文化认识程度改变的非参数检验的基础上，将进一步利用单因素方差分析，来进一步检验无关变量对实验结果干扰效应排除的控制是否成功。其基本思路是：通过单因素方差分析方法，检验控制变量（在实验设计中体现为与无关变量）——实验被试不同的文化背景水平下（中国文化背景和德国文化背景），观测变量——知识转移绩效的总体分布是否出现了显著性差异。如果中国文化背景下的知识转移绩效水平和德国文化背景下的知识转移绩效水平出现了显著性差异，则表明实验研究的控制变量（无关变量）——文化差异的不同水平对知识转移绩效产生了显著性影响，这就意味着本书对文化差异这一无关变量对实验结果干扰效应排除的控制没有取得成功；反之，则说明本实验研究的控制变量（无关变量）——文化差异的不同水平对知识转移绩效产生了显著性影响，也就意味着对文化差异这一无关变量对实验结果干扰效应排除的控制取得了成功。除此之外，本书还利用方差分析的多重比较方法，对不同知识冲突类型和不同沟通方式条件下的各个实验组的知识转移绩效水平进行比较，从而进一步发现不同知识冲突类型和不同沟通方式与知识转移绩效水平之间的内在关系。

四、相关分析与回归分析

相关分析和回归分析是客观事物之间统计关系的数量分析方法。其中，相关分析用来揭示两个变量之间关系的密切程度，回归分析进一步地揭示出两个变量之间的因果关系和数量变化规律。本书主要应用这两种分析对概念模型中各变量之间的相关性假设进行检验。

1. 相关分析

通过图形或者数值指标可以有效地揭示出两个变量之间统计关系的强弱程度。一方面，散点图通过将样本数据以点的形式画在直角平面上，可以直观地反映两个变量之间统计关系的强弱程度。另一方面，虽然散点图可以直观地反映两个变量之间的统计关系，但并不精确，因此需要通过计算相关系数的值来精确地反映两个变量间线性相关的强弱程度。在计算两个变量间相关系数的过程中，需要依据不同类型的变量选择不同的相关系数来度量。一般而言，常用的相关系数主要有三类：一是皮尔逊（Pearson）相关系数，适合于度量两个连续型变量之间的相关关系；二是斯皮尔曼（Spearman）相关系数，适合于度量两个定序变量间的相关关系；三是肯德尔（Kendall）秩相关系数，适合于度量两个等级变量或类型变量间的相关关系。除此之外，还要对相关关系的显著性进行检验，其相关关系的显著性检验方法包括双尾（Two - tailed）检验和单尾（One - tailed）检验，在实际的分析中一般选择双尾（Two - tailed）检验。

本书主要应用相关分析来检验如下变量间的相关关系：（1）知识冲突（包括结构型知识冲突、存量型知识冲突和关系型知识冲突）与知识转移绩效（包括知识转移个体绩效、知识转移团队绩效和知识转移组织绩效）之间的相关性关系；（2）沟通（包括合作性沟通与竞争性沟通）与知识冲突（包括结构型知识冲突、存量型知识冲突和关系型知识冲突）之间的相关性关系；（3）知识转移个体绩效、知识转移团队绩效和知识转移组织绩效之间的相关性关系。由于本书对跨国公司母子公司知识冲突、沟通与知识转移绩效关系研究中所涉及的变量均为连续型变量，因此，本书选择皮尔逊（Pearson）相关系数来度量知识冲突、沟通与知识转移绩效等变量之间的相关关系。同时，对变量间相关关系显著性的检验，本书和学者们的研究保持一致，选择双尾（Two - tailed）检验方法。

2. 回归分析

虽然相关分析揭示两个变量之间关系的密切程度，但不能揭示两变量之间的因果关系，而回归分析则可以揭示出两个变量之间的因果关系和数量变化规律。回归分析的基本步骤为：首先，确定回归方程中的解释变量（因变量）和被解释变量（自变量）。其次，建立回归模型，根据函数拟合方式，通过观察散点图来决定应该通过哪种数学模型描述回归线。一般而言，如果因变量和自变量之间存在线性关系，则应该建立线性回归模型，进行线性回归分析。其中，根据自变量的个数，可将线性回归分析分为一元线性回归分析和多元线性回归分析。如果因变量和自变量之间存在非线性关系，则应该建立非线性回归模型，进行非线性回归分析。再次，基于样本数据和前述确定的回归模型，依据一定的统计拟合准则来估计模型中的各个参数，普通最小二乘法是最为常用的统计拟合准则；最后，对回归方程进行统计检验，主要包括回归方程的拟合优度检验（对一元线性回归方程常常采用判定系数 R^2、对多元线性回归方程常常采用调整的判定系数$\overline{R}^2$）、回归方程的显著性检验（常常采用 F 统计量）、回归系数的显著性检验（常常采用 t 检验统计量）和残差分析等（薛薇，2007）。

本书基于实验的组间设计，主要采用一元线性回归模型来分别检验知识转移个体绩效、团队绩效和组织绩效与结构型知识冲突、存量型知识冲突和关系型知识冲突的关系；结构型知识冲突、存量型知识冲突和关系型知识冲突与合作性沟通和竞争性沟通的关系。用多元线性回归模型来检验各个实验组的知识转移组织绩效与个体绩效和团队绩效的关系。本书在相关分析的基础上，通过对上述变量间关系的回归分析，验证了概念模型中各个变量间的因果关系，从而有利于对概念模型中的相关假设做出精确的检验。

第五章

数据分析与假设检验

基于本书正式实验的数据，本章对实验的结果和相关的假设进行分析和检验。其具体内容包括：样本数据的描述性统计分析、样本的信度和效度检验、实验操控效果的检验、概念模型假设的检验与解释、实验数据的组间比较与结果讨论等。

第一节 描述性统计分析

一、实验被试构成的描述性统计分析

按照上述对实验设计的分组和被试的选择条件和要求，正式实验前开展了对被试的招募、选择和前期跨文化测试工作。正式实验在西南交通大学西蒙—泽尔腾行为决策实验室进行①。正式实验被分为两个阶段，即无沟通条件下的知识冲突与知识转移绩效关系实验阶段和在沟通条件下沟通对知识冲突与知识转移绩效关系的中介效应实验阶段。其中：在第一实验阶段，设计了四组实验，

① 本次实验是在中德科学基金研究交流中心的赞助下，作为“中德跨文化决策冲突与沟通化解的实验方法及应用讲习班”的重要内容之一来进行的。本次讲习班由西南交通大学经济管理学院和德国拜罗伊特大学（Uni Bayreuth）经济管理学院联合承办。本次实验的德方被试主要来自于参加讲习班的德方学员，来自德国拜罗伊特大学的部分德国学员，在符合我们实验被试的条件下，作为被试参与了本次实验。

分别是实验组的结构型知识冲突—知识转移绩效实验组、关系型知识冲突—知识转移绩效实验组、存量型知识冲突—知识转移绩效实验组；控制对照组的无知识冲突—知识转移绩效实验组。每个实验组由16个知识转移团队构成，共计64个知识转移团队128人次参与了实验。

在第二实验阶段，将沟通分为合作性沟通与竞争性沟通，和结构型知识冲突、关系型知识冲突、存量型知识冲突相结合，共有6组实验，分别为：合作性沟通—结构型知识冲突实验组、竞争性沟通—结构型知识冲突实验组、合作性沟通—存量型知识冲突实验组、竞争性沟通—存量型知识冲突实验组、合作性沟通—关系型知识冲突实验组、竞争性沟通—关系型知识冲突实验组。每个实验组由8个知识转移团队构成，共计48个知识转移团队96人次参与了实验。

基于上述实验阶段和实验分组，以下对各实验组的实验被试的学历层次、专业背景、年龄和性别等基本情况进行描述性统计分析①。

1. 实验被试学历层次的统计分析

（1）结构型知识冲突—知识转移绩效实验组实验被试的学历层次构成。该实验组中实验被试的学历层次构成如表5-1所示。从表5-1可以看出，在结构型知识冲突—知识转移绩效实验组中，参与实验的德方被试一共16名，其中博士生2名，占被试样本数的12.5%，占总样本数的6.3%；硕士研究生8名，占被试样本数的50%，占总样本数的25%；本科生（四年级）6名，占被试样本数的37.5%，占总样本数的18.8%。同理，参与实验的中方被试也为16名，其中博士生2名，占被试样本数的12.5%，占总样本数的6.3%；硕士研究生8名，占被试样本数的50%，占总样本数的25%；本科生（四年级）6名，占被试样本数的37.5%，占总样本数的18.8%。中德被试各自学历层次上的实验被试均占中德被试和的50%。由此可以看出，实验样本数据在学历层次上的配对性，充分满足了结构型知识冲突对母子公司成员在学历层次上具有一致性的实验设计要求之一。

① 由于第二阶段各个实验组的实验被试是直接从第一阶段的结构型知识冲突——知识转移实验组、存量型知识冲突——知识转移实验组和关系型知识冲突——知识转移实验组中抽签进入相对应的合作性沟通和竞争性沟通实验组，因此其在专业、学历、性别和年龄等基本统计指标方面与第一阶段各个实验组没有差异，不同的仅仅是由抽签情况而归属于不同的合作性沟通和竞争性沟通实验组。基于此，本书对样本基本情况的描述性统计，仅对第一阶段四个实验组的样本情况进行分析，第二阶段各个实验组样本情况的描述性统计不再赘述。

表 5－1 结构型知识冲突—知识转移绩效实验组实验被试的学历层次构成

			学历层次				Total
			博士生	硕士生	本科（四年级）	本科（二年级）	
被试类型	德方被试	Count	2	8	6		16
		% within 被试类型	12.5%	50%	37.5%		100%
		% within 学历层次	50%	50%	50%		50%
		% of Total	6.3%	25%	18.8%		50%
	中方被试	Count	2	8	6		16
		% within 被试类型	12.5%	50%	37.5%		100%
		% within 学历层次	50%	50%	50%		50%
		% of Total	6.3%	25%	18.8%		50%
Total		Count	4	16	12		32
		% within 被试类型	12.5%	50%	37.5%		100%
		% within 学历层次	100%	100%	100%		100%
		% of Total	100%	100%	100%		100%

（2）存量型知识冲突—知识转移绩效实验组实验被试的学历层次构成。该实验组中实验被试的学历层次构成如表 5－2 所示。从表 5－2 可以看出，在存量型知识冲突—知识转移绩效实验组中，参与实验的德方被试一共 16 名，其中博士生 2 名，占被试样本数的 12.5%，占总样本数的 6.3%；硕士研究生 8 名，占德方被试样本数的 50%，占总样本数的 25%；本科生（四年级）6 名，占德方被试样本数的 37.5%，占总样本数的 18.8%。参与实验的中方被试也为 16 名，其中硕士研究生 2 名，占中方被试样本数的 50%，占总样本数的 25%；本科生（四年级）8 名，占中方被试样本数的 50%，占总样本数的 25%。本科生（二年级）6 名，占中方被试样本数的 37.5%，占总样本数的 18.8%。基于实验的规则要求，在该实验组配对的实验被试为德方的 2 名博士生与中方的 2 名硕士研究生进行实验配对；德方的 8 名硕士研究生与中方的 8 名本科生（四年级）配对；德方的 6 名本科生（四年级）则与中方的 6 名本科生（二年级）配对。由此可以看出，实验样本数据在学历层次上的配对性，充分满足了存量型知识冲突要求母公司成员（德方被试扮演）在学历层次上高于子公司成员（中方被试扮演）的实验设计要求之一。

表 5-2 存量型知识冲突—知识转移绩效实验组实验被试的学历层次构成

			学历层次				Total
			博士生	硕士生	本科（四年级）	本科（二年级）	
被试类型	德方被试	Count	2	8	6		16
		% within 被试类型	12.5%	50%	37.5%		100%
		% within 学历层次	100%	80%	42.9%		50%
		% of Total	6.3%	25%	18.8%		50%
	中方被试	Count		2	8	6	16
		% within 被试类型		12.5%	50%	37.5%	100%
		% within 学历层次		20%	50%	100%	50%
		% of Total		6.3%	25%	18.8%	50%
Total		Count	2	10	14	6	32
		% within 被试类型	6.3%	31.3%	43.8%	18.8%	100%
		% within 学历层次	100%	100%	100%	100%	100%
		% of Total	6.3%	31.3%	43.8%	18.8%	100%

（3）关系型知识冲突—知识转移绩效实验组实验被试的学历层次构成。该实验组中实验被试的学历层次构成如表 5-3 所示。从表 5-3 可以看出，在关系型知识冲突—知识转移绩效实验组中，参与实验的德方被试一共 16 名，其中博士生 2 名，占被试样本数的 12.5%，占总样本数的 6.3%；硕士研究生 8 名，占被试样本数的 50%，占总样本数的 25%；本科生（四年级）6 名，占被试样本数的 37.5%，占总样本数的 18.8%。同理，参与实验的中方被试也为 16 名，其中博士生 2 名，占被试样本数的 12.5%，占总样本数的 6.3%；硕士研究生 8 名，占被试样本数的 50%，占总样本数的 25%；本科生（四年级）6 名，占被试样本数的 37.5%，占总样本数的 18.8%。中德被试各自学历层次上的实验被试均占中德被试和的 50%。由此可以看出，实验样本数据在学历层次上的配对性，充分满足了关系型知识冲突对母子公司成员在学历层次上具有一致性的实验设计要求之一。

（4）无知识冲突—知识转移绩效实验组实验被试的学历层次构成。该实验组中实验被试的学历层次构成如表 5-4 所示。从表 5-4 可以看出，在无知识冲突—知识转移绩效实验组中，参与实验的德方被试一共 16 名，其中博士生 2 名，占德方被试样本数的 12.5%，占总样本数的 6.3%；硕士研究生 8 名，占德方被试样本数的 50%，占总样本数的 25%；本科生（四年级）6 名，

表 5－3　关系型知识冲突—知识转移绩效实验组实验被试的学历层次构成

			学历层次				Total
			博士生	硕士生	本科（四年级）	本科（二年级）	
被试类型	德方被试	Count	2	8	6		16
		% within 被试类型	12.5%	50%	37.5%		100%
		% within 学历层次	50%	50%	50%		50%
		% of Total	6.3%	25%	18.8%		50%
	中方被试	Count	2	8	6		16
		% within 被试类型	12.5%	50%	37.5%		100%
		% within 学历层次	50%	50%	50%		50%
		% of Total	6.3%	25%	18.8%		50%
Total		Count	4	16	12		32
		% within 被试类型	12.5%	50%	37.5%		100%
		% within 学历层次	100%	100%	100%		100%
		% of Total	100%	100%	100%		100%

占德方被试样本数的 37.5%，占总样本数的 18.8%。同理，参与实验的中方被试也为 16 名，其中博士生 2 名，占中方被试样本数的 12.5%，占总样本数的 6.3%；硕士研究生 8 名，占中方被试样本数的 50%，占总样本数的 25%；本科生（四年级）6 名，占中方被试样本数的 37.5%，占总样本数的 18.8%。中德被试各自学历层次上的实验被试均占中德被试和的 50%。由此可以看出，实验样本数据在学历层次上的配对性，充分满足了无知识冲突对母子公司成员在学历层次上具有一致性的实验设计要求之一。

2. 实验被试的专业背景统计分析

（1）结构型知识冲突—知识转移绩效实验组实验被试的专业背景构成。该实验组中实验被试的专业背景构成如表 5－5 所示。从表 5－5 可以看出，参与结构型知识冲突—知识转移绩效实验组的 16 名德方被试的专业背景中，企业管理专业 14 名，占被试样本数的 87.5%，占总样本数的 43.8%；会计学专业 2 名，占被试样本数的 12.5%，占总样本数的 6.3%。参与结构型知识冲突—知识转移绩效实验组的 16 名中方被试的专业背景中，管理科学与工程专业 4 名，占被试样本数的 25%，占总样本数的 12.5%；德语语言学专业 5 名，占被试样本数的 31.1%，占总样本数的 15.6%；金融学专业 7 名，占被试样

表5-4　无知识冲突—知识转移绩效实验组实验被试的学历层次构成

			学历层次				Total
			博士生	硕士生	本科（四年级）	本科（二年级）	
被试类型	德方被试	Count	2	8	6		16
		% within 被试类型	12.5%	50%	37.5%		100%
		% within 学历层次	50%	50%	50%		50%
		% of Total	6.3%	25%	18.8%		50%
	中方被试	Count	2	8	6		16
		% within 被试类型	12.5%	50%	37.5%		100%
		% within 学历层次	50%	50%	50%		50%
		% of Total	6.3%	25%	18.8%		50%
Total		Count	4	16	12		32
		% within 被试类型	12.5%	50%	37.5%		100%
		% within 学历层次	100%	100%	100%		100%
		% of Total	100%	100%	100%		100%

本数的43.8%，占总样本数的21.9%。由此可以看出，参与实验的德方被试和中方被试在各自的专业背景上是不相同的，因此也表明在进行实验配对的过程中，实现了在结构型知识冲突中的母公司成员（德方被试扮演）和子公司成员（中方被试扮演）专业背景上各不相同的实验设计要求之一。

（2）存量型知识冲突—知识转移绩效实验组实验被试的专业背景构成。该实验组中实验被试的专业背景构成如表5-6所示。从表5-6可以看出，参与存量型知识冲突—知识转移绩效实验组的16名德方被试的专业背景中，企业管理专业14名，占德方被试样本数的87.5%，占总样本数的43.8%；会计学专业2名，占德方被试样本数的12.5%，占总样本数的6.3%。参与存量型知识冲突—知识转移绩效实验组的16名中方被试的专业背景中，企业管理专业2名，占中方被试样本数的12.5%，占总样本数的6.3%；会计学专业2名，占中方被试样本数的12.5%，占总样本数的6.3%；工商管理（国际商务）专业12名，占中方被试样本数的75%，占总样本数的37.5%。基于该实验组的实验规则要求，除了有2名企业管理专业（为硕士研究生）的中方被试与德方2名企业管理专业（为博士研究生）的实验被试进行配对之外，还有12名工商管理（国际商务）专业（包括8名大四本科生和4名大二本科生）的中方实验被试与德方企业管理专业（包括8名硕士研究生和4名大四

表5－5　结构型知识冲突—知识转移绩效实验组实验被试的专业背景统计

			专业背景					Total
			企业管理	管理科学与工程	会计学	德语语言学	金融学	
被试类型	德方被试	Count	14		2			16
		% within 被试类型	87.5%		12.5%			100%
		% within 专业背景	100%		100%			50%
		% of Total	43.8%		6.3%			50%
	中方被试	Count		4		5	7	16
		% within 被试类型		25%		31.3%	43.8%	100%
		% within 专业背景		100%		100%	100%	50%
		% of Total		12.5%		15.6%	21.9%	50%
Total		Count	14	4	2	5	7	32
		% within 被试类型	43.8%	12.5%	6.3%	15.6%	21.9%	100%
		% within 专业背景	100%	100%	100%	100%	100%	100%
		% of Total	43.8%	12.5%	6.3%	15.6%	21.9%	100%

本科生）的实验被试进行配对①。相应地，德方2名会计学专业的实验被试与中方2名会计学专业的实验被试，进行配对分组。由此表明在进行实验配对的过程中，实现了在存量型知识冲突中的母公司成员（德方被试扮演）和子公司成员（中方被试扮演）专业背景上要具备一致性的实验设计要求之一。

（3）关系型知识冲突—知识转移绩效实验组实验被试的专业背景构成。该实验组中实验被试的专业背景构成如表5－7所示。从表5－7可以看出，参与关系型知识冲突—知识转移绩效实验组的16名德方被试的专业背景中，企业管理专业14名，占被试样本数的87.5%，占总样本数的43.8%；会计学专业2名，占被试样本数的12.5%，占总样本数的6.3%。参与关系型知识冲突—知识转移绩效实验组的16名中方被试的专业背景中，企业管理专业10名，占被试样本数的62.5%，占总样本数的31.3%；会计学专业2名，占被试样

① 本实验具备工商管理（国际商务）专业背景的实验被试来自于西南交通大学经济管理学院工商管理专业国际商务班，其专业所学的主干课程和培养目标与德国拜罗伊特大学（Uni Bayreuth）经济管理学院企业管理本科专业的主干课程和培养目标保持一致。因此，本书将本科层次的中方被试的工商管理（国际商务）专业背景等同于德方企业管理的专业背景来进行实验被试的随机化配对和分组；以下各实验小组对此的实验配对处理与此相同。

表 5－6 存量型知识冲突—知识转移绩效实验组实验被试的专业背景统计

			专业背景					Total
			企业管理	管理科学与工程	会计学	德语语言学	工商管理（国际商务）	
被试类型	德方被试	Count	14		2			16
		% within 被试类型	87.5%		12.5%			100%
		% within 专业背景	87.5%		50%			50%
		% of Total	43.8%		6.3%			50%
	中方被试	Count	2		2		12	16
		% within 被试类型	12.5%		12.5%		75%	100%
		% within 专业背景	41.7%		50%		100%	50%
		% of Total	6.3%		6.3%		37.5%	50%
Total		Count	16		4		12	32
		% within 被试类型	50%		12.5%		37.5%	100%
		% within 专业背景	100%		100%		100%	100%
		% of Total	50%		12.5%		37.5%	100%

本数的12.5%，占总样本数的6.3%；工商管理（国际商务）专业4名，占被试样本数的25%，占总样本数的12.5%。基于该实验组的实验规则要求，除了有10名企业管理专业（包括2名博士研究生和8名硕士研究生）的中方被试与德方企业管理专业（包括2名博士研究生和8名硕士研究生）的实验被试进行配对之外，还有4名工商管理（国际商务）专业的中方被试（大四本科生）与德方企业管理专业（大四本科生）的实验被试进行配对。相应地，德方2名会计学专业的实验被试与中方2名会计学专业的实验被试，进行配对分组。由此表明在进行实验配对的过程中，实现了在关系型知识冲突中的母公司成员（德方被试扮演）和子公司成员（中方被试扮演）专业背景上要具备一致性的实验设计要求之一。

（4）无知识冲突—知识转移绩效实验组实验被试的专业背景构成。该实验组中实验被试的专业背景构成如表5－8所示。从表5－8可以看出，参与无知识冲突—知识转移绩效实验组的16名德方被试的专业背景中，企业管理专业14名，占被试样本数的87.5%，占总样本数的43.8%；会计学专业2名，占被试样本数的12.5%，占总样本数的6.3%。参与无知识冲突—知识转移绩效实验组的16名中方被试的专业背景中，企业管理专业10名，占被试样本数的62.5%，占总样本数的31.3%；会计学专业2名，占被试样本数的12.5%，

表 5 -7　关系型知识冲突—知识转移绩效实验组实验被试的专业背景统计

			专业背景					Total
			企业管理	管理科学与工程	会计学	德语语言学	工商管理（国际商务）	
被试类型	德方被试	Count	14		2			16
		% within 被试类型	87.5%		12.5%			100%
		% within 专业背景	58.3%		50%			50%
		% of Total	43.8%		6.3%			50%
	中方被试	Count	10		2		4	16
		% within 被试类型	62.5%		12.5%		25%	100%
		% within 专业背景	41.7%		50%		100%	50%
		% of Total	31.3%		6.3%		12.5%	50%
Total		Count	24		4		4	32
		% within 被试类型	75%		12.5%		12.5%	100%
		% within 专业背景	100%		100%		100%	100%
		% of Total	75%		12.5%		12.5%	100%

占总样本数的 6.3%；工商管理（国际商务）专业 4 名，占被试样本数的 25%，占总样本数的 12.5%。基于该实验组对中德实验被试在专业一致性实验规则的要求，其样本的配对结构与过程与上述关系型知识冲突—知识转移绩效实验组一致，符合在无知识冲突中的母公司成员（德方被试扮演）和子公司成员（中方被试扮演）专业背景上也要具备一致性的实验设计要求之一。

3. 实验被试年龄的统计分析

（1）结构型知识冲突—知识转移绩效实验组实验被试的年龄构成。该实验组中实验被试的年龄构成如表 5 -9 所示。从表 5 -9 可以看出，参与结构型知识冲突—知识转移绩效实验组的 16 名德方被试的年龄构成中，年龄在 21—23 岁的有 6 人，占被试样本数的 37.5%，占总样本数的 18.8%；年龄在 24—26 岁的有 8 人，占被试样本数的 50%，占总样本数的 25%；年龄在 27—30 岁的有 2 人，占被试样本数的 12.5%，占总样本数的 6.3%。参与结构型知识冲突—知识转移绩效实验组的 16 名中方被试的年龄构成中，年龄在 21—23 岁的有 6 人，占被试样本数的 37.5%，占总样本数的 18.8%；年龄在 24—26 岁的有 9 人，占被试样本数的 56.3%，占总样本数的 28%；年龄在 27—30 岁的有 1 人，占被试样本数的 6.3%，占总样本数的 3.1%。

表 5－8 无知识冲突—知识转移绩效实验组实验被试的专业背景统计

			专业背景					Total
			企业管理	管理科学与工程	会计学	德语语言学	工商管理（国际商务）	
被试类型	德方被试	Count	14		2			16
		% within 被试类型	87.5%		12.5%			100%
		% within 专业背景	58.3%		50%			50%
		% of Total	43.8%		6.3%			50%
	中方被试	Count	10		2		4	16
		% within 被试类型	62.5%		12.5%		25%	100%
		% within 专业背景	41.7%		50%		100%	50%
		% of Total	31.3%		6.3%		12.5%	50%
Total		Count	24		4		4	32
		% within 被试类型	75%		12.5%		12.5%	100%
		% within 专业背景	100%		100%		100%	100%
		% of Total	75%		12.5%		12.5%	100%

表 5－9 结构型知识冲突—知识转移绩效实验组实验被试的年龄构成

			年龄（岁）				Total
			18—20	21—23	24—26	27—30	
被试类型	德方被试	Count		6	8	2	16
		% within 被试类型		37.5%	50%	12.5%	100%
		% within 年龄		50%	47%	66.7%	50%
		% of Total		18.8%	25%	6.3%	50%
	中方被试	Count		6	9	1	16
		% within 被试类型		37.5%	56.3%	6.3%	100%
		% within 年龄		50%	53%	33.3%	50%
		% of Total		18.8%	28%	3.1%	50%
Total		Count		12	17	3	32
		% within 被试类型		37.5%	53%	9.4%	100%
		% within 年龄		100%	100%	100%	100%
		% of Total		37.5%	53%	9.4%	100%

（2）存量型知识冲突—知识转移绩效实验组实验被试的年龄构成。该实验组中实验被试的年龄构成如表 5－10 所示。从表 5－10 可以看出，参与存量型知识冲突—知识转移绩效实验组的 16 名德方被试的年龄构成中，年龄在 21—23 岁的有 6 人，占被试样本数的 37.5%，占总样本数的 18.8%；年龄在 24—26 岁的有 8 人，占被试样本数的 50%，占总样本数的 25%；年龄在 27—30 岁的有 2 人，占被试样本数的 12.5%，占总样本数的 6.3%。参与存量型知识冲突—知识转移绩效实验组的 16 名中方被试的年龄构成中，年龄在 18—20 岁的有 6 人，占被试样本数的 37.5%，占总样本数的 18.8%；年龄在 21—23 岁的有 8 人，占被试样本数的 50%，占总样本数的 18.8%；年龄在 24—26 岁的有 2 人，占被试样本数的 12.5%，占总样本数的 6.3%。由于存量型知识冲突中要求的德方被试（母公司成员扮演者）的学历结构要高于中方被试（子公司成员扮演者），相应地德方被试的年龄与中方被试的年龄构成相互错位对应。因此从数据中可以看出，中德被试在该实验组的年龄构成正好符合了该实验组的实验设计要求。

表 5－10　存量型知识冲突—知识转移绩效实验组实验被试的年龄构成

			年龄（岁）				Total
			18—20	21—23	24—26	27—30	
被试类型	德方被试	Count		6	8	2	16
		% within 被试类型		37.5%	50%	12.5%	100%
		% within 年龄		42.9%	80%	100%	50%
		% of Total		18.8%	25%	6.3%	50%
	中方被试	Count	6	8	2		16
		% within 被试类型	37.5%	50%	12.5%		100%
		% within 年龄	100%	57.1%	20%		50%
		% of Total	18.8%	25%	6.3%		50%
Total		Count	6	14	10	2	32
		% within 被试类型	18.8%	43.8%	31.3%	6.3%	100%
		% within 年龄	100%	100%	100%	100%	100%
		% of Total	18.8%	43.8%	31.3%	6.3%	100%

（3）关系型知识冲突—知识转移绩效实验组实验被试的年龄构成。该实验组中实验被试的年龄构成如表 5－11 所示。从表 5－11 可以看出，参与关系型知识冲突—知识转移绩效实验组的 16 名德方被试的年龄构成中，年龄在

21—23 岁的有 6 人，占被试样本数的 37.5%，占总样本数的 18.8%；年龄在 24—26 岁的有 8 人，占被试样本数的 50%，占总样本数的 25%；年龄在 27—30 岁的有 2 人，占被试样本数的 12.5%，占总样本数的 6.3%。参与关系知识冲突—知识转移绩效实验组的 16 名中方被试的年龄构成中，年龄在 18—20 岁的有 2 人，占被试样本数的 12.5%，占总样本数的 6.3%；年龄在 21—23 岁的有 4 人，占被试样本数的 25%，占总样本数的 12.5%；年龄在 24—26 岁的有 8 人，占被试样本数的 50%，占总样本数的 25%；年龄在 27—31 岁的有 2 人，占被试样本数的 12.5%，占总样本数的 6.3%。

表 5-11　关系型知识冲突—知识转移绩效实验组实验被试的年龄构成

			年龄（岁）				Total
			18—20	21—23	24—26	27—30	
被试类型	德方被试	Count		6	8	2	16
		% within 被试类型		37.5%	50%	12.5%	100%
		% within 年龄		60%	50%	50%	50%
		% of Total		18.8%	25%	6.3%	50%
	中方被试	Count	2	4	8	2	16
		% within 被试类型	12.5%	25%	50%	12.5%	100%
		% within 年龄	100%	40%	50%	50%	50%
		% of Total	6.3%	12.5%	25%	6.3%	50%
Total		Count	2	10	16	4	32
		% within 被试类型	6.3%	31.3%	50%	12.5%	100%
		% within 年龄	100%	100%	100%	100%	100%
		% of Total	6.3%	31.3%	50%	12.5%	100%

（4）无知识冲突—知识转移绩效实验组实验被试的年龄构成。该实验组中实验被试的年龄构成如表 5-12 所示。从表 5-12 可以看出，参与无知识冲突—知识转移绩效实验组的 16 名德方被试的年龄构成中，年龄在 21—23 岁的有 6 人，占被试样本数的 37.5%，占总样本数的 18.8%；年龄在 24—26 岁的有 8 人，占被试样本数的 50%，占总样本数的 25%；年龄在 27—30 岁的有 2 人，占被试样本数的 12.5%，占总样本数的 6.3%。参与无知识冲突—知识转移绩效实验组的 16 名中方被试的年龄构成中，年龄在 21—23 岁的有 6 人，占被试样本数的 37.5%，占总样本数的 18.8%；年龄在 24—26 岁的有 8 人，占被试样本数的 50%，占总样本数的 25%；年龄在 27—30 岁的有 2 人，占被试

样本数的12.5%，占总样本数的6.3%。由此可以看出，在该实验组，中德被试在年龄结构的分布上具有一致性。

表5-12　无知识冲突—知识转移绩效实验组实验被试的年龄构成

			年龄（岁）				Total
			18—20	21—23	24—26	27—30	
被试类型	德方被试	Count		6	8	2	16
		% within 被试类型		37.5%	50%	12.5%	100%
		% within 年龄		50%	50%	50%	50%
		% of Total		18.8%	25%	6.3%	50%
	中方被试	Count		6	8	2	16
		% within 被试类型		37.5%	50%	12.5%	100%
		% within 年龄		50%	50%	50%	50%
		% of Total		18.8%	25%	6.3%	50%
Total		Count		12	16	4	32
		% within 被试类型		37.6%	50%	12.5%	100%
		% within 年龄		100%	100%	100%	100%
		% of Total		37.6%	50%	12.5%	100%

4. 实验被试性别的统计分析

（1）结构型知识冲突—知识转移绩效实验组实验被试的性别结构。该实验组中实验被试的性别结构如表5-13所示。从表5-13可以看出，参与该实验组的32名中德实验被试中，男性有15人，占总样本的46.9%；女性有17人，占总样本的53.1%，由此可见，参与本组实验的被试在性别上比较均衡。

（2）存量型知识冲突—知识转移绩效实验组实验被试的性别结构。该实验组中实验被试的性别结构如表5-14所示。从表5-14可以看出，参与存量型知识冲突—知识转移绩效实验组的32名中德实验被试中，男性有19人，占总样本的59.4%；女性有13人，占总样本的40.6%，可见，参与本组实验的被试在性别上比较均衡。

（3）关系型知识冲突—知识转移绩效实验组实验被试的性别结构。该实验组中实验被试的性别结构如表5-15所示。从表5-15可以看出，参与关系型知识冲突—知识转移绩效实验组的32名中德实验被试中，男性有17人，占总样本的53.1%；女性有16人，占总样本的46.9%，由此可见，本组实验被试在性别上比较均衡。

表 5-13 结构型知识冲突—知识转移绩效实验组实验被试的性别结构

			性别		Total
			男	女	
被试类型	德方被试	Count	9	7	16
		% within 被试类型	56.3%	43.8%	100%
		% within 性别	60%	41.2%	50%
		% of Total	28.1%	21.9%	50%
	中方被试	Count	6	10	16
		% within 被试类型	37.5%	62.5%	100%
		% within 性别	40%	58.9%	50%
		% of Total	18.8%	31.3%	50%
Total		Count	15	17	32
		% within 被试类型	46.9%	53.1%	100%
		% within 性别	100%	100%	100%
		% of Total	46.9%	53.1%	100%

表 5-14 存量型知识冲突—知识转移绩效实验组实验被试的性别结构

			性别		Total
			男	女	
被试类型	德方被试	Count	9	7	16
		% within 被试类型	56.3%	43.8%	100%
		% within 性别	47.4%	53.9%	50%
		% of Total	28.1%	21.9%	50%
	中方被试	Count	10	6	16
		% within 被试类型	62.5%	37.5%	100%
		% within 性别	52.6%	46.2%	50%
		% of Total	31.3%	18.8%	50%
Total		Count	19	13	32
		% within 被试类型	59.4%	40.6%	100%
		% within 性别	100%	100%	100%
		% of Total	59.4%	40.6%	100%

表 5 – 15　　关系型知识冲突—知识转移绩效实验组实验被试的性别结构

			性别		Total
			男	女	
被试类型	德方被试	Count	9	7	16
		% within 被试类型	56.3%	43.8%	100%
		% within 性别	52.9%	46.7%	50%
		% of Total	28.1%	21.9%	50%
	中方被试	Count	8	8	16
		% within 被试类型	50%	50%	100%
		% within 性别	47.1%	53.3%	50%
		% of Total	25%	25%	50%
Total		Count	17	15	32
		% within 被试类型	53.1%	46.9%	100%
		% within 性别	100%	100%	100%
		% of Total	53.1%	46.9%	100%

（4）无知识冲突—知识转移绩效实验组实验被试的性别结构。该实验组中实验被试的性别结构如表 5 – 16 所示。从表 5 – 16 可以看出，参与无知识冲突—知识转移绩效实验组的 32 名中德实验被试中，男性有 14 人，占总样本的 43.8%；女性有 18 人，占总样本的 56.3%，由此可见，参与本组实验的被试在性别上比较均衡。

表 5 – 16　　无知识冲突—知识转移绩效实验组实验被试的性别结构

			性别		Total
			男	女	
被试类型	德方被试	Count	9	7	16
		% within 被试类型	56.3%	43.8%	100%
		% within 性别	64.3%	38.9%	50%
		% of Total	28.1%	21.9%	50%
	中方被试	Count	5	11	16
		% within 被试类型	31.3%	68.8%	100%
		% within 性别	35.7%	61.1%	50%
		% of Total	15.6%	34.4%	50%
Total		Count	14	18	32
		% within 被试类型	43.8%	56.3%	100%
		% within 性别	100%	100%	100%
		% of Total	43.8%	56.3%	100%

二、样本数据正态性分布的统计检验

在对实验被试构成的描述性统计分析的基础上，本书进一步地对实验样本数据进行描述性统计分析，主要包括对样本数据的均值（Mean）、标准差（Std. Deviation）、斜度（Skewness）、斜度标准误差（Std. Error of Skewness）、峰度（Kurtosis）、峰度标准误差（Std. Error of Kurtosis）等描述性统计量进行分析，在此基础上检验各变量的样本数据是否服从正态分布，其统计分析结果如表5-17所示。

表5-17　　样本数据正态性分布的统计检验结果

实验分组			N	Mean	Std.	Skewness		Kurtosis	
						Statistic	Std.	Statistic	Std.
实验第一阶段	SKC—COC	SKC1	16	3.4163	0.42138	0.426	0.564	-1.567	1.091
		IDP1	16	3.4869	0.43243	-0.007	0.564	-1.812	1.091
		TAP1	16	3.4819	0.43336	0.165	0.564	-1.904	1.091
		OGP1	16	3.4438	0.42614	0.450	0.564	-1.825	1.091
	SKC—CPC	SKC1	16	3.4175	0.43852	0.523	0.564	-1.697	1.091
		IDP1	16	3.4625	0.42265	0.519	0.564	-1.513	1.091
		TAP1	16	3.5081	0.46406	0.076	0.564	-2.063	1.091
		OGP1	16	3.4788	0.44264	0.224	0.564	-2.041	1.091
	SKC	SKC1	32	3.4116	0.42303	0.493	0.414	-1.545	0.809
		IDP1	32	3.4747	0.42080	0.236	0.414	-1.630	0.809
		TAP1	32	3.5106	0.43255	0.060	0.414	-1.826	0.809
		OGP1	32	3.4769	0.41943	0.264	0.414	-1.829	0.809
	SBKC—COC	SBKC1	16	3.4375	0.41175	0.344	0.564	-1.567	1.091
		IDP1	16	3.4706	0.40948	0.180	0.564	-1.692	1.091
		TAP1	16	3.5181	0.41034	-0.110	0.564	-1.746	1.091
		OGP1	16	3.5338	0.40274	-0.118	0.564	-1.689	1.091
	SBKC—CPC	SBKC1	16	3.5219	0.42480	0.058	0.564	-1.879	1.091
		IDP1	16	3.6031	0.40078	-0.225	0.564	-1.950	1.091
		TAP1	16	3.5981	0.41438	-0.269	0.564	-1.837	1.091
		OGP1	16	3.5969	0.42979	-0.364	0.564	-1.906	1.091

续表

实验分组			N	Mean	Std.	Skewness		Kurtosis	
						Statistic	Std.	Statistic	Std.
实验第一阶段	SBKC	SBKC1	32	3.4797	0.41375	0.191	0.414	-1.672	0.809
		IDP1	32	3.5328	0.40389	0.007	0.414	-1.753	0.809
		TAP1	32	3.5047	0.41990	0.046	0.414	-1.777	0.809
		OGP1	32	3.5341	0.41484	-0.101	0.414	-1.786	0.809
	RKC—COC	RKC1	16	3.3656	0.43072	0.801	0.564	-1.364	1.091
		IDP1	16	1.6663	0.41702	-0.831	0.564	-1.320	1.091
		TAP1	16	1.7500	0.55358	0.189	0.564	0.248	1.091
		OGP1	16	1.8125	0.54215	0.056	0.564	0.264	1.091
	RKC—CPC	RKC1	16	3.1781	0.30703	2.180	0.564	3.923	1.091
		IDP1	16	1.8225	0.37742	-0.915	0.564	0.748	1.091
		TAP1	16	1.8569	0.39442	-0.844	0.564	0.681	1.091
		OGP1	16	1.8363	0.40587	-0.983	0.564	0.958	1.091
	RKC	RKC1	32	3.2719	0.38007	1.287	0.414	-0.089	0.809
		IDP1	32	1.6819	0.43229	-0.559	0.414	-1.078	0.809
		TAP1	32	1.8034	0.53947	0.122	0.414	-0.011	0.809
		OGP1	32	1.8244	0.47125	-0.268	0.414	0.398	0.809
	NKC	IDP1	32	2.3769	0.42721	0.836	0.414	-0.674	0.809
		TAP1	32	2.4013	0.44073	0.532	0.414	-1.528	0.809
		OGP1	32	2.4266	0.50309	0.618	0.414	-1.459	0.809
实验第二阶段	SKC—COC	COC	16	4.3456	0.65026	-1.034	0.564	0.434	1.091
		SKC2	16	4.4569	0.47697	-0.508	0.564	-0.893	1.091
		IDP2	16	4.4319	0.54154	-0.794	0.564	0.379	1.091
		TAP2	16	4.4019	0.51233	-0.497	0.564	-0.960	1.091
		OGP2	16	4.2825	0.50569	-0.876	0.564	1.321	1.091
	SKC—CPC	CPC	16	3.5188	0.44916	-0.176	0.564	-2.058	1.091
		SKC2	16	1.7000	0.43962	-0.151	0.564	-1.928	1.091
		IDP2	16	1.6425	0.43023	-0.069	0.564	-2.099	1.091
		TAP2	16	1.6244	0.46565	-0.138	0.564	-1.929	1.091
		OGP2	16	1.6106	0.47164	-0.231	0.564	-1.995	1.091

续表

实验分组			N	Mean	Std.	Skewness		Kurtosis	
						Statistic	Std.	Statistic	Std.
实验第二阶段	SBKC—COC	COC	16	4.4313	0.42828	0.181	0.564	-1.925	1.091
		SBKC2	16	4.4119	0.37648	0.365	0.564	-1.158	1.091
		IDP2	16	4.4781	0.41848	0.097	0.564	-1.818	1.091
		TAP2	16	4.4731	0.42261	0.093	0.564	-1.828	1.091
		OGP2	16	4.4094	0.41565	0.397	0.564	-1.684	1.091
	SBKC—CPC	CPC	16	3.4025	0.42890	0.349	0.564	-1.939	1.091
		SBKC2	16	1.7081	0.36121	-1.074	0.564	-0.503	1.091
		IDP2	16	1.7356	0.44285	-0.834	0.564	-0.897	1.091
		TAP2	16	1.6694	0.40346	-0.794	0.564	-1.206	1.091
		OGP2	16	1.7150	0.39818	-0.811	0.564	-1.353	1.091
	RKC—COC	COC	16	3.9238	0.39694	0.545	0.564	4.108	1.091
		RKC2	16	1.1963	0.32968	2.081	0.564	3.432	1.091
		IDP2	16	3.8300	0.46540	-0.483	0.564	0.424	1.091
		TAP2	16	3.9106	0.45040	-0.953	0.564	1.040	1.091
		OGP2	16	3.9369	0.36571	-1.190	0.564	1.242	1.091
	RKC—CPC	CPC	16	3.6906	0.38613	-1.085	0.564	-0.581	1.091
		RKC2	16	3.7588	0.36836	-1.517	0.564	0.820	1.091
		IDP2	16	1.2131	0.35651	1.681	0.564	1.198	1.091
		TAP2	16	1.2313	0.36529	1.666	0.564	1.189	1.091
		OGP2	16	1.2581	0.36842	1.458	0.564	0.591	1.091

注：SKC 表示结构型知识冲突；SBKC 表示存量型知识冲突；RKC 表示关系型知识冲突；NKC 表示无知识冲突；COC 表示合作性沟通；CPC 表示竞争性沟通；IDP 表示知识转移个体绩效；TAP 表示知识转移团队绩效；OGP 表示知识转移组织绩效。

一般认为，当斜度绝对值小于 3，峰度绝对值小于 10 时，表明样本基本上服从正态分布（Kline，1998；徐贵宏，2008）。从表 5 - 17 可以看出，在实验两个阶段所取得的样本数据中，各个变量的样本数据，其斜度（Skewness）绝对值最小的为 0.07，最大的为 2.180，均小于 3；峰度（Kurtosis）绝对值最小的为 0.424，最大的为 3.923，均小于 4，因此，可以认为本研究各个变量的样本数据基本符合正态分布的要求，可以用于本研究后续的两独立样本 T 检验、两配对样本 T 检验以及方差分析。

第二节
样本的信度和效度检验

一、样本信度检验

关于对正式实验的样本数据进行信度检验，本书主要利用 SPSS11.5 中的 α 信度系数（Cronbach's alpha）来检验各测量条款的信度，要求 α Cronbach's alpha 值在 0.70 以上；同时，在信度检验的过程中，本书利用纠正条款总相关系数（Corrected – Item Total Correlation，CITC）指标[①]来对测量条款进行净化，对于 CITC 系数值小于 0.50 的项目删除后能显著增加 Cronbach's alpha 值的测量条款。

1. 对结构型知识冲突（SKC）的 CITC 分析和信度检验

结构型知识冲突的 CITC 分析和信度检验[②]结果如表 5 – 18 所示。从中可以看出，结构型知识冲突测量条款中，结构型知识冲突的 CITC 值都在 0.60 以上，超过了 0.50 的门槛值，符合本书的要求；从 Alpha if tem Deleted 值可以看出，在删除结构型知识冲突正式测量量表中的任何测量条款后，其 Alpha 值都不会显著提高，由此不需要删除任何题项。结构型知识冲突所有题项的 Alpha 值为 0.9055，超过了 0.70 的门槛值，由此表明其信度很好，符合本书的要求。

---

① （Corrected – Item Total Correlation，CITC）指标也反映了样本数据的收敛效度，由于在信度部分对这一系数指标已经进行了分析，因此在后续对各个变量进行效度检验时，不再对这一指标进行分析。

② 在实验中，对结构型知识冲突的测量将经历两个实验阶段，同时在第二个实验阶段还被分成了合作性沟通实验组和竞争性沟通实验组，由于实验数据都是以实验阶段和分组来单独取得并用于后续的实验操控检验、假设检验和实验数据的组间比较分析，因此对结构型知识冲突的信度分析是按照实验阶段以及实验分组情况来单独分析的。其中，SKC11—SKC16 表示实验第一阶段的测量题项编号；SKC21—SKC26 表示实验第二阶段的测量题项编号。对其余变量在信度和效度的分析中，其思路和方法也与此相同。因此后续分析中不再对其赘述性解释。同时，由于样本数据较多，本书对样本信度和效度结果的报告，在正文中仅仅报告实验第一阶段（或者某一个实验组）的信度和效度检验结果，第二阶段（或者其余实验组）样本的信度和效度检验结果也满足相应的要求，其具体的结果请见附录 1：《实验第二阶段样本信度与效度检验结果》。

表 5 - 18 结构型知识冲突的 CITC 分析和信度检验

Item	Corrected Item - Total Correlation	Alpha if tem Deleted	Alpha
SKC11	0.6665	0.8992	0.9055
SKC12	0.7886	0.8815	
SKC13	0.7630	0.8851	
SKC14	0.7359	0.8892	
SKC15	0.8089	0.8782	
SKC16	0.6766	0.8978	

2. 对存量型知识冲突的（SBKC）CITC 分析和信度检验

存量型知识冲突的 CITC 分析和信度检验结果如表 5 - 19 所示。从中可以看出，存量型知识冲突测量条款中，CITC 值最小为 0.7167，最大为 0.8925，都超过了 0.50 的门槛值，符合本研究的要求；从 Alpha if tem Deleted 值可以看出，在删除存量型知识冲突正式测量量表中的任何测量条款后，其 Alpha 值都不会显著提高，由此不需要删除存量型知识冲突正式测量量表中的任何题项。同时，存量型知识冲突所有题项的 Alpha 值为 0.9218，超过了 0.70 的门槛值，由此表明存量型知识冲突测量条款的信度很高，符合本书的要求。

表 5 - 19 存量型知识冲突的 CITC 分析和信度检验

Item	Corrected Item - Total Correlation	Alpha if tem Deleted	Alpha
SBKC11	0.8925	0.8913	0.9218
SBKC12	0.7618	0.9094	
SBKC13	0.7890	0.9058	
SBKC14	0.7517	0.9108	
SBKC15	0.7466	0.9114	
SBKC16	0.7167	0.9155	

3. 对关系型知识冲突（RKC）的 CITC 分析和信度检验

关系型知识冲突的 CITC 分析和信度检验结果如表 5 - 20 所示。从中可以看出，关系型知识冲突测量条款中，其 CITC 值都在 0.60 以上，都超过了 0.50 的门槛值，符合本书的要求；从 Alpha if tem Deleted 值可以看出，在删除关系型知识冲突正式测量量表中的任何测量条款后，其 Alpha 值都不会显著提高，由此不需要删除关系型知识冲突正式测量量表中的任何题项。同时，所有题项的 Alpha 值为 0.9345，超过了 0.70 的门槛值，由此表明关系型知识冲突测量条款的信度很好，符合本研究的要求。

表 5 – 20 关系型知识冲突的 CITC 分析和信度检验

Item	Corrected Item – Total Correlation	Alpha if tem Deleted	Alpha
RKC11	0. 7259	0. 9308	0. 9345
RKC12	0. 7889	0. 9257	
RKC13	0. 7851	0. 9246	
RKC14	0. 9624	0. 9088	
RKC15	0. 7851	0. 9246	
RKC16	0. 7259	0. 9308	
RKC17	0. 7851	0. 9246	

4. 对合作性沟通（COC）的 CITC 分析和信度检验

合作性沟通的 CITC 分析和信度检验结果如表 5 – 21 所示①。从中可以看出，合作性沟通测量条款的 CITC 值，最小的值为 0. 8141，最大的值为 0. 9163，都在 0. 60 以上，超过了 0. 50 的门槛值，符合本研究的要求；从 Alpha if tem Deleted 值可以看出，在删除合作性沟通正式测量量表中的任何测量条款后，其 Alpha 值都不会显著提高，由此不需要删除任何题项。同时，合作性沟通所有题项的 Alpha 值为 0. 9668，超过了 0. 70 的门槛值，表明其信度很好，符合本研究的要求。

表 5 – 21 合作性沟通的 CITC 分析和信度检验

Item	Corrected Item – Total Correlation	Alpha if tem Deleted	Alpha
COC1	0. 8141	0. 9658	0. 9668
COC2	0. 9125	0. 9599	
COC3	0. 9163	0. 9596	
COC4	0. 8717	0. 9622	
COC5	0. 8929	0. 9609	
COC6	0. 9071	0. 9601	
COC7	0. 8238	0. 9648	
COC8	0. 8238	0. 9648	

① 对合作性沟通的样本数据的信度检验，除了结构型知识冲突组之外，还包括存量型知识冲突和关系型知识冲突，鉴于数据过多，本部分仅仅汇报了结构型知识冲突组中合作性沟通的样本信度，其存量型知识冲突和关系型知识冲突中合作性沟通的样本信度检验结果请见附件 1：《实验第二阶段样本信度与效度检验结果》。

5. 对竞争性沟通（CPC）的CITC分析和信度检验

竞争性沟通的CITC分析和信度检验结果如表5－22所示①。从中可以看出，竞争性沟通测量条款的CITC值，最小的值为0.6744，最大的值为0.9104，都在0.60以上，超过了0.50的门槛值，符合本书的要求。从Alpha if tem Deleted值可以看出，在结构型知识冲突组中的数据中，如果删除测量条款CPC7，其Alpha系数略有改善，从0.9524上升到0.9553。但由于竞争性沟通测量条款CPC7的CITC值都在0.6以上，而且删除后的Alpha系数虽然略有上升，但上升幅度并不显著。基于此，本研究保留了竞争性沟通测量条款CPC7。竞争性沟通所有题项的Alpha值都为0.9524，超过了0.70的门槛值，由此表明其信度很好，符合本书的要求。

表5－22　　竞争性沟通的CITC分析和信度检验

Item	Corrected Item – Total Correlation	Alpha if tem Deleted	Alpha
CPC1	0.7258	0.9520	0.9524
CPC2	0.9104	0.9402	
CPC3	0.9607	0.9369	
CPC4	0.8619	0.9434	
CPC5	0.8339	0.9453	
CPC6	0.7847	0.9484	
CPC7	0.6744	0.9553	
CPC8	0.8339	0.9453	

6. 知识转移个体绩效（IDP）的CITC分析和信度检验

知识转移个体绩效（IDP）CITC分析和信度检验结果如表5－23所示。从表5－23可以看出，知识转移个体绩效的测量条款中，在各个知识冲突组和无知识冲突组，其CITC值，最小的值为0.6722，最大的值为0.8802，都在0.60以上，超过了0.50的门槛值，符合本书的要求；从Alpha if tem Deleted值可以看出，在各个实验组中，删除知识转移个体绩效正式测量量表中的任何题项后，其Alpha值都不会显著提高，由此不需要删除任何题项。同时，各个实验

① 对竞争性沟通的样本数据的信度检验，除了结构型知识冲突组之外，还包括存量型知识冲突和关系型知识冲突，鉴于数据过多，本部分仅仅汇报了结构型知识冲突组中竞争性沟通的样本信度，其存量型知识冲突和关系型知识冲突中竞争性沟通的样本信度检验结果请见附件1：《实验第二阶段样本信度与效度检验结果》。

组中知识转移个体绩效所有题项的 Alpha 值，最小的为 0. 9250，最大的为 0. 9438，都超过了 0. 70 的门槛值，由此表明其信度很好，符合本书的要求。

表 5 – 23　　知识转移个体绩效的 CITC 分析和信度检验

		Item	Corrected Item – Total Correlation	Alpha if tem Deleted	Alpha
实验第一阶段	结构型知识冲突实验组	IDP11	0. 7258	0. 9192	0. 9269
		IDP12	0. 8653	0. 9079	
		IDP13	0. 7586	0. 9167	
		IDP14	0. 7679	0. 9160	
		IDP15	0. 6834	0. 9223	
		IDP16	0. 7604	0. 9166	
		IDP17	0. 6722	0. 9232	
		IDP18	0. 7710	0. 9159	
	存量型知识冲突实验组	IDP11	0. 6865	0. 9197	0. 9250
		IDP12	0. 8780	0. 9046	
		IDP13	0. 7499	0. 9149	
		IDP14	0. 7485	0. 9150	
		IDP15	0. 6802	0. 9202	
		IDP16	0. 7191	0. 9173	
		IDP17	0. 7574	0. 9143	
		IDP18	0. 7444	0. 9153	
	关系型知识冲突实验组	IDP11	0. 6858	0. 9440	0. 9438
		IDP12	0. 9338	0. 9275	
		IDP13	0. 7521	0. 9396	
		IDP14	0. 7903	0. 9367	
		IDP15	0. 7731	0. 9389	
		IDP16	0. 8802	0. 9302	
		IDP17	0. 8002	0. 9361	
		IDP18	0. 8002	0. 9361	
	无知识冲突实验组	IDP11	0. 7229	0. 9205	0. 9277
		IDP12	0. 8656	0. 9090	
		IDP13	0. 7581	0. 9178	
		IDP14	0. 7700	0. 9169	
		IDP15	0. 6847	0. 9233	
		IDP16	0. 7616	0. 9175	
		IDP17	0. 6726	0. 9243	
		IDP18	0. 7824	0. 9159	

7. 知识转移团队绩效（TAP）的 CITC 分析和信度检验

知识转移团队绩效（TAP）CITC 分析和信度检验结果如表 5－24 所示。从中可以看出，在各个知识冲突组和无知识冲突组的知识转移团队绩效测量条款中，其 CITC 值，最小的值为 0.6730，最大的值为 0.8532，都在 0.60 以上，超过了 0.50 的门槛值，符合本研究的要求；从 Alpha if tem Deleted 值可以看出，在各个实验组中，删除知识转移团队绩效正式测量量表中的任何测量条款后，其 Alpha 值都不会显著提高，由此不需要删除任何题项。同时，各个实验组中知识转移团队绩效所有题项的 Alpha 值，最小的为 0.9162，最大的为 0.9459，都超过了 0.70 的门槛值，由此表明其信度很好，符合本书的要求。

表 5－24　　知识转移团队绩效的 CITC 分析和信度检验

		Item	Corrected Item – Total Correlation	Alpha if tem Deleted	Alpha
实验第一阶段	结构型知识冲突实验组	TAP11	0.7298	0.9221	0.9289
		TAP12	0.7769	0.9178	
		TAP13	0.7017	0.9248	
		TAP14	0.8451	0.9112	
		TAP15	0.8171	0.9138	
		TAP16	0.7927	0.9162	
		TAP17	0.7605	0.9201	
	存量型知识冲突实验组	TAP11	0.6730	0.9107	0.9162
		TAP12	0.7290	0.9050	
		TAP13	0.6934	0.9087	
		TAP14	0.8482	0.8923	
		TAP15	0.7152	0.9063	
		TAP16	0.8313	0.8940	
		TAP17	0.7103	0.9068	
	关系型知识冲突实验组	TAP11	0.7206	0.9459	0.9459
		TAP12	0.8532	0.9344	
		TAP13	0.8384	0.9358	
		TAP14	0.9388	0.9284	
		TAP15	0.8618	0.9336	
		TAP16	0.7899	0.9399	
		TAP17	0.7489	0.9437	

续表

		Item	Corrected Item - Total Correlation	Alpha if tem Deleted	Alpha
实验第一阶段	无知识冲突实验组	TAP11	0. 7325	0. 9167	0. 9251
		TAP12	0. 7498	0. 9151	
		TAP13	0. 7047	0. 9193	
		TAP14	0. 8464	0. 9058	
		TAP15	0. 8213	0. 9081	
		TAP16	0. 7962	0. 9105	
		TAP17	0. 7271	0. 9201	

8. 知识转移组织绩效（OGP）的 CITC 分析和信度检验

知识转移组织绩效（OGP）CITC 分析和信度检验结果如表 5 - 25 所示。从中可以看出，各个知识冲突组和无知识冲突组的知识转移组织绩效的测量条款中，其 CITC 值，最小的值为 0. 6469，最大的值为 0. 9011，都在 0. 60 以上，超过了 0. 50 的门槛值，符合本研究的要求；从 Alpha if tem Deleted 值可以看出，在各个实验组中，删除知识转移组织绩效正式测量量表中的任何测量条款后，其 Alpha 值都不会显著提高，由此不需要删除任何题项。同时，各个实验组中知识转移组织绩效所有题项的 Alpha 值，最小的为 0. 9349，最大的为 0. 9517，都超过了 0. 70 的门槛值，由此表明其信度很好，符合本书的要求。

表 5 - 25　　知识转移组织绩效的 CITC 分析和信度检验

		Item	Corrected Item - Total Correlation	Alpha if tem Deleted	Alpha
实验第一阶段	结构型知识冲突实验组	OGP11	0. 8124	0. 9456	0. 9517
		OGP12	0. 9005	0. 9411	
		OGP13	0. 8755	0. 9423	
		OGP14	0. 8278	0. 9448	
		OGP15	0. 8059	0. 9460	
		OGP16	0. 7325	0. 9497	
		OGP17	0. 7266	0. 9500	
		OGP18	0. 7600	0. 9483	
		OGP19	0. 8159	0. 9454	

续表

		Item	Corrected Item - Total Correlation	Alpha if tem Deleted	Alpha
实验第一阶段	存量型知识冲突实验组	OGP11	0.7307	0.9288	0.9349
		OGP12	0.7361	0.9285	
		OGP13	0.7816	0.9257	
		OGP14	0.8059	0.9242	
		OGP15	0.7809	0.9258	
		OGP16	0.8935	0.9188	
		OGP17	0.7357	0.9284	
		OGP18	0.6469	0.9336	
		OGP19	0.6852	0.9313	
	关系型知识冲突实验组	OGP11	0.8113	0.9593	0.9624
		OGP12	0.7939	0.9600	
		OGP13	0.8328	0.9583	
		OGP14	0.8718	0.9565	
		OGP15	0.8145	0.9593	
		OGP16	0.8157	0.9590	
		OGP17	0.9062	0.9550	
		OGP18	0.8378	0.9580	
		OGP19	0.9011	0.9550	
	无知识冲突实验组	OGP11	0.7366	0.9456	0.9486
		OGP12	0.8978	0.9371	
		OGP13	0.8750	0.9382	
		OGP14	0.8274	0.9408	
		OGP15	0.8059	0.9420	
		OGP16	0.7288	0.9460	
		OGP17	0.7262	0.9462	
		OGP18	0.7574	0.9445	
		OGP19	0.8132	0.9416	

二、样本效度检验

效度检验包括内容效度和结构效度，其中结构效度又包括区别效度和收敛效度。对内容效度的分析在前述统计方法的应用中已经给予阐述和说明。本部分主要基于正式实验结果，对样本数据的区别效度和收敛效度进行检验。除了在信度检验中通过 CITC 的分析来解释收敛效度之外，本部分主要运用因子分析，通过检验测量条款的 KMO 值（按照 KMO 值大于 0.7 的标准）、巴特莱特卡方值显著性检验和测量条款在所属因子的载荷量大于 0.5 的标准来进行区别效度和收敛效度的检验①。

1. 结构型知识冲突（SKC）的效度检验

对结构型知识冲突的测量条款进行因子分析，首先，对结构型知识冲突的测量条款的 KMO 值和巴特莱特球体（Bartlett's）显著性进行检验，其结果如表 5－26 所示。从中可以看出，结构型知识冲突测量条款的 KMO 值为 0.824，大于 0.7 的门槛值，同时，巴特莱特球体卡方值的显著性概率为 0.000，表明适合进行因子分析。表 5－27 的因子分析结果显示，结构型知识冲突测量条款的因子分析仅仅得到一个因子，其特征值为 4.325，累计方差贡献率为 72.088%，这说明结构型知识冲突测量结构具有很好的一维性，即通过结构型知识冲突测量的区别效度检验。从表 5－28 的结构型知识冲突的因子载荷矩阵中可以看出，结构型知识冲突各测量条款被因子解释的方差比例，都在 0.6 以上；各测量条款的因子载荷都超过了 0.50 的门槛值，表明结构型知识冲突的测量条款具有很高的内部一致性和很好的收敛效度。

表 5－26　结构型知识冲突的 KMO 测度和巴特莱特球体检验结果

Kaiser－Meyer－Olkin Measure of Sampling Adequacy.		0.824
Bartlett's Test of Sphericity	Approx. Chi－Square	144.986
	df	15
	Sig.	0.000

2. 存量型知识冲突（SBKC）的效度检验

对存量型知识冲突的测量条款进行因子分析，首先，对存量型知识冲突的测量条款的 KMO 值和巴特莱特球体（Bartlett's）显著性进行检验，其结果如

① 与信度检验过程类似，本部分对效度检验结果的汇报，也主要是实验第一阶段的效度检验结果进行汇报，实验第二阶段（或者其他实验组）的效度检验结果见附件 1：《实验第二阶段样本信度与效度检验结果》。

表 5－27　　　　结构型知识冲突的总方差解释

Component	Initial Eigenvalues			Extraction Sums of Squared Loadings		
	Total	% of Variance	Cumulative %	Total	% of Variance	Cumulative %
1	4. 325	72. 088	72. 088	4. 325	72. 088	72. 088
2	0. 601	10. 015	82. 103			
3	0. 515	8. 584	90. 687			
4	0. 316	5. 262	95. 948			
5	0. 153	2. 557	98. 505			
6	0. 090	1. 495	100. 000			

Extraction Method：Principal Component Analysis.

表 5－28　　　　结构型知识冲突的因子载荷矩阵

	Initial	Extraction	Component
SKC11	1. 000	0. 869	0. 932
SKC12	1. 000	0. 708	0. 842
SKC13	1. 000	0. 737	0. 859
SKC14	1. 000	0. 690	0. 831
SKC15	1. 000	0. 680	0. 825
SKC16	1. 000	0. 640	0. 800

Extraction Method：Principal Component Analysis.

a 1 components extracted.

表 5－29 所示。从中可以看出，存量型知识冲突测量条款的 KMO 值为 0. 773，大于 0. 70 的门槛值，同时，巴特莱特球体卡方值的显著性概率为 0. 000，表明适合进行因子分析。表 5－30 的因子分析结果显示，存量型知识冲突测量条款的因子分析仅仅得到一个因子，其特征值为 4. 084，累计方差贡献率为 68. 071%，这说明存量型知识冲突测量结构具有很好的一维性，即通过存量型知识冲突测量的区别效度检验。从表 5－31 的因子载荷矩阵中可以看出，存量型知识冲突各测量条款被因子解释的方差比例最小为 0. 586，最大为 0. 763；各测量条款的因子载荷，最小为 0. 775，最大为 0. 874，超过了 0. 50 的门槛值，表明存量型知识冲突的测量条款具有很高的内部一致性和很好的收敛效度。

表 5-29　存量型知识冲突的 KMO 测度和巴特莱特球体检验结果

Kaiser - Meyer - Olkin Measure of Sampling Adequacy.		0.773
Bartlett's Test of Sphericity	Approx. Chi - Square	127.761
	df	15
	Sig.	0.000

表 5-30　存量型知识冲突的总方差解释

Component	Initial Eigenvalues			Extraction Sums of Squared Loadings		
	Total	% of Variance	Cumulative %	Total	% of Variance	Cumulative %
1	4.084	68.071	68.071	4.084	68.071	68.071
2	0.786	13.099	81.169			
3	0.462	7.696	88.865			
4	0.376	6.261	95.126			
5	0.192	3.206	98.332			
6	0.100	1.668	100.000			

Extraction Method: Principal Component Analysis.

表 5-31　存量型知识冲突的因子载荷矩阵

	Initial	Extraction	Component
SBKC11	1.000	0.586	0.766
SBKC12	1.000	0.742	0.861
SBKC13	1.000	0.715	0.846
SBKC14	1.000	0.677	0.823
SBKC15	1.000	0.763	0.874
SBKC16	1.000	0.600	0.775

Extraction Method: Principal Component Analysis.

a 1 components extracted.

3. 关系型知识冲突（RKC）的效度检验

对关系型知识冲突的测量条款进行因子分析，首先，对关系型知识冲突测量条款的 KMO 值和巴特莱特球体（Bartlett's）显著性进行检验，其结果如表 5-32 所示。从中可以看出，关系型知识冲突测量条款的 KMO 值为 0.871，大于 0.70 的门槛值，同时，巴特莱特球体卡方值的显著性概率为 0.000，表明适合进行因子分析。表 5-33 的因子分析结果显示，关系型知识冲突测量条款的因子分析仅仅得到一个因子，其特征值为 5.105，累计方差贡献率为 72.928%，这说明关系型知识冲突测量结构具有很好的一维性，即通过关系型知识冲突测量的区别效度检验。从表 5－34 的关系型知识冲突因子载荷矩阵中可以看出，关系型知识冲突各测量条款被因子解释的方差比例最小为 0.628，最大为 0.954；各测量条款的因子载荷，最小为 0.792，最大为 0.977，都远远超过了 0.50 的门槛值，表明测量条款具有很高的内部一致性和很好的收敛效度。

表 5－32　关系型知识冲突的 KMO 测度和巴特莱特球体检验结果

Kaiser－Meyer－Olkin Measure of Sampling Adequacy.		0.871
Bartlett's Test of Sphericity	Approx. Chi－Square	185.836
	df	21
	Sig.	0.000

表 5－33　关系型知识冲突的总方差解释

Component	Initial Eigenvalues			Extraction Sums of Squared Loadings		
	Total	% of Variance	Cumulative %	Total	% of Variance	Cumulative %
1	5.105	72.928	72.928	5.105	72.928	72.928
2	0.639	9.130	82.058			
3	0.314	4.487	86.545			
4	0.309	4.417	90.962			
5	0.309	4.417	95.379			
6	0.277	3.958	99.337			
7	0.046	0.663	100.000			

Extraction Method：Principal Component Analysis.

表 5－34　关系型知识冲突的因子载荷矩阵

	Initial	Extraction	Component
RKC11	1.000	0.628	0.792
RKC12	1.000	0.724	0.851
RKC13	1.000	0.724	0.851
RKC14	1.000	0.954	0.977
RKC15	1.000	0.724	0.851
RKC16	1.000	0.628	0.792
RKC17	1.000	0.724	0.851

Extraction Method：Principal Component Analysis.

a 1 components extracted.

4. 合作性沟通（COC）的效度检验

对合作性沟通的测量条款进行因子分析①，首先，对合作性沟通的测量条款的 KMO 值和巴特莱特球体（Bartlett's）显著性进行检验，其结果如表 5－35 所示。从中可以看出，合作性沟通测量条款的 KMO 值为 0.844，大于 0.70 的门槛值，同时其巴特莱特球体卡方值的显著性概率为 0.000，表明适合进行因子分析。表 5－36 的因子分析结果显示，合作性沟通测量条款的因子分析仅仅得到一个因子，其特征值为 6.515，累计方差贡献率为 81.435%，这说明合作性沟通测量结构具有很好的一维性，即通过合作性沟通测量的区别效度检验。从表 5－37 所示的因子载荷矩阵可以看出，合作性沟通各测量条款被因子解释的方差比例最小为 0.734，最大为 0.877；各测量条款的因子载荷，最小为 0.857，最大为 0.936，都远远超过了 0.50 的门槛值，表明合作性沟通的测量条款具有很高的内部一致性和很好的收敛效度。

表 5－35　合作性沟通的 KMO 测度和巴特莱特球体检验结果

Kaiser - Meyer - Olkin Measure of Sampling Adequacy.		0.844
Bartlett's Test of Sphericity	Approx. Chi - Square	134.921
	df	28
	Sig.	0.000

表 5－36　合作性沟通的总方差解释

Component	Initial Eigenvalues			Extraction Sums of Squared Loadings		
	Total	% of Variance	Cumulative %	Total	% of Variance	Cumulative %
1	6.515	81.435	81.435	6.515	81.435	81.435
2	0.482	6.023	87.458			
3	0.311	3.884	91.342			
4	0.258	3.226	94.568			
5	0.217	2.716	97.285			
6	0.141	1.758	99.043			

① 对合作性沟通的样本数据的效度检验，除了结构型知识冲突组之外，还包括存量型知识冲突和关系型知识冲突，鉴于数据过多，本部分仅仅汇报了结构型知识冲突组中合作性沟通的样本效度，其存量型知识冲突和关系型知识冲突中合作性沟通的样本效度检验结果请见附件 1：《实验第二阶段样本信度与效度检验结果》。

续表

Component	Initial Eigenvalues			Extraction Sums of Squared Loadings		
	Total	% of Variance	Cumulative %	Total	% of Variance	Cumulative %
7	0. 059	0. 736	99. 778			
8	0. 018	0. 222	100. 000			

Extraction Method: Principal Component Analysis.

表 5 - 37　　合作性沟通的因子载荷矩阵

	Initial	Extraction	Component
COC1	1. 000	0. 734	0. 857
COC2	1. 000	0. 876	0. 936
COC3	1. 000	0. 877	0. 936
COC4	1. 000	0. 816	0. 903
COC5	1. 000	0. 847	0. 920
COC6	1. 000	0. 868	0. 931
COC7	1. 000	0. 748	0. 865
COC8	1. 000	0. 748	0. 865

Extraction Method: Principal Component Analysis.

a 1 components extracted.

5. 竞争性沟通（CPC）的效度检验

对竞争性沟通的测量条款进行因子分析①，首先，对竞争性沟通测量条款的 KMO 值和巴特莱特球体（Bartlett's）显著性进行检验，其结果如表 5 - 38 所示。从中可以看出，竞争性沟通测量条款的 KMO 值为 0. 843，大于 0. 70 的门槛值，同时其巴特莱特球体卡方值的显著性概率为 0. 000，表明适合进行因子分析。表 5 - 39 的因子分析结果显示，竞争性沟通测量条款的因子分析仅仅得到一个因子，其特征值为 6. 038，累计方差贡献率为 75. 471%，这说明竞争性沟通测量结构具有很好的一维性，即通过竞争性沟通测量的区别效度检验。从表 5 - 40 所示的因子载荷矩阵可以看出，竞争性沟通各测量条款被因子解释

① 对竞争性沟通的样本数据的效度检验，除了结构型知识冲突组之外，还包括存量型知识冲突和关系型知识冲突，鉴于数据过多，本部分仅仅汇报了结构型知识冲突组中竞争性沟通的样本效度，其存量型知识冲突和关系型知识冲突中竞争性沟通的样本效度检验结果请见附件 1：《实验第二阶段样本信度与效度检验结果》。

的方差比例最小为0.550，最大为0.946；竞争性沟通各测量条款的因子载荷，最小为0.742，最大为0.973，都超过了0.50的门槛值，表明竞争性沟通的测量条款具有很高的内部一致性和很好的收敛效度。

表5-38　竞争性沟通的KMO测度和巴特莱特球体检验结果

Kaiser - Meyer - Olkin Measure of Sampling Adequacy.		0.843
Bartlett's Test of Sphericity	Approx. Chi - Square	114.231
	df	28
	Sig.	0.000

表5-39　竞争性沟通的总方差解释

Component	Initial Eigenvalues			Extraction Sums of Squared Loadings		
	Total	% of Variance	Cumulative %	Total	% of Variance	Cumulative %
1	6.038	75.471	75.471	6.038	75.471	75.471
2	0.632	7.905	83.376			
3	0.467	5.841	89.217			
4	0.357	4.458	93.675			
5	0.267	3.333	97.008			
6	0.141	1.764	98.772			
7	0.069	0.859	99.631			
8	0.029	0.369	100.000			

Extraction Method：Principal Component Analysis.

表5-40　竞争性沟通的因子载荷矩阵

	Initial	Extraction	Component
CPC1	1.000	0.620	0.788
CPC2	1.000	0.873	0.934
CPC3	1.000	0.946	0.973
CPC4	1.000	0.806	0.898
CPC5	1.000	0.770	0.877
CPC6	1.000	0.702	0.838
CPC7	1.000	0.550	0.742
CPC8	1.000	0.770	0.877

Extraction Method：Principal Component Analysis.

a 1 components extracted.

6. 知识转移个体绩效（IDP）的效度检验

对知识转移个体绩效的测量条款进行因子分析①，首先，对测量条款的KMO值和巴特莱特球体（Bartlett's）显著性进行检验，其结果如表5-41所示。从中可以看出，知识转移个体绩效测量条款的KMO值为0.850，大于0.70的门槛值，同时，巴特莱特球体卡方值的显著性概率为0.000，表明适合进行因子分析。表5-42的因子分析结果显示，知识转移个体绩效测量条款的因子分析仅仅得到一个因子，其特征值为5.305，累计方差贡献率为66.314%，这说明知识转移个体绩效的测量结构具有很好的一维性，即通过知识转移个体绩效的区别效度检验。从表5-43可以看出，知识转移个体绩效各测量条款被因子解释的方差比例最小为0.552，最大为0.824；知识转移个体绩效各测量条款的因子载荷，最小为0.743，最大为0.908，都超过了0.50的门槛值，表明知识转移个体绩效的测量条款具有较高的内部一致性和较好的收敛效度。

表5-41　知识转移个体绩效的KMO测度和巴特莱特球体检验结果

Kaiser - Meyer - Olkin Measure of Sampling Adequacy.		0.850
Bartlett's Test of Sphericity	Approx. Chi - Square	189.013
	df	28
	Sig.	0.000

表5-42　知识转移个体绩效的总方差解释

Component	Initial Eigenvalues			Extraction Sums of Squared Loadings		
	Total	% of Variance	Cumulative %	Total	% of Variance	Cumulative %
1	5.305	66.314	66.314	5.305	66.314	66.314
2	0.914	11.426	77.740			
3	0.683	8.541	86.281			
4	0.374	4.669	90.950			

① 对知识转移个体绩效的效度检验，包括实验第一阶段三个知识冲突组与无知识冲突组和实验第二阶段三个知识冲突组的知识转移个体绩效的效度检验，鉴于数据过多，本部分仅仅汇报了实验第一阶段结构型知识冲突组中知识转移个体绩效的样本效度，实验第一阶段其余各个实验组和实验第二阶段各实验组中知识转移个体绩效的样本效度检验结果请见附件1：《实验第二阶段样本信度与效度检验结果》。以下对知识转移团队绩效和知识转移组织绩效的效度检验结果回报与此相同，不再赘述。

续表

Component	Initial Eigenvalues			Extraction Sums of Squared Loadings		
	Total	% of Variance	Cumulative %	Total	% of Variance	Cumulative %
5	0.264	3.303	94.253			
6	0.218	2.731	96.984			
7	0.129	1.611	98.594			
8	0.112	1.406	100.000			

Extraction Method: Principal Component Analysis.

表 5-43　　知识转移个体绩效的因子载荷矩阵

	Initial	Extraction	Component
IDP11	1.000	0.636	0.797
IDP12	1.000	0.824	0.908
IDP13	1.000	0.681	0.825
IDP14	1.000	0.687	0.829
IDP15	1.000	0.573	0.757
IDP16	1.000	0.667	0.817
IDP17	1.000	0.552	0.743
IDP18	1.000	0.686	0.828

Extraction Method: Principal Component Analysis.

a 1 components extracted.

7. 知识转移团队绩效（TAP）的效度检验

对知识转移团队绩效的测量条款进行因子分析，首先，对测量条款的KMO值和巴特莱特球体（Bartlett's）显著性进行检验，其结果如表5-44所示。从中可以看出，知识转移团队绩效测量条款的KMO值为0.878，大于0.70的门槛值，同时，巴特莱特球体卡方值的显著性概率为0.000，表明适合进行因子分析。表5-45的因子分析结果显示，知识转移团队绩效测量条款的因子分析仅仅得到一个因子，其特征值为4.927，累计方差贡献率为70.390%，这说明知识转移团队绩效测量结构具有很好的一维性，即通过区别效度检验。从表5-46所示的因子载荷矩阵可以看出，知识转移团队绩效各测量条款被因子解释的方差比例最小为0.607，最大为0.798；各测量条款的因子载荷，最小值为0.779，最大值为0.893，都超过了0.50的门槛值，表明这一实验组中知识转移团队绩效的测量条款具有较高的内部一致性和较好的收敛效度。

表 5－44 知识转移团队绩效的 KMO 测度和巴特莱特球体检验结果

Kaiser－Meyer－Olkin Measure of Sampling Adequacy.		0.878
Bartlett's Test of Sphericity	Approx. Chi－Square	162.780
	df	21
	Sig.	0.000

表 5－45 知识转移团队绩效的总方差解释

Component	Initial Eigenvalues			Extraction Sums of Squared Loadings		
	Total	% of Variance	Cumulative %	Total	% of Variance	Cumulative %
1	4.927	70.390	70.390	4.927	70.390	70.390
2	0.774	11.054	81.444			
3	0.448	6.402	87.846			
4	0.315	4.505	92.351			
5	0.218	3.113	95.464			
6	0.184	2.630	98.093			
7	0.133	1.907	100.000			

Extraction Method: Principal Component Analysis.

表 5－46 知识转移团队绩效的因子载荷矩阵

	Initial	Extraction	Component
TAP11	1.000	0.640	0.800
TAP12	1.000	0.703	0.839
TAP13	1.000	0.607	0.779
TAP14	1.000	0.798	0.893
TAP15	1.000	0.765	0.875
TAP16	1.000	0.728	0.853
TAP17	1.000	0.686	0.828

Extraction Method: Principal Component Analysis.

a 1 components extracted.

8. 知识转移组织绩效（OGP）的效度检验

对知识转移组织绩效的测量条款进行因子分析，首先，对知识转移组织绩效测量条款的 KMO 值和巴特莱特球体（Bartlett's）显著性进行检验，其结果如表 5－47 所示。从中可以看出，知识转移组织绩效测量条款的 KMO 值为 0. 874，大于 0. 70 的门槛值，同时，巴特莱特球体卡方值的显著性概率为 0. 000，表明适合进行因子分析。表 5－48 的因子分析结果显示，知识转移组织绩效测量条款的因子分析仅仅得到一个因子，其特征值为 6. 279，累计方差贡献率为 69. 767%，这说明知识转移组织绩效测量结构具有很好的一维性，即通过区别效度检验。从表 5－49 所示的因子载荷矩阵可以看出，知识转移组织绩效各测量条款被因子解释的方差比例最小为 0. 585，最大为 0. 850；知识转移组织绩效各测量条款的因子载荷，最小值为 0. 765，最大值为 0. 922，都超过了 0. 50 的门槛值，表明知识转移组织绩效的测量条款具有较高的内部一致性和较好的收敛效度。

表 5－47　知识转移组织绩效的 KMO 测度和巴特莱特球体检验结果

Kaiser－Meyer－Olkin Measure of Sampling Adequacy.		0. 874
Bartlett's Test of Sphericity	Approx. Chi－Square	226. 245
	df	36
	Sig.	0. 000

表 5－48　知识转移组织绩效的总方差解释

Component	Initial Eigenvalues			Extraction Sums of Squared Loadings		
	Total	% of Variance	Cumulative %	Total	% of Variance	Cumulative %
1	6. 279	69. 767	69. 767	6. 279	69. 767	69. 767
2	0. 658	7. 316	77. 082			
3	0. 608	6. 752	83. 834			
4	0. 407	4. 523	88. 357			
5	0. 344	3. 823	92. 180			
6	0. 289	3. 207	95. 388			
7	0. 181	2. 010	97. 398			
8	0. 141	1. 565	98. 962			
9	0. 093	1. 038	100. 000			

Extraction Method：Principal Component Analysis.

表 5-49 知识转移组织绩效的因子载荷矩阵

	Initial	Extraction	Component
OGP11	1.000	0.717	0.847
OGP12	1.000	0.850	0.922
OGP13	1.000	0.708	0.841
OGP14	1.000	0.762	0.873
OGP15	1.000	0.726	0.852
OGP16	1.000	0.585	0.765
OGP17	1.000	0.643	0.802
OGP18	1.000	0.643	0.802
OGP19	1.000	0.644	0.803

注：Extraction Method：Principal Component Analysis. a 1 components extracted.

第三节 实验控制的检验

一、对自变量控制的检验

本研究对自变量的控制，主要体现为实验第一阶段对各知识冲突类型和实验第二阶段对不同沟通方式的控制。

1. 对知识冲突的控制检验

在实验设计中，本研究对知识冲突的三个维度——结构型知识冲突(SKC)、存量型知识冲突（SBKC）和关系型知识冲突（RKC）从专业背景差异、学历程度的差异、情感矛盾差异和决策冲突差异等方面进行操控，对这些差异的测度体现在变量测量的各个测量条款之中。这三个维度在概念模型中既是知识转移绩效的前导变量，又是实验控制的检验。由于知识冲突感知量表在测量知识冲突程度时采用的是李克特5点计分（1表示感知程度“非常低”，5表示感知程度“非常高”）。如果被试在知识冲突感知程度量表上的得分≥3，表示被试感知到了我们设计的知识冲突类型，实验操纵达到了预期目的。基于此，在问卷回收后，我们按照被试在知识冲突感知程度量表上得分的均值≥3的标准，对问卷进行了检测，结果显示，所有被试在知识冲突量表上的得分都是均值≥3，由此确保了进入数据分析的被试都感知到了不同程度的知识冲突，表明实验操控获得成功。

2. 对沟通的控制检验

对沟通的控制检验是要确保实验被试在实验中按照了我们要求的合作性沟通方式和竞争性沟通方式来进行沟通，由此观察不同的沟通方式对知识冲突和知识转移绩效的影响机制。本研究对合作性沟通和竞争性沟通的操控，主要是围绕沟通目标、沟通语言、处理分歧方式以及违背沟通方式后的处罚措施等方面，并在实验主持人的自然监控之下来进行的。除了处罚措施之外，对其余沟通操控条件和沟通程度的测度体现在变量测量的各个测量条款之中。与对知识冲突控制检验相同，合作性沟通和竞争性沟通在概念模型中既是知识冲突和知识转移绩效的前导变量，又是实验控制的检验。由于本研究对沟通方式运用和沟通程度的测量主要采用的是李克特5点计分（1表示“完全不同意”，5表示“完全同意”）。因此，如果被试在沟通程度量表上的得分≥3，表示被试运用了我们要求的沟通方式并感知到了对方也运用了我们实验设计的沟通方式，实验对沟通方式的操纵达到了预期目的。基于此，在问卷回收后，我们按照被试在沟通程度量表上得分的均值≥3的标准，对问卷进行了检测，结果显示，所有被试在沟通程度量表上的得分均值都≥3，由此确保了进入数据分析的被试都运用了实验要求的沟通方式，表明实验操控获得成功。

二、对无关变量控制的检验

基于实验的设计，本研究的实验操控还需要排除无关变量——实验被试的跨文化差异对实验结果的影响。按照实验设计中本研究对无关变量——实验被试跨文化背景差异对实验结果干扰效应排除的控制方案，本研究对无关变量干扰效应排除的控制检验，首先，基于本研究对中德被试的实验前测数据，对参与实验中德被试关于跨文化认知的培训结果，进行两配对样本非参数检验的Wilcoxon符号秩检验进行分析，其结果如表5－50和表5－51所示。

表5－50　中德被试通过材料培训对对方国家文化认识程度改变的描述性统计

	N	Mean	Std. Deviation	Minimum	Maximum
中国被试培训前	64	2.7636	0.77327	2.00	4.18
中国被试培训后	64	4.5722	0.47192	3.00	5.00
德国被试培训前	64	2.6828	0.75788	2.00	4.36
德国被试培训后	64	4.6638	0.43639	3.72	5.00

表 5-51 中德被试通过材料培训对对方国家文化认识程度改变的 Wilcoxon 符号秩检验结果

		N	Mean Rank	Sum of Ranks	Z	Asymp. Sig. (2-tailed)
中国被试培训后—中国被试培训前	Negative Ranks	0 (a)	0.00	0.00	-6.933 (a)	0.000
	Positive Ranks	63 (b)	32.00	2016.00		
	Ties	1 (c)				
	Total	64				
德国被试培训后—德国被试培训前	Negative Ranks	0 (d)	0.00	0.00	-6.947 (a)	0.000
	Positive Ranks	63 (e)	32.00	2016.00		
	Ties	1 (f)				
	Total	64				

a. 中国被试培训后 < 中国被试培训前

b. 中国被试培训后 > 中国被试培训前

c. 中国被试培训后 = 中国被试培训前

d. 德国被试培训后 < 德国被试培训前

e. 德国被试培训后 > 德国被试培训前

f. 德国被试培训后 = 德国被试培训前

从表 5-50 和表 5-51 的检验结果可以看出，中方被试在培训前对德国文化认知程度的得分均值 M_{CCR1} 为 2.7636，培训后的得分均值 M_{CCR2} 为 4.5722，培训后中方被试对德国文化认知的得分低于培训前中方被试对德国文化认知的有 0 人，高于培训前得分的被试有 63 人，1 人保持不变，Z 检验统计量为 -6.933，对应的概率 P 值为 0.000，由此表明经过培训使得中方被试对德国文化的了解有了显著的提升（$M_{\Delta CCR}=1.8086^{**}$，$P<0.01$）；同理，德方被试在培训前对中国文化认知程度的得分均值 M_{CCR1} 为 2.6828，培训后的得分均值 M_{CCR2} 为 4.6638，培训后德方被试对中国文化认知的得分低于培训前德方被试对中国文化认知的有 0 人，高于培训前得分的被试有 63 人，1 人保持不变，Z 检验统计量为 -6.947，对应的概率 P 值为 0.000，由此表明通过培训使得德方被试对中国文化的了解有了显著的提升（$M_{\Delta CCR}=1.9809^{**}$，$P<0.01$）。由此可以看出，无论是中方被试，还是德方被试，对对方国家文化的了解程度，通过实验材料的培训，都得到了显著的提升，这表明中德被试在进入正式实验之前，就已经对对方国家的文化有了一个比较全面的认识，并能够嵌入到东道国所在的文化体系进行知识转移情景实验中的各项决策。

更进一步地，本研究基于实验结果数据，将实验被试的跨文化背景作为控制变量，对实验被试在嵌入东道国文化体系的条件下，其跨文化差异是否会对知识转移绩效水平产生显著影响进行方差分析，如表 5－52 所示。从表 5－52 中对各个实验阶段和实验组的方差分析结果可以看出，中德被试不同的跨文化背景差异在各个变量上方差分析的 F 值介于 0. 146 与 3. 568 之间，P 值介于 0. 080 与 0. 996 之间，大于显著性水平 0. 05，这说明概念模型中的变量（知识冲突和知识转移绩效）在中德被试不同的跨文化背景之间没有显著差异，从而表明了各个实验组被试不同的文化背景没有对知识冲突和知识转移绩效水平产生显著影响（$P > 0.05$）。因此，本实验对无关变量——跨文化背景差异可能对实验结果（实验两阶段各个实验组的知识转移绩效水平和实验第二阶段各个实验组的知识冲突程度）产生的干扰效应得以有效排除，表明实验对无关变量的控制是成功的。

表 5－52　跨文化差异对知识转移绩效和知识冲突的方差分析结果

				Sum of Squares	df	Mean Square	F	Sig.
实验第一阶段	结构型知识冲突实验组	个体绩效 IDP1	Between Groups	0. 005	1	0. 005	0. 026	0. 873
			Within Groups	5. 484	30	0. 183		
			Total	5. 489	31			
		团队绩效 TAP1	Between Groups	0. 006	1	0. 006	0. 027	0. 870
			Within Groups	6. 047	30	0. 202		
			Total	6. 053	31			
		组织绩效 OGP1	Between Groups	0. 010	1	0. 010	0. 052	0. 821
			Within Groups	5. 663	30	0. 189		
			Total	5. 673	31			
	存量型知识冲突实验组	个体绩效 IDP1	Between Groups	0. 140	1	0. 140	0. 856	0. 362
			Within Groups	4. 924	30	0. 164		
			Total	5. 065	31			
		团队绩效 TAP1	Between Groups	0. 051	1	0. 051	0. 301	0. 587
			Within Groups	5. 101	30	0. 170		
			Total	5. 152	31			
		组织绩效 OGP1	Between Groups	0. 032	1	0. 032	0. 184	0. 671
			Within Groups	5. 204	30	0. 173		
			Total	5. 236	31			

续表

				Sum of Squares	df	Mean Square	F	Sig.
实验第一阶段	关系型知识冲突实验组	个体绩效IDP1	Between Groups	0. 195	1	0. 195	1. 235	0. 275
			Within Groups	4. 745	30	0. 158		
			Total	4. 941	31			
		团队绩效TAP1	Between Groups	0. 091	1	0. 091	0. 396	0. 534
			Within Groups	6. 930	30	0. 231		
			Total	7. 022	31			
		组织绩效OGP1	Between Groups	0. 005	1	0. 005	0. 020	0. 889
			Within Groups	6. 880	30	0. 229		
			Total	6. 884	31			
	无知识冲突实验组	个体绩效IDP1	Between Groups	0. 072	1	0. 072	0. 388	0. 538
			Within Groups	5. 585	30	0. 186		
			Total	5. 658	31			
		团队绩效TAP1	Between Groups	0. 578	1	0. 578	3. 184	0. 084
			Within Groups	5. 444	30	0. 181		
			Total	6. 022	31			
		组织绩效OGP1	Between Groups	0. 170	1	0. 170	0. 663	0. 422
			Within Groups	7. 676	30	0. 256		
			Total	7. 846	31			
实验第二阶段	结构型知识冲突—合作性沟通实验组	结构型知识冲突 SKC2	Between Groups	0. 086	1	0. 086	0. 298	0. 594
			Within Groups	4. 018	14	0. 287		
			Total	4. 104	15			
		个体绩效IDP2	Between Groups	0. 010	1	0. 010	0. 030	0. 865
			Within Groups	4. 463	14	0. 319		
			Total	4. 473	15			
		团队绩效TAP2	Between Groups	0. 020	1	0. 020	0. 070	0. 795
			Within Groups	4. 051	14	0. 289		
			Total	4. 071	15			
		组织绩效OGP2	Between Groups	0. 111	1	0. 111	0. 339	0. 569
			Within Groups	4. 560	14	0. 326		
			Total	4. 671	15			

续表

				Sum of Squares	df	Mean Square	F	Sig.
实验第二阶段	结构型知识冲突—竞争性沟通实验组	结构型知识冲突 SKC2	Between Groups	0. 143	1	0. 143	0. 568	0. 464
			Within Groups	3. 515	14	0. 251		
			Total	3. 657	15			
		个体绩效 IDP2	Between Groups	0. 426	1	0. 426	2. 344	0. 148
			Within Groups	2. 543	14	0. 182		
			Total	2. 969	15			
		团队绩效 TAP2	Between Groups	0. 289	1	0. 289	1. 525	0. 237
			Within Groups	2. 652	14	0. 189		
			Total	2. 941	15			
		组织绩效 OGP2	Between Groups	0. 250	1	0. 250	1. 213	0. 289
			Within Groups	2. 886	14	0. 206		
			Total	3. 136	15			
	存量型知识冲突—合作性沟通实验组	存量型知识冲突 SBKC2	Between Groups	0. 056	1	0. 056	0. 147	0. 996
			Within Groups	2. 820	14	0. 201		
			Total	2. 820	15			
		个体绩效 IDP2	Between Groups	0. 047	1	0. 047	0. 259	0. 619
			Within Groups	2. 561	14	0. 183		
			Total	2. 608	15			
		团队绩效 TAP2	Between Groups	0. 061	1	0. 061	0. 328	0. 576
			Within Groups	2. 618	14	0. 187		
			Total	2. 679	15			
		组织绩效 OGP2	Between Groups	0. 028	1	0. 028	0. 146	0. 708
			Within Groups	2. 682	14	0. 192		
			Total	2. 710	15			
	存量型知识冲突—竞争性沟通实验组	存量型知识冲突 SBKC2	Between Groups	0. 248	1	0. 248	2. 027	0. 176
			Within Groups	1. 710	14	0. 122		
			Total	1. 957	15			
		个体绩效 IDP2	Between Groups	0. 394	1	0. 394	2. 163	0. 163
			Within Groups	2. 548	14	0. 182		
			Total	2. 942	15			
		团队绩效 TAP2	Between Groups	0. 064	1	0. 064	0. 375	0. 550
			Within Groups	2. 378	14	0. 170		
			Total	2. 442	15			
		组织绩效 OGP2	Between Groups	0. 483	1	0. 483	3. 568	0. 080
			Within Groups	1. 895	14	0. 135		
			Total	2. 378	15			

续表

				Sum of Squares	df	Mean Square	F	Sig.
实验第二阶段	关系型知识冲突—合作性沟通实验组	关系型知识冲突 RKC2	Between Groups	0.046	1	0.046	0.409	0.533
			Within Groups	1.584	14	0.113		
			Total	1.630	15			
		个体绩效 IDP2	Between Groups	0.141	1	0.141	0.884	0.363
			Within Groups	2.228	14	0.159		
			Total	2.368	15			
		团队绩效 TAP2	Between Groups	0.104	1	0.104	0.709	0.414
			Within Groups	2.055	14	0.147		
			Total	2.159	15			
		组织绩效 OGP2	Between Groups	0.077	1	0.077	0.432	0.521
			Within Groups	2.493	14	0.178		
			Total	2.570	15			
	关系型知识冲突—竞争性沟通实验组	关系型知识冲突 RKC2	Between Groups	0.156	1	0.156	1.162	0.299
			Within Groups	1.879	14	0.134		
			Total	2.035	15			
		个体绩效 IDP2	Between Groups	0.080	1	0.080	0.612	0.447
			Within Groups	1.827	14	0.130		
			Total	1.907	15			
		团队绩效 TAP2	Between Groups	0.046	1	0.046	0.331	0.574
			Within Groups	1.955	14	0.140		
			Total	2.002	15			
		组织绩效 OGP2	Between Groups	0.059	1	0.059	0.416	0.529
			Within Groups	1.977	14	0.141		
			Total	2.036	15			

第四节 研究假设的检验

基于实验结果的样本数据，本部分对概念模型中提出的研究假设进行检验。检验的方法主要是借助于 SPSS11.5 分析软件，首先采用 Pearson 相关分析方法对变量间关系进行相关分析，在此基础上采用回归分析方法，来对概念模型中的研究假设做进一步的验证。同时，利用样本配对 T 检验来检验沟通前后知识冲突程度和知识转移绩效水平的变化程度；并进一步地利用 Baron 和 Kenny（1986）以及温忠麟等（2004）提出的依次回归分析方法来检验知识冲突对沟通与知识转移绩效的中介效应。

一、知识冲突与知识转移绩效关系的假设检验

1. 知识冲突与知识转移绩效的相关性分析

知识冲突与知识转移绩效的关系主要体现为结构型知识冲突、存量型知识冲突和关系型知识冲突与知识转移的个体绩效、团队绩效、组织绩效之间的关系。基于本研究实验第一阶段的分组数据，各个实验组中变量的相关系数矩阵分别如表 5－53、表 5－54 和表 5－55 所示。

表 5－53　结构型知识冲突与知识转移绩效的 Pearson 相关系数

		结构型知识冲突	个体绩效	团队绩效	组织绩效
结构型知识冲突	Pearson Correlation	1	0.887（**）	0.808（**）	0.673（**）
	Sig.（2－tailed）	0.000	0.000	0.000	0.000
个体绩效	Pearson Correlation	0.887（**）	1	0.873（**）	0.726（**）
	Sig.（2－tailed）	0.000	0.000	0.000	0.000
团队绩效	Pearson Correlation	0.808（**）	0.873（**）	1	0.880（**）
	Sig.（2－tailed）	0.000	0.000	0.000	0.000
组织绩效	Pearson Correlation	0.673（**）	0.726（**）	0.880（**）	1
	Sig.（2－tailed）	0.000	0.000	0.000	0.000
	N	32	32	32	32

注：** Correlation is significant at the 0.01 level（2－tailed）.

从表 5－53 可以看出，结构型知识冲突与知识转移个体绩效显著正相关（$r=0.887$，$p<0.01$）、与知识转移团队绩效显著正相关（$r=0.808$，$p<0.01$）、与知识转移组织绩效显著正相关（$r=0.673$，$p<0.01$）。因此结构型知识冲突与知识转移绩效的 Pearson 相关分析，结果验证了假设 H1a、H1b、H1c，即：H1a：跨国公司母子公司知识转移中的结构型知识冲突越大，知识

转移个体绩效越高；H1b：跨国公司母子公司知识转移中的结构型知识冲突越大，知识转移团队绩效越高；H1c：跨国公司母子公司知识转移中的结构型知识冲突越大，知识转移组织绩效越高。

表 5-54 存量型知识冲突与知识转移绩效的 Pearson 相关系数

		存量型知识冲突	个体绩效	团队绩效	组织绩效
存量型知识冲突	Pearson Correlation	1	0.730（**）	0.798（**）	0.791（**）
	Sig.（2-tailed）	0.000	0.000	0.000	0.000、
个体绩效	Pearson Correlation	0.730（**）	1	0.612（**）	0.644（**）
	Sig.（2-tailed）	0.000	0.000	0.000	0.000
团队绩效	Pearson Correlation	0.798（**）	0.612（**）	1	0.681（**）
	Sig.（2-tailed）	0.000	0.000	0.000	0.000
组织绩效	Pearson Correlation	0.791（**）	0.644（**）	0.681（**）	1
	Sig.（2-tailed）	0.000	0.000	0.000	0.000
	N	32	32	32	32

注：** Correlation is significant at the 0.01 level（2-tailed）.

从表 5-54 可以看出，存量型知识冲突与知识转移个体绩效显著正相关（$r=0.730$，$p<0.01$）、与知识转移团队绩效显著正相关（$r=0.798$，$p<0.01$）、与知识转移组织绩效显著正相关（$r=0.791$，$p<0.01$）。因此存量型知识冲突与知识转移绩效的 Pearson 相关分析结果验证了假设 H2a、H2b、H2c，即：H2a：跨国公司母子公司知识转移中的存量型知识冲突越大，知识转移个体绩效越高；H2b：跨国公司母子公司知识转移中的存量型知识冲突越大，知识转移团队绩效越高；H2c：跨国公司母子公司知识转移中的存量型知识冲突越大，知识转移组织绩效越高。

表 5-55 关系型知识冲突与知识转移绩效的 Pearson 相关系数

		关系型知识冲突	个体绩效	团队绩效	组织绩效
关系型知识冲突	Pearson Correlation	1	-0.728（**）	-0.704（**）	-0.758（**）
	Sig.（2-tailed）	0.000	0.000	0.000	0.000
个体绩效	Pearson Correlation	-0.728（**）	1	0.674（**）	0.651（**）
	Sig.（2-tailed）	0.000	0.000	0.000	0.000

续表

		关系型知识冲突	个体绩效	团队绩效	组织绩效
团队绩效	Pearson Correlation	-0.704 (**)	0.674 (**)	1	0.822 (**)
	Sig. (2-tailed)	0.000	0.000	0.000	0.000
组织绩效	Pearson Correlation	-0.758 (**)	0.651 (**)	0.822 (**)	1
	Sig. (2-tailed)	0.000	0.000	0.000	0.000
	N	32	32	32	32

注：** Correlation is significant at the 0.01 level (2-tailed).

从表 5-55 可以看出，关系型知识冲突与知识转移个体绩效显著负相关（$r=-0.728$，$p<0.01$）、与知识转移团队绩效显著负相关（$r=-0.704$，$p<0.01$）、与知识转移组织绩效显著负相关（$r=-0.758$，$p<0.01$）。因此分析结果验证了假设 H3a、H3b、H3c、H4a、H4b、H4c。因此关系型知识冲突与知识转移绩效的 Pearson 相关分析结果验证了假设 H3a、H3b、H3c，即：H3a：跨国公司母子公司知识转移中的关系型知识冲突越大，知识转移个体绩效越低；H3b：跨国公司母子公司知识转移中的关系型知识冲突越大，知识转移团队绩效越低；H3c：跨国公司母子公司知识转移中的关系型知识冲突越大，知识转移组织绩效越低。

2. 知识冲突与知识转移绩效的回归分析

相关分析揭示了两个变量之间关系的密切程度，但不能揭示两变量之间的因果关系，而回归分析则可以揭示出两个变量之间的因果关系和数量变化规律。基于实验的组间设计，本书作者用一元线性回归模型来分别检验知识转移个体绩效、知识转移团队绩效、知识转移组织绩效与结构型知识冲突、存量型知识冲突、关系型知识冲突的关系，其结果分别如表 5-56、表 5-57 和表5-58所示。

表 5-56　　结构型知识冲突对知识转移绩效的回归结果

因变量	自变量	R^2	F 值	Sig.	DW	B（回归系数）	Beta 标准回归系数	t 值	Sig.
个体绩效	Constant	0.787	111.013	0.000	2.128	0.464		1.611	0.018
	结构型知识冲突					0.883	0.887	10.536	0.000

续表

因变量	自变量	R^2	F 值	Sig.	DW	B（回归系数）	Beta 标准回归系数	t 值	Sig.
团队绩效	Constant	0.652	56.256	0.000	2.079	0.694		1.833	0.077
	结构型知识冲突					0.826	0.808	7.500	0.000
组织绩效	Constant	0.453	24.814	0.000	2.024	1.201		2.609	0.014
	结构型知识冲突					0.667	0.673	4.981	0.000

从表 5－56 中可以看出，结构型知识冲突对知识转移个体绩效的回归模型中，判定系数 $R^2=0.787$，F 值为 111.013，其显著性水平 $p=0.000<0.01$，说明结构型知识冲突对知识转移个体绩效的回归效果显著，回归方程的拟合效度较高。DW 为 2.128，在可接受标准值 2 的附近，可以大致判断在该回归中不存在序列相关问题。同时，回归系数 Beta＝0.883，标准化的回归系数为 0.887，并且回归系数显著性水平的概率 $P=0.000<0.01$，常数项的回归系数为 0.464，回归系数显著性水平的概率 P 值在显著性水平为 0.05 条件下得以通过。上述结果表明结构型知识冲突对知识转移个体绩效的线性作用显著，建立的回归方程是有效的，这一结果也验证了假设 H1a。从回归分析中，可以得到如下回归方程：

$$知识转移个体绩效=0.464+0.883\times 结构型知识冲突 \tag{5-1}$$

标准回归方程为：

$$知识转移个体绩效=0.887\times 结构型知识冲突 \tag{5-2}$$

结构型知识冲突对知识转移团队绩效的回归模型中，判定系数 $R^2=0.652$，F 值为 56.256，其显著性水平 $p=0.000<0.01$，说明结构型知识冲突对知识转移团队绩效的回归效果显著，回归方程的拟合效度较高。DW 为 2.079，接近于标准值 2，可以判断在该回归中不存在序列相关问题。同时，回归系数 Beta＝0.826，标准化的回归系数为 0.808，并且回归系数显著性水平的概率 $P=0.000<0.01$，常数项的回归系数为 0.694，回归系数显著性水平的概率 P 值为 0.77，效果不是很理想，这可能与样本容量数稍小有关，但在放松显著性水平为 0.1 条件下也可以得以通过。因此，上述结果表明结构型知识冲突对知识转移团队绩效的线性作用较为显著，建立的回归方程是基本有效的，这一结果也验证了假设 H1b。从回归分析中，可以得到如下回

归方程：

知识转移团队绩效 = 0.694 + 0.826 × 结构型知识冲突　　(5 - 3)

标准回归方程为：

知识转移团队绩效 = 0.808 × 结构型知识冲突　　(5 - 4)

结构型知识冲突对知识转移组织绩效的回归模型中，判定系数 R^2 = 0.453，F 值为 24.814，其显著性水平 p = 0.000 < 0.01，说明结构型知识冲突对知识转移团队绩效的回归效果显著，回归方程的拟合效度较高。DW 为 2.024，接近于标准值 2，可以判断在该回归中不存在序列相关问题。同时，回归系数 Beta = 0.667，标准化的回归系数为 0.673，并且回归系数显著性水平的概率 P = 0.000 < 0.01，常数项的回归系数为 1.201，回归系数显著性水平的概率 P 值为 0.014，在显著性水平为 0.05 条件下得以通过。因此，上述结果表明结构型知识冲突对知识转移组织绩效的线性作用较为显著，建立的回归方程是基本有效的，这一结果也验证了假设 H1c。从回归分析中，可以得到如下回归方程：

知识转移组织绩效 = 1.201 + 0.667 × 结构型知识冲突　　(5 - 5)

标准回归方程为：

知识转移组织绩效 = 0.673 × 结构型知识冲突　　(5 - 6)

表 5 - 57　　存量型知识冲突对知识转移绩效的回归结果

因变量	自变量	R^2	F 值	Sig.	DW	B（回归系数）	Beta 标准回归系数	t 值	Sig.
个体绩效	Constant	0.533	34.179	0.000	2.045	1.054		2.469	0.019
	存量型知识冲突					0.712	0.730	5.846	0.000
团队绩效	Constant	0.638	52.776	0.000	2.242	0.685		1.753	0.090
	存量型知识冲突					0.810	0.798	7.265	0.000
组织绩效	Constant	0.626	50.164	0.000	2.074	0.774		1.973	0.058
	存量型知识冲突					0.793	0.791	7.083	0.000

从表 5 - 57 中可以看出，存量型知识冲突对知识转移个体绩效的回归模型中，判定系数 R^2 = 0.553，F 值为 34.179，其显著性水平 p = 0.000 < 0.01，说

明存量型知识冲突对知识转移个体绩效的回归效果显著，回归方程的拟合效度较高。DW 为 2.045，接近于标准值 2，可以判断在该回归中不存在序列相关问题。同时，回归系数 Beta = 0.712，标准化的回归系数为 0.730，并且回归系数显著性水平的概率 P = 0.000 < 0.01，常数项的回归系数为 1.054，回归系数显著性水平的概率 P 值在显著性水平为 0.05 条件下得以通过（P = 0.019 < 0.05）。上述结果表明存量型知识冲突对知识转移个体绩效的线性作用显著，建立的回归方程是有效的，这一结果也验证了假设 H2a。从回归分析中，可以得到如下回归方程：

知识转移个体绩效 = 1.054 + 0.712 × 存量型知识冲突　(5-7)

标准回归方程为：

知识转移个体绩效 = 0.730 × 存量型知识冲突　(5-8)

存量型知识冲突对知识转移团队绩效的回归模型中，判定系数 R^2 = 0.638，F 值为 52.776，其显著性水平 p = 0.000 < 0.01，说明存量型知识冲突对知识转移团队绩效的回归效果显著，回归方程的拟合效度较高。DW 为 2.242，在可接受标准值 2 的附近，可以大致判断在该回归中不存在序列相关问题。同时，回归系数 Beta = 0.810，标准化的回归系数为 0.798，并且回归系数显著性水平的概率 P = 0.000 < 0.01，常数项的回归系数为 0.685，回归系数显著性水平的概率 P 值在放松的显著性水平为 0.1 的条件下得以通过（P = 0.090 < 0.1）。上述结果表明存量型知识冲突对知识转移团队绩效的线性作用显著，建立的回归方程是有效的，这一结果也验证了假设 H2b。从回归分析中，可以得到如下回归方程：

知识转移团队绩效 = 0.685 + 0.810 × 存量型知识冲突　(5-9)

标准回归方程为：

知识转移团队体绩效 = 0.798 × 存量型知识冲突　(5-10)

存量型知识冲突对知识转移组织绩效的回归模型中，判定系数 R^2 = 0.626，F 值为 50.164，其显著性水平 p = 0.000 < 0.01，说明存量型知识冲突对知识转移组织绩效的回归效果显著，回归方程的拟合效度较高。DW 为 2.074，在可接受标准值 2 的附近，可以判断在该回归中不存在序列相关问题。同时，回归系数 Beta = 0.793，标准化的回归系数为 0.791，并且回归系数显著性水平的概率 P = 0.000 < 0.01，常数项的回归系数为 0.774，回归系数显著性水平的概率 P 值在放松的显著性水平为 0.1 的条件下得以通过（P = 0.058 < 0.1）。上述结果表明存量型知识冲突对知识转移组织绩效的线性作用显著，建立的回归方程是有效的，这一结果也验证了假设 H2c。从回归分析中，可以得到如下回归方程：

知识转移组织绩效 =0.774 +0.793 ×存量型知识冲突 (5 -11)

标准回归方程为：

知识转移组织绩效 =0.791 ×存量型知识冲突 (5 -12)

表 5 -58 关系型知识冲突对知识转移绩效的回归结果

因变量	自变量	R^2	F 值	Sig.	DW	B（回归系数）	Beta 标准回归系数	t 值	Sig.
个体绩效	Constant	0.530	33.765	0.000	2.150	4.390		9.359	0.000
	关系型知识冲突					-0.828	-0.728	-5.811	0.000
团队绩效	Constant	0.496	29.557	0.000	1.869	5.075		8.379	0.000
	关系型知识冲突					-1.000	-0.704	-5.437	0.000
组织绩效	Constant	0.574	40.455	0.000	2.047	4.898		10.070	0.000
	关系型知识冲突					-0.940	-0.758	-6.360	0.000

从表 5 -58 中可以看出，关系型知识冲突对知识转移个体绩效的回归模型中，判定系数 $R^2=0.530$，F 值为 33.765，其显著性水平 $p=0.000<0.01$，说明关系型知识冲突对知识转移个体绩效的回归效果显著，回归方程的拟合效度较高。DW 为 2.150，在可接受标准值 2 的附近，可以判断在该回归中不存在序列相关问题。同时，回归系数 Beta = -0.828，标准化的回归系数为 -0.728，并且回归系数显著性水平的概率 $P=0.000<0.01$，常数项的回归系数为 4.390，回归系数显著性水平的概率 $P=0.000<0.01$。上述结果表明关系型知识冲突对知识转移个体绩效的线性作用显著，建立的回归方程是有效的，这一结果也验证了假设 H3a。从回归分析中，可以得到如下回归方程：

知识转移个体绩效 =4.390 -0.828 ×关系型知识冲突 (5 -13)

标准回归方程为：

知识转移个体绩效 = -0.728 ×关系型知识冲突 (5 -14)

关系型知识冲突对知识转移团队绩效的回归模型中，判定系数 $R^2=0.496$，F 值为 29.557，其显著性水平 $p=0.000<0.01$，说明关系型知识冲突对知识转移团队绩效的回归效果显著，回归方程的拟合效度较高。DW 为

1.869，在可接受标准值2的附近，可以判断在该回归中不存在序列相关问题。同时，回归系数Beta = -1.000，标准化的回归系数为-0.704，并且回归系数显著性水平的概率P=0.000<0.01，常数项的回归系数为5.075，回归系数显著性水平的概率P=0.000<0.01。上述结果表明关系型知识冲突对知识转移团队绩效的线性作用显著，建立的回归方程是有效的，这一结果也验证了假设H3b。从回归分析中，可以得到如下回归方程：

知识转移团队绩效=5.075-1.000×关系型知识冲突 (5-15)

标准回归方程为：

知识转移团队绩效=-0.704×关系型知识冲突 (5-16)

关系型知识冲突对知识转移组织绩效的回归模型中，判定系数R^2 = 0.574，F值为40.455，其显著性水平p=0.000<0.01，说明关系型知识冲突对知识转移组织绩效的回归效果显著，回归方程的拟合效度较高。DW为2.047，在可接受标准值2的附近，可以判断在该回归中不存在序列相关问题。同时，回归系数Beta = -0.940，标准化的回归系数为-0.758，并且回归系数显著性水平的概率P=0.000<0.01，常数项的回归系数为4.898，回归系数显著性水平的概率P=0.000<0.01。上述结果表明关系型知识冲突对知识转移组织绩效的线性作用显著，建立的回归方程是有效的，这一结果也验证了假设H3c。从回归分析中，可以得到如下回归方程：

知识转移组织绩效=5.075-0.940×关系型知识冲突 (5-17)

标准回归方程为：

知识转移组织绩效=-0.758×关系型知识冲突 (5-18)

3. 知识冲突与知识转移绩效关系假设检验结果总结

上述对知识冲突与知识转移绩效的相关性分析和回归分析结果表明，本书提出的假设H1a、H1b、H1c、H2a、H2b、H2c、H3a、H3b、H3c都得到检验。由此，本研究提出的如下假设都得以验证：H1：跨国公司母子公司知识转移中的结构型知识冲突与知识转移绩效显著正相关；H2：跨国公司母子公司知识转移中的存量型知识冲突与知识转移绩效显著正相关；H3：跨国公司母子公司知识转移中的关系型知识冲突与知识转移绩效显著负相关。基于回归分析的标准化相关系数，本研究基于上述假设的概念模型也得以验证，如图5-1所示。

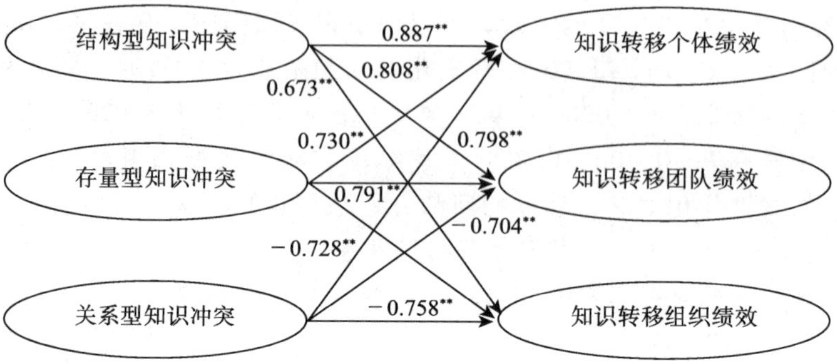

图5-1　跨国公司母子公司知识冲突与知识转移绩效关系概念模型的统计分析结果

二、沟通与知识冲突关系的假设检验

1. 沟通与知识冲突的相关性分析

沟通与知识冲突的关系主要体现为合作性沟通、竞争性沟通和结构型知识冲突、存量型知识冲突、关系型知识冲突之间的关系。基于本书实验第二阶段的分组数据，各个实验组中变量的相关系数矩阵如表5-59所示。

表5-59　　　　沟通与知识冲突的 Pearson 相关系数

		结构型知识冲突	存量型知识冲突	关系型知识冲突
合作性沟通	Pearson Correlation	0.869（**）	0.836（**）	-0.774（**）
	Sig.（2-tailed）	0.000	0.000	0.000
竞争性沟通	Pearson Correlation	-0.782（**）	-0.837（**）	0.811（**）
	Sig.（2-tailed）	0.000	0.000	0.000
	N	16	16	16

注：** Correlation is significant at the 0.01 level（2-tailed）.

从表5-59可以看出，合作性沟通与结构型知识冲突显著正相关（$r=0.869$，$p<0.01$）、与存量型知识冲突显著正相关（$r=0.836$，$p<0.01$）、与关系型知识冲突显著负相关（$r=-0.774$，$p<0.01$）。因此合作性沟通与知识冲突的 Pearson 相关分析结果验证了假设 H4a、H4b、H4c，即：H4a：跨国公司母子公司知识转移中的合作性沟通越强，结构型知识冲突越多；H4b：跨国公司母子公司知识转移中的合作性沟通越强，存量型知识冲突越多；H4c：跨

国公司母子公司知识转移中的合作性沟通越强，关系型知识冲突越少。基于表5-59的结果显示：竞争性沟通与结构型知识冲突显著负相关（r=-0.782，p<0.01）、与存量型知识冲突显著负相关（r=-0.837，p<0.01）、与关系型知识冲突显著正相关（r=0.811，p<0.01）。因此竞争性沟通与知识冲突的Pearson相关分析结果验证了假设H5a、H5b、H5c，即：H5a：跨国公司母子公司知识转移中的竞争性沟通越强，结构型知识冲突越少；H5b：跨国公司母子公司知识转移中的竞争性沟通越强，存量型知识冲突越少；H5c：跨国公司母子公司知识转移中的竞争性沟通越强，关系型知识冲突越多。

2. 沟通与知识冲突的回归分析

基于实验的组间设计，本部分用一元线性回归模型来分别检验结构型知识冲突、存量型知识冲突、关系型知识冲突与合作性沟通、竞争性沟通的关系，其结果分别如表5-60和表5-61所示。

表5-60　合作性沟通对知识冲突的回归结果

因变量	自变量	R^2	F值	Sig.	DW	B（回归系数）	Beta 标准回归系数	t值	Sig.
结构型知识冲突	Constant	0.756	43.302	0.000	1.819	1.686		3.962	0.001
	合作性沟通					0.638	0.869	6.580	0.000
存量型知识冲突	Constant	0.699	32.520	0.000	2.111	1.155		2.014	0.064
	合作性沟通					0.735	0.836	5.703	0.000
关系型知识冲突	Constant	0.599	20.882	0.000	1.919	3.718		6.705	0.000
	合作性沟通					-0.643	-0.774	-4.570	0.000

合作性沟通对存量型知识冲突的回归模型中，判定系数$R^2=0.699$，F值为32.520，其显著性水平p=0.000<0.01，说明合作性沟通对存量型知识冲突的回归效果显著，回归方程的拟合效度较高。DW为2.111，在可接受标准值2的附近，可以大致判断在该回归中不存在序列相关问题。同时，回归系数Beta=0.735，标准化的回归系数为0.836，并且回归系数显著性水平的概率P=0.000<0.01，常数项的回归系数为1.155，回归系数显著性水平的概率P

值在放松显著性水平为0.1条件下得以通过（P=0.064<0.1）。上述结果表明合作性沟通对存量型知识冲突的线性作用显著，建立的回归方程是有效的，这一结果也验证了假设H4b。从回归分析中，可以得到如下回归方程：

存量型知识冲突=1.155+0.735×合作性沟通 (5-19)

标准回归方程为：

存量型知识冲突=0.836×合作性沟通 (5-20)

合作性沟通对关系型知识冲突的回归模型中，判定系数 $R^2=0.599$，F值为20.882，其显著性水平 $p=0.000<0.01$，说明合作性沟通对关系型知识冲突的回归效果显著，回归方程的拟合效度较高。DW为1.919，在可接受标准值2的附近，可以大致判断在该回归中不存在序列相关问题。同时，回归系数Beta=-0.643，标准化的回归系数为-0.774，并且回归系数显著性水平的概率 $P=0.000<0.01$，常数项的回归系数为3.718，回归系数显著性水平的概率 $P=0.000<0.01$。上述结果表明合作性沟通对关系型知识冲突的线性作用显著，建立的回归方程是有效的，这一结果也验证了假设H4c。从回归分析中，可以得到如下回归方程：

关系型知识冲突=3.718-0.643×合作性沟通 (5-21)

标准回归方程为：

关系型知识冲突=-0.774×合作性沟通 (5-22)

表5-61　竞争性沟通对知识冲突的回归结果

因变量	自变量	R^2	F值	Sig.	DW	B（回归系数）	Beta标准回归系数	t值	Sig.
结构型知识冲突	Constant	0.611	21.994	0.000	1.942	4.392		7.593	0.000
	竞争性沟通					-0.765	-0.782	-4.690	0.000
存量型知识冲突	Constant	0.701	32.789	0.000	2.006	4.107		9.731	0.000
	竞争性沟通					-0.705	-0.837	-5.726	0.000
关系型知识冲突	Constant	0.657	26.865	0.000	2.387	0.804		1.633	0.025
	竞争性沟通					0.773	0.811	5.183	0.000

从表5-61中可以看出，竞争性沟通对结构型知识冲突的回归模型中，判

定系数 $R^2=0.611$，F 值为 21.994，其显著性水平 $p=0.000<0.01$，说明竞争性沟通对结构型知识冲突的回归效果显著，回归方程的拟合效度较高。DW 为 1.942，在可接受标准值 2 的附近，可以大致判断在该回归中不存在序列相关问题。同时，回归系数 Beta = -0.765，标准化的回归系数为 -0.782，并且回归系数显著性水平的概率 $P=0.000<0.01$，常数项的回归系数为 4.392，回归系数显著性水平的概率 $P=0.000<0.01$。上述结果表明竞争性沟通对结构型知识冲突的线性作用显著，建立的回归方程是有效的，这一结果也验证了假设 H5a。从回归分析中，可以得到如下回归方程：

结构型知识冲突 = 4.392 - 0.765 × 竞争性沟通　　(5-23)

标准回归方程为：

结构型知识冲突 = -0.782 × 竞争性沟通　　(5-24)

竞争性沟通对存量型知识冲突的回归模型中，判定系数 $R^2=0.701$，F 值为 32.789，其显著性水平 $p=0.000<0.01$，说明竞争性沟通对存量型知识冲突的回归效果显著，回归方程的拟合效度较高。DW 为 2.006，在可以接受的标准值 2 附近，可以大致判断在该回归中不存在序列相关问题。同时，回归系数 Beta = -0.705，标准化的回归系数为 -0.837，并且回归系数显著性水平的概率 $P=0.000<0.01$，常数项的回归系数为 4.107，回归系数在显著性水平的概率 $P=0.000<0.01$。上述结果表明竞争性沟通对存量型知识冲突的线性作用显著，建立的回归方程是有效的，这一结果也验证了假设 H5b。从回归分析中，可以得到如下回归方程：

存量型知识冲突 = 4.107 - 0.705 × 竞争性沟通　　(5-25)

标准回归方程为：

存量型知识冲突 = -0.837 × 竞争性沟通　　(5-26)

竞争性沟通对关系型知识冲突的回归模型中，判定系数 $R^2=0.657$，F 值为 26.865，其显著性水平 $p=0.000<0.01$，说明竞争性沟通对关系型知识冲突的回归效果显著，回归方程的拟合效度较高。DW 为 2.387，在可接受标准值 2 的附近，可以大致判断在该回归中不存在序列相关问题。同时，回归系数 Beta = 0.773，标准化的回归系数为 0.811，并且回归系数显著性水平的概率 $P=0.000<0.01$，常数项的回归系数为 0.804，回归系数显著性水平的概率 P 值在放松的显著性水平为 0.05 的条件下得以通过（$P=0.025<0.05$）。上述结果表明竞争性沟通对关系型知识冲突的线性作用显著，建立的回归方程是有效的，这一结果也验证了假设 H5c。从回归分析中，可以得到如下回归方程：

关系型知识冲突 = 0.804 + 0.773 × 竞争性沟通　　(5-27)

标准回归方程为：

关系型知识冲突 =0.811 × 竞争性沟通 (5 - 28)

3. 沟通与知识冲突关系假设检验结果总结

上述对沟通与知识冲突的相关性分析和回归分析结果表明，本研究提出的假设 H4a、H4b、H4c、H5a、H5b、H5c 都得到检验。由此，本研究提出的关于合作性沟通与结构型知识冲突、存量型知识冲突、关系型知识冲突和竞争性沟通与结构型知识冲突、存量型知识冲突、关系型知识冲突的关系都得到验证。基于沟通与知识冲突回归分析的标准化相关系数，本研究基于上述假设的沟通与知识冲突关系概念模型也得以验证，其统计分析结果如图 5 - 2 所示。

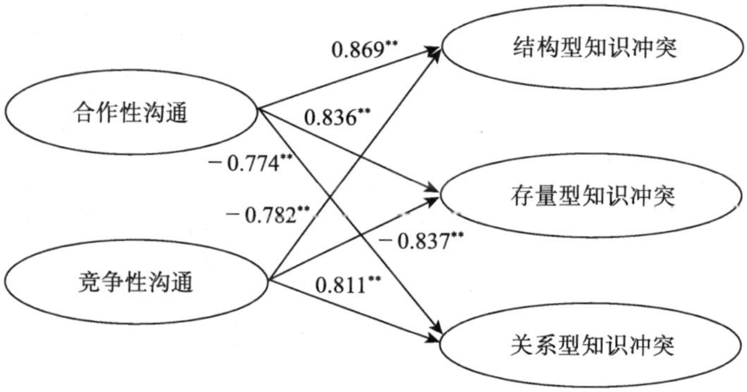

图 5 - 2 跨国公司母子公司沟通与知识冲突关系概念模型的统计分析结果

三、沟通通过知识冲突影响知识转移绩效路径机制的假设检验

沟通通过知识冲突影响知识转移绩效的路径机制主要包括合作性沟通和竞争性沟通通过知识冲突（包括结构型知识冲突、存量型知识冲突和关系型知识冲突）影响知识转移绩效（包括知识转移个体绩效、团队绩效和组织绩效）。本部分利用样本配对 T 检验来检验沟通前后知识冲突程度和知识转移绩效水平的变化程度；在此基础上，按照 Baron 和 Kenny（1986）以及温忠麟等（2004）提出的中介效应检验步骤，利用依次回归分析方法来进一步检验知识冲突对沟通与知识转移绩效的中介效应，从而完成对沟通通过知识冲突影响知识转移绩效的路径机制相关假设的验证。

1. 有无沟通条件下知识冲突程度与知识转移绩效水平的变化程度及其假设检验

基于本研究实验第一阶段和第二阶段的数据，得到各个实验组中沟通前后的知识冲突程度与知识转移绩效水平的变化，它们分别如图 5－3 至图 5－8 和表 5－62 至表 5－67 所示。

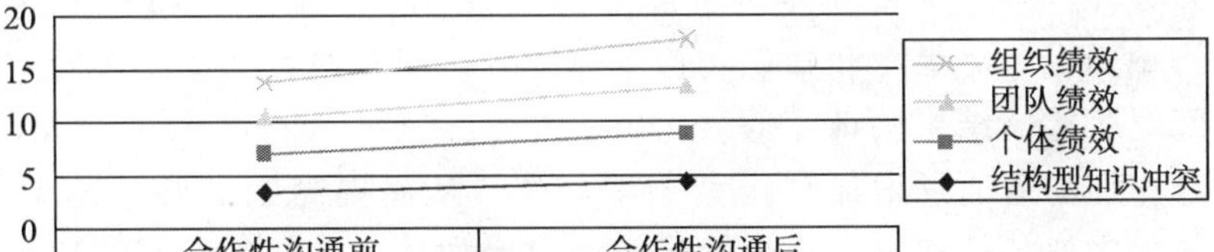

	合作性沟通前	合作性沟通后
组织绩效	3.4438	4.2825
团队绩效	3.4819	4.4019
个体绩效	3.4869	4.4319
结构型知识冲突	3.4163	4.4569

图 5－3　合作性沟通前后结构型知识冲突程度与知识转移绩效水平变化程度

表 5－62　合作性沟通通过结构型知识冲突影响知识转移绩效路径机制的配对 T 检验

		Paired Differences					t	df	Sig.（2－tailed）
		Mean	Std. Deviation	Std. Error Mean	95% Confidence Interval of the Difference				
					Lower	Upper			
Pair 1	结构型知识冲突 1—结构型知识冲突 2	－1.0406	0.53923	0.13481	－1.3280	－0.7533	－7.719	15	0.000
Pair 2	个体绩效 1—个体绩效 2	－0.9450	0.57575	0.14394	－1.2518	－0.6382	－6.565	15	0.000
Pair 3	团队绩效 1—团队绩效 2	－0.9200	0.58990	0.14748	－1.2343	－0.6057	－6.238	15	0.000
Pair 4	组织绩效 1—组织绩效 2	－0.8388	0.54824	0.13706	－1.1309	－0.5466	－6.120	15	0.000

从图 5－3 和表 5－62 中可以看出，与无沟通条件相比，加入合作性沟通之后，结构型知识冲突程度和知识转移个体绩效、团队绩效和组织绩效都有了显著程度的提升，其中：结构型知识冲突程度由 3.4163 上升到 4.4569，上升幅度为 1.0406 并且配对样本 T 检验显著（$M_{\Delta SKC}=1.0406^{**}$，$P<0.01$）；知识转移个体绩效由 3.4869 上升到 4.4319，上升幅度为 0.9450 并且配对样本 T 检验显著（$M_{\Delta IDP}=0.9450^{**}$，$P<0.01$）；知识转移团队绩效由 3.4819 上升

到4.4019，上升幅度为0.9200并且配对样本T检验显著（$M_{\Delta TAP}=0.9200^{**}$，P <0.01）；知识转移组织绩效由3.4438上升到4.2825，上升幅度为0.8388并且配对样本T检验显著（$M_{\Delta OGP}=0.8388^{**}$，P <0.01。由此，沟通前后结构型知识冲突程度和知识转移个体绩效、团队绩效和组织绩效变化程度的样本配对T检验结果验证了假设H6a、H6b、H6c，即：H6a：与无沟通条件相比，合作性沟通通过增加结构型知识冲突，从而提高知识转移的个体绩效；H6b：与无沟通条件相比，合作性沟通通过增加结构型知识冲突，从而提高知识转移的团队绩效；H6c：与无沟通条件相比，合作性沟通通过增加结构型知识冲突，从而提高知识转移的组织绩效。

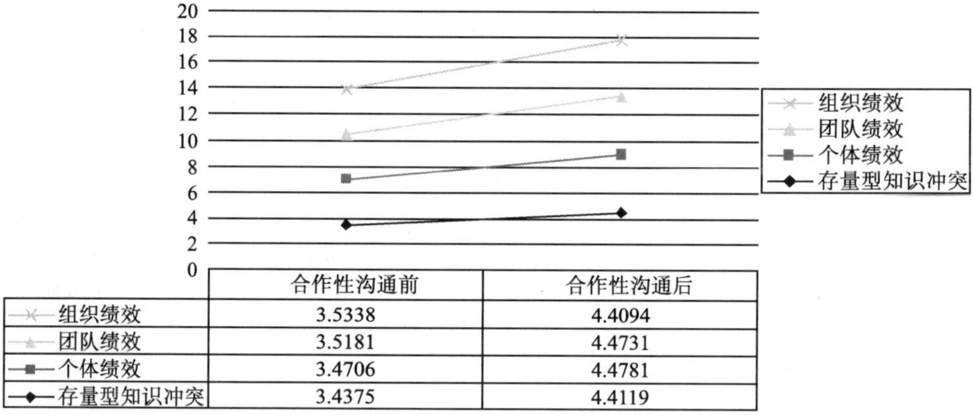

图5-4 合作性沟通前后存量型知识冲突程度与知识转移绩效水平变化程度

表5-63 合作性沟通通过存量型知识冲突影响知识转移绩效路径机制的配对T检验

		Paired Differences					t	df	Sig. (2-tailed)
		Mean	Std. Deviation	Std. Error Mean	95% Confidence Interval of the Difference				
					Lower	Upper			
Pair 1	存量型知识冲突1—存量型知识冲突2	-0.9744	0.39840	0.09960	-1.1867	-0.7621	-9.783	15	0.000
Pair 2	个体绩效1—个体绩效2	-1.0075	0.42129	0.10532	-1.2320	-0.7830	-9.566	15	0.000

续表

		Paired Differences					t	df	Sig. (2 - tailed)
		Mean	Std. Deviation	Std. Error Mean	95% Confidence Interval of the Difference				
					Lower	Upper			
Pair 3	团队绩效 1—团队绩效 2	-0. 9550	0. 37109	0. 09277	-1. 1527	-0. 7573	-10. 294	15	0. 000
Pair 4	组织绩效 1—组织绩效 2	-0. 8756	0. 40342	0. 10085	-1. 0906	-0. 6607	-8. 682	15	0. 000

从图 5 - 4 和表 5 - 63 中可以看出，与无沟通条件相比，加入合作性沟通之后，存量型知识冲突程度和知识转移个体绩效、团队绩效和组织绩效都有了显著程度的提升，其中：存量型知识冲突由合作性沟通前的 3. 4375 上升到合作性沟通之后的 4. 4119，上升幅度为 0. 9744 并且配对样本 T 检验显著（$M_{\Delta SBKC} = 0.9744^{**}$，$P < 0.01$）；知识转移个体绩效由 3. 4706 上升到 4. 4781，上升幅度为 1. 0075 并且配对样本 T 检验显著（$M_{\Delta IDP} = 1.0075^{**}$，$P < 0.01$）；知识转移团队绩效由 3. 5181 上升到 4. 4731，上升幅度为 0. 9550 并且配对样本 T 检验显著（$M_{\Delta TAP} = 0.9550^{**}$，$P < 0.01$）；知识转移组织绩效由 3. 5338 上升到 4. 4094，上升幅度为 0. 8756 并且配对样本 T 检验显著（$M_{\Delta OGP} = 0.8756^{**}$，$P < 0.01$）。由此，沟通前后存量型知识冲突程度和知识转移个体绩效、团队绩效和组织绩效变化程度的样本配对 T 检验结果验证了假设 H7a、H7b、H7c，即：H7a：与无沟通条件相比，合作性沟通通过增加存量型知识冲突，从而提高知识转移的个体绩效；H7b：与无沟通条件相比，合作性沟通通过增加存量型知识冲突，从而提高知识转移的团队绩效；H7c：与无沟通条件相比，合作性沟通通过增加存量型知识冲突，从而提高知识转移的组织绩效。

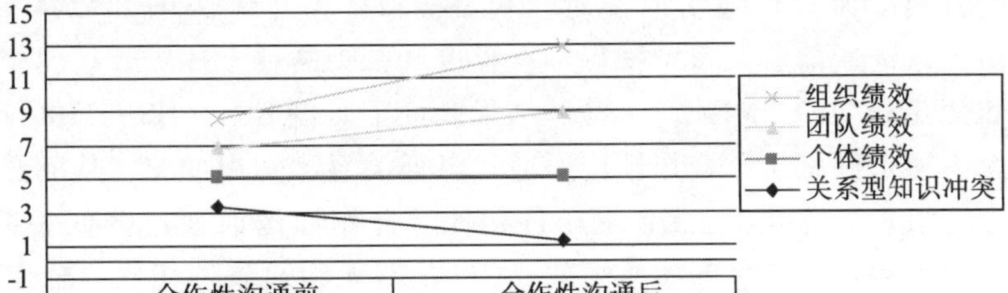

	合作性沟通前	合作性沟通后
组织绩效	1.8125	3.9369
团队绩效	1.75	3.9106
个体绩效	1.6662	3.83
关系型知识冲突	3.3656	1.1963

图 5 - 5　合作性沟通前后关系型知识冲突程度与知识转移绩效水平变化程度

表 5-64　合作性沟通方式通过关系型知识冲突影响知识转移绩效路径机制的配对 T 检验

		Paired Differences					t	df	Sig. (2-tailed)
		Mean	Std. Deviation	Std. Error Mean	95% Confidence Interval of the Difference				
					Lower	Upper			
Pair 1	关系型知识冲突 1—关系型知识冲突 2	2.1694	0.48103	0.12026	1.9131	2.4257	18.039	15	0.000
Pair 2	个体绩效 1—个体绩效 2	-2.1638	0.60253	0.15063	-2.4848	-1.8427	-14.365	15	0.000
Pair 3	团队绩效 1—团队绩效 2	-2.1606	0.76486	0.19121	-2.5682	-1.7531	-11.299	15	0.000
Pair 4	组织绩效 1—组织绩效 2	-2.1244	0.65850	0.16463	-2.4753	-1.7735	-12.904	15	0.000

从图 5-5 和表 5-64 中可以看出，与无沟通条件相比，加入合作性沟通之后，关系型知识冲突的程度有了显著性的下降，由合作性沟通前的 3.3656 下降到后合作性沟通之后的 1.1963，下降幅度为 2.1694 并且配对样本 T 检验显著（$M_{\Delta RKC}=2.1694^{**}$，$P<0.01$）。知识转移个体绩效和团队绩效则有不同程度的提升，其中：知识转移个体绩效由 1.6662 上升到 3.83，上升幅度为 2.1638 并且配对样本 T 检验显著（$M_{\Delta IDP}=2.1638^{**}$，$P<0.01$）；知识转移团队绩效由 1.75 上升到 3.9106，上升幅度为 2.1606 并且配对样本 T 检验显著（$M_{\Delta TAP}=2.1606^{**}$，$P<0.01$）；知识转移组织绩效由 1.8125 上升到 3.9369，上升幅度为 2.1244 并且配对样本 T 检验显著（$M_{\Delta OGP}=2.1244^{**}$，$P<0.01$）。由此，沟通前后关系型知识冲突程度和知识转移个体绩效、团队绩效和组织绩效变化程度的样本配对 T 检验结果验证了假设 H8a、H8b、H8c，即：H8a：与无沟通条件相比，合作性沟通通过降低关系型知识冲突，从而提高知识转移的个体绩效；H8b：与无沟通条件相比，合作性沟通通过降低关系型知识冲突，从而提高知识转移的团队绩效；H8c：与无沟通条件相比，合作性沟通通过降低关系型知识冲突，从而提高知识转移的组织绩效。

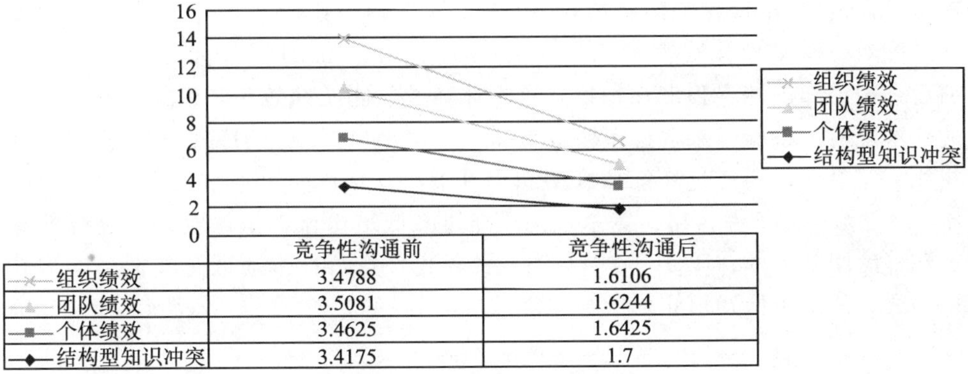

图 5－6　竞争性沟通前后结构型知识冲突程度与知识转移绩效水平变化程度

表 5－65　竞争性沟通通过结构型知识冲突影响知识转移绩效路径机制的配对 T 检验

		Paired Differences					t	df	Sig. (2－tailed)
		Mean	Std. Deviation	Std. Error Mean	95% Confidence Interval of the Difference				
					Lower	Upper			
Pair 1	结构型知识冲突 1—结构型知识冲突 2	1. 7175	0. 65432	0. 16358	1. 3688	2. 0662	10. 499	15	0. 000
Pair 2	个体绩效 1—个体绩效 2	1. 8200	0. 73942	0. 18486	1. 4260	2. 2140	9. 846	15	0. 000
Pair 3	团队绩效 1—团队绩效 2	1. 8838	0. 71906	0. 17977	1. 5006	2. 2669	10. 479	15	0. 000
Pair 4	组织绩效 1—组织绩效 2	1. 8681	0. 72091	0. 18023	1. 4840	2. 2523	10. 365	15	0. 000

从图 5－6 和表 5－65 中可以看出，与无沟通条件相比，加入竞争性沟通之后，结构型知识冲突程度和知识转移个体绩效、团队绩效和组织绩效都有了显著程度的下降，其中：结构型知识冲突程度由 3. 4175 下降到 1. 7，下降幅度为 1. 7175 并且配对样本 T 检验显著（$M_{\Delta SKC} = 1.7175^{**}$，$P < 0.01$）；知识转移个体绩效由 3. 4625 下降到 1. 6425，下降幅度为 1. 8200 并且配对样本 T 检验显著（$M_{\Delta IDP} = 1.8200^{*}$，$P < 0.01$）；知识转移团队绩效由 3. 5081 下降到 1. 6244，下降幅度为 1. 8838 并且配对样本 T 检验显著（$M_{\Delta TAP} = 1.8838^{**}$，

P <0.01）；知识转移组织绩效由 3.4788 下降到 1.6106，下降幅度为 1.8682 并且配对样本 T 检验显著（$M_{\Delta OGP} = 1.8682^{**}$，P <0.01）。由此，竞争性沟通前后结构型知识冲突程度和知识转移个体绩效、团队绩效和组织绩效变化程度的样本配对 T 检验结果验证了假设 H9a、H9b、H9c，即：H9a：与无沟通条件相比，竞争性沟通通过降低结构型知识冲突，从而降低知识转移的个体绩效；H9b：与无沟通条件相比，竞争性沟通通过降低结构型知识冲突，从而降低知识转移的团队绩效；H9c：与无沟通条件相比，竞争性沟通通过降低结构型知识冲突，从而降低知识转移的组织绩效。

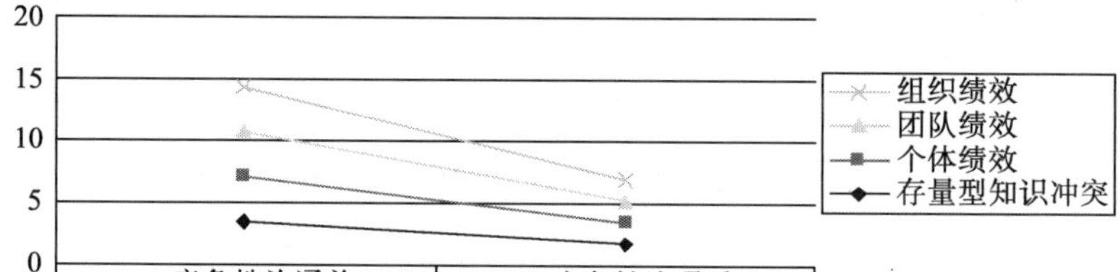

	竞争性沟通前	竞争性沟通后
组织绩效	3.5969	1.715
团队绩效	3.5981	1.6694
个体绩效	3.6031	1.7356
存量型知识冲突	3.5219	1.7081

图 5－7　竞争性沟通前后存量型知识冲突程度与知识转移绩效水平变化程度

表 5－66　竞争性沟通通过存量型知识冲突影响知识转移绩效路径机制的配对 T 检验

		Paired Differences					t	df	Sig.（2－tailed）
		Mean	Std. Deviation	Std. Error Mean	95% Confidence Interval of the Difference				
					Lower	Upper			
Pair 1	存量型知识冲突 1—存量型知识冲突 2	1.8138	0.56944	0.14236	1.5103	2.1172	12.741	15	0.000
Pair 2	个体绩效 1—个体绩效 2	1.8675	0.61032	0.15258	1.5423	2.1927	12.240	15	0.000
Pair 3	团队绩效 1—团队绩效 2	1.9288	0.55776	0.13944	1.6315	2.2260	13.832	15	0.000
Pair 4	组织绩效 1—组织绩效 2	1.8819	0.49540	0.12385	1.6179	2.1459	15.195	15	0.000

从图 5－7 和表 5－66 中可以看出，与无沟通条件相比，加入竞争性沟通之后，存量型知识冲突程度和知识转移个体绩效、团队绩效和组织绩效都有了显著程度的下降，其中：存量型知识冲突程度由 3.5219 下降到 1.7081，下降幅度为 1.8138 并且配对样本 T 检验显著（$M_{\Delta SBKC}=1.8138^{**}$，$P<0.01$）；知识转移个体绩效由 3.6031 下降到 1.7356，下降幅度为 1.8675 并且配对样本 T 检验显著（$M_{\Delta IDP}=1.8675^{*}$，$P<0.01$）；知识转移团队绩效由 3.5981 下降到 1.6694，下降幅度为 1.9288 并且配对样本 T 检验显著（$M_{\Delta TAP}=1.9288^{**}$，$P<0.01$）；知识转移组织绩效由 3.5969 下降到 1.715，下降幅度为 1.8819 并且配对样本 T 检验显著（$M_{\Delta OGP}=1.8819^{**}$，$P<0.01$）。由此，竞争性沟通前后存量型知识冲突程度和知识转移个体绩效、团队绩效和组织绩效变化程度的样本配对 T 检验结果验证了假设 H10a、H10b、H10c，即：H10a：与无沟通条件相比，竞争性沟通通过降低存量型知识冲突，从而降低知识转移的个体绩效；H10b：与无沟通条件相比，竞争性沟通通过降低存量型知识冲突，从而降低知识转移的团队绩效；H10c：与无沟通条件相比，竞争性沟通通过降低存量型知识冲突，从而降低知识转移的组织绩效。

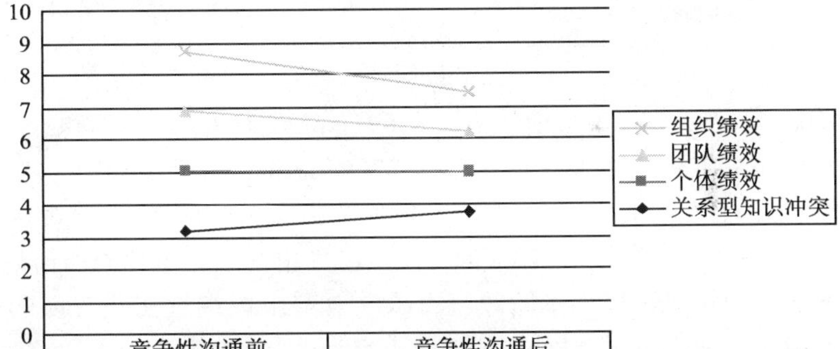

	竞争性沟通前	竞争性沟通后
组织绩效	1.8363	1.2581
团队绩效	1.8569	1.2313
个体绩效	1.8225	1.2131
关系型知识冲突	3.1781	3.7588

图 5－8　竞争性沟通前后关系型知识冲突程度与知识转移绩效水平变化程度

从图 5－8 和表 5－67 中可以看出，与无沟通条件相比，加入竞争性沟通之后，关系型知识冲突的程度有了显著性的上升，由竞争性沟通前的 3.1781 上升到后竞争性沟通之后的 3.7588，上升幅度为 0.5807 并且配对样本 T 检验显著（$M_{\Delta RKC}=0.5807^{**}$，$P=0.001<0.01$）。知识转移个体绩效和团队绩效则有不同程度的下降，其中：知识转移个体绩效由 1.8225 下降到 1.2131，下降幅度为 0.6094 并且配对样本 T 检验显著（$M_{\Delta IDP}=0.6094^{**}$，$P=0.001<$

表 5－67　竞争性沟通方式通过关系型知识冲突影响知识转移绩效路径机制的配对 T 检验

		Paired Differences					t	df	Sig. (2－tailed)
		Mean	Std. Deviation	Std. Error Mean	95% Confidence Interval of the Difference				
					Lower	Upper			
Pair 1	关系型知识冲突 1—关系型知识冲突 2	－0.5806	0.53146	0.13286	－0.8638	－0.2974	－4.370	15	0.001
Pair 2	个体绩效 1—个体绩效 2	0.6094	0.55401	0.13850	0.3142	0.9046	4.400	15	0.001
Pair 3	团队绩效 1—团队绩效 2	0.6256	0.58163	0.14541	0.3157	0.9356	4.303	15	0.001
Pair 4	组织绩效 1—组织绩效 2	0.5781	0.59917	0.14979	0.2589	0.8974	3.860	15	0.002

0.01)；知识转移团队绩效由 1.8569 下降到 1.2313，下降幅度为 0.6256 并且配对样本 T 检验显著（$M_{\Delta TAP}=0.6256^{**}$，P ＝0.001 <0.01)；知识转移组织绩效由 1.8363 下降到 1.2581，下降幅度为 0.5782 并且配对样本 T 检验显著（$M_{\Delta OCP}=0.5782^{**}$，P＝0.002 <0.01)。由此，竞争性沟通前后关系型知识冲突程度和知识转移个体绩效、团队绩效和组织绩效变化程度的样本配对 T 检验结果验证了假设 H11a、H11b、H11c，即：H11a：与无沟通条件相比，竞争性沟通通过增加关系型知识冲突，从而降低知识转移的个体绩效；H11b：与无沟通条件相比，竞争性沟通通过增加关系型知识冲突，从而降低知识转移的团队绩效；H11c：与无沟通条件相比，竞争性沟通通过增加关系型知识冲突，从而降低知识转移的组织绩效。

2. 沟通条件下知识冲突对沟通与知识转移绩效的中介效应检验

在上述对有无沟通条件下知识冲突程度与知识转移绩效水平变化的配对样本非参数检验的基础上，本研究利用实验第二阶段的数据，进一步对知识冲突对沟通与知识转移绩效的中介效应进行检验。其检验的方法主要是依据Baron & Kenny（1986）和温忠麟等（2004）提出的依次回归分析方法来进行，具体包括如下步骤：首先是对变量进行中心化处理，然后展开依次回归分析，即第一步是用自变量对因变量进行回归，得到回归系数 c；第二步是用自变量对中介变量进行回归，得到回归系数 a；第三步是用自变量和中介变量共同对因变量进行回归，得到自变量的回归系数 c′和中介变量的回归系数 b。在上述回归结果中，如果回归系数 c、回归系数 a 和回归系数 b 都同时具有显著性，且回归系数 c′不显著，则表示中介效应显著且存在完全中介效应；如果回归系数 c、回归系数 a 和回归系数 b 都同时具有显著性，而回归系数 c′显著下降，则表示存在部分中介效应；否则表示不存在中介效应。基于上述步骤，本研究对结构型知识冲突、存量型知识冲突、关系型知识冲突对合作性沟通和竞争性沟通与知识转移个体绩效、知识转移团队绩效和知识转移组织绩效的中介效应进行检验。进一步地，为了避免第三步回归中回归系数 c′不显著是由于自变量和中介变量存在多重共线性而造成的，本研究进一步地在上述三步回归的基础上，通过比较自变量、中介变量、因变量之间的简单相关系数和控制中介变量后自变量与因变量的偏相关系数，从而进一步地考察中介变量在自变量与因变量之间的中介效应。

（1）结构型知识冲突对合作性沟通与知识转移绩效中介效应的检验。其结果分别如表 5－68、表 5－69 和表 5－70 所示。

表 5－68 结构型知识冲突对合作性沟通与知识转移个体绩效（IDP）中介效应的检验结果

<table>
<tr><th>步骤</th><th>解释变量</th><th>被解释变量</th><th>R^2</th><th>F 值</th><th>Sig.</th><th>Beta 系数</th><th>t 值</th><th>Sig.</th><th>成立条件</th><th>是否成立</th></tr>
<tr><td rowspan="2">步骤一</td><td>自变量</td><td>因变量</td><td rowspan="2">0.692</td><td rowspan="2">31.407</td><td rowspan="2">0.000</td><td rowspan="2">0.832** （c）</td><td rowspan="2">5.604</td><td rowspan="2">0.000</td><td rowspan="2">Beta 系数 c 显著</td><td rowspan="7">具有完全中介效应</td></tr>
<tr><td>COC</td><td>IDP</td></tr>
<tr><td rowspan="2">步骤二</td><td>自变量</td><td>中介变量</td><td rowspan="2">0.756</td><td rowspan="2">43.302</td><td rowspan="2">0.000</td><td rowspan="2">0.869** （a）</td><td rowspan="2">6.580</td><td rowspan="2">0.000</td><td rowspan="2">Beta 系数 a 显著</td></tr>
<tr><td>COC</td><td>SKC</td></tr>
<tr><td rowspan="3">步骤三</td><td>自变量、中介变量</td><td>因变量</td><td rowspan="3">0.837</td><td rowspan="3">33.422</td><td rowspan="3">0.000</td><td></td><td></td><td></td><td rowspan="3">Beta 系数 b 显著；但 c′ 不显著</td></tr>
<tr><td>COC</td><td rowspan="2">IDP</td><td>0.161 （c′）</td><td>0.710</td><td>0.490</td></tr>
<tr><td>SKC</td><td>0.772** （b）</td><td>3.408</td><td>0.005</td></tr>
</table>

注：COC 表示合作性沟通；IDP 表示知识转移个体绩效；SKC 表示结构型知识冲突；** $p < 0.01$。

表 5－69　　结构型知识冲突对合作性沟通与知识转移团队绩效（TAP）中介效应的检验结果

步骤	解释变量	被解释变量	R^2	F 值	Sig.	Beta 系数	t 值	Sig.	成立条件	是否成立
步骤一	自变量	因变量	0.639	24.824	0.000	0.800 ** （c）	4.982	0.000	Beta 系数 c 显著	具有完全中介效应
	COC	TAP								
步骤二	自变量	中介变量	0.756	43.302	0.000	0.869 ** （a）	6.580	0.000	Beta 系数 a 显著	
	COC	SKC								
步骤三	自变量、中介变量	因变量	0.766	21.259	0.000				Beta 系数 b 显著；但 c′ 不显著	
	COC	TAP				0.174 （c′）	0.642	0.532		
	SKC					0.719 * （b）	3.408	0.020		

注：COC 表示合作性沟通；TAP 表示知识转移团队绩效；SKC 表示结构型知识冲突；** $p<0.01$；* $p<0.05$。

表 5－70　　结构型知识冲突对合作性沟通与知识转移组织绩效（OGPP）中介效应的检验结果

步骤	解释变量	被解释变量	R^2	F 值	Sig.	Beta 系数	t 值	Sig.	成立条件	是否成立
步骤一	自变量	因变量	0.639	24.824	0.000	0.800 ** （c）	4.982	0.000	Beta 系数 c 显著	具有完全中介效应
	COC	OGP								
步骤二	自变量	中介变量	0.756	43.302	0.000	0.869 ** （a）	6.580	0.000	Beta 系数 a 显著	
	COC	SKC								
步骤三	自变量、中介变量	因变量	0.879	47.008	0.000				Beta 系数 b 显著；但 c′ 不显著	
	COC	OGP				0.111 （c′）	0.567	0.581		
	SKC					0.839 ** （b）	4.292	0.001		

注：COC 表示合作性沟通；OGP 表示知识转移组织绩效；SKC 表示结构型知识冲突；** $p<0.01$。

从表 5－68 至表 5－70 中可以看出，在结构型知识冲突对合作性沟通与知识转移绩效（个体绩效、团队绩效和组织绩效）中介效应检验的三步骤回归结果中，第一步合作性沟通对知识转移绩效（个体绩效、团队绩效和组织绩效）回归结果的回归系数 c、第二步合作性沟通对结构型知识冲突回归结果的回归系数 a 和第三步合作性沟通、结构型知识冲突对知识转移绩效回归结果的回归系数 b 都同时具有显著性，并且回归系数 c′不显著。因此其结果表明结构型知识冲突对合作性沟通与知识转移绩效具有完全中介效应。更进一步地，在上述三步回归分析法检验结构型知识冲突对合作性沟通与知识转移绩效中介效应的基础上，对结构型知识冲突、合作性沟通与知识转移绩效之间的简单相关系数和控制结构型知识冲突条件下合作性沟通与知识转移绩效的偏相关系数进行比较，如表 5－71 所示。

表 5－71 结构型知识冲突、合作性沟通与知识转移组织绩效的简单相关与偏相关分析结果

		结构型知识冲突	合作性沟通	个体绩效	团队绩效	组织绩效
合作性沟通	Pearson Correlation	0. 869 (**)	1	0. 832 (**)	0. 835 (**)	0. 767 (**)
	Sig. (2－tailed)	0. 000	0. 000	0. 000	0. 000	0. 001
	N	16	16	16	16	16
Controlling for 结构型知识冲突 合作性沟通		—	1. 0000 (0) P＝0. 000	0. 1933 (13) P＝0. 490	0. 4966 (13) P＝0. 060	0. 4816 (13) P＝0. 069

注：** Correlation is significant at the 0. 01 level (2－tailed). (Coefficient / (D. F.) / 2－tailed Significance)" . " is printed if a coefficient cannot be computed.

从表 5－71 可以看出，结构型知识冲突、合作性沟通与知识转移绩效（个体绩效、团队绩效、组织绩效）之间的简单相关系数都比较高，而在结构型知识冲突作为控制变量的条件下，合作性沟通与知识转移绩效（个体绩效、团队绩效、组织绩效）的偏相关系数都进一步下降，呈现出比较微弱的相关关系。这由此说明，合作性沟通对知识转移绩效的影响，正是通过了结构型知识冲突这个中介来影响知识转移绩效的，也表明了合作性沟通与结构型知识冲突之间的相关性并不是形成结构型知识冲突对合作性沟通与知识转移绩效中介效应的原因。

（2）存量型知识冲突对合作性沟通与知识转移绩效中介效应的检验。其结果分别如表 5－72、表 5－73 和表 5－74 所示。

表 5－72　存量型知识冲突对合作性沟通与知识转移个体绩效（IDP）中介效应的检验结果

步骤	解释变量	被解释变量	R^2	F 值	Sig.	Beta 系数	t 值	Sig.	成立条件	是否成立
步骤一	自变量	因变量	0.465	12.158	0.004	0.682 ** （c）	3.487	0.004	Beta 系数 c 显著	具有完全中介效应
	COC	IDP								
步骤二	自变量	中介变量	0.699	32.520	0.000	0.836 ** （a）	5.703	0.000	Beta 系数 a 显著	
	COC	SBKC								
步骤三	自变量、中介变量	因变量	0.727	17.340	0.000				Beta 系数 b 显著；但 c′ 不显著	
	COC	IDP				−0.099（c′）	−0.376	0.490		
	SBKC					0.934 ** （b）	3.538	0.004		

注：COC 表示合作性沟通；IDP 表示知识转移个体绩效；SBKC 表示存量型知识冲突；** $p<0.01$。

表 5－73　存量型知识冲突对合作性沟通与知识转移团队绩效（TAP）中介效应的检验结果

步骤	解释变量	被解释变量	R^2	F 值	Sig.	Beta 系数	t 值	Sig.	成立条件	是否成立
步骤一	自变量	因变量	0.713	34.856	0.000	0.845 ** （c）	5.904	0.000	Beta 系数 c 显著	具有完全中介效应
	COC	TAP								
步骤二	自变量	中介变量	0.699	32.520	0.000	0.836 ** （a）	5.703	0.000	Beta 系数 a 显著	
	COC	SBKC								
步骤三	自变量、中介变量	因变量	0.851	37.120	0.000				Beta 系数 b 显著；但 c′ 不显著	
	COC	TAP				0.279（c′）	1.432	0.176		
	SBKC					0.676 ** （b）	3.464	0.004		

注：COC 表示合作性沟通；TAP 表示知识转移团队绩效；SBKC 表示存量型知识冲突；** $p<0.01$。

从表 5－72 至表 5－74 中可以看出，在存量型知识冲突对合作性沟通与知识转移绩效（个体绩效、团队绩效和组织绩效）中介效应检验的三步骤回归结果中，第一步合作性沟通对知识转移绩效（个体绩效、团队绩效和组织绩效）回归结果的回归系数 c、第二步合作性沟通对存量型知识冲突回归结果的回归系数 a 和第三步合作性沟通、存量型知识冲突对知识转移绩效（个体绩效、团队绩效和组织绩效）回归结果的回归系数 b 都同时具有显著性，并且第三步合作性沟通、存量型知识冲突对知识转移绩效（个体绩效、团队绩效

表 5－74　　存量型知识冲突对合作性沟通与知识转移组织绩效（OGP）中介效应的检验结果

步骤	解释变量	被解释变量	R^2	F 值	Sig.	Beta 系数	t 值	Sig.	成立条件	是否成立
步骤一	自变量	因变量	0.747	41.427	0.000	0.865** （c）	6.436	0.000	Beta 系数 c 显著	具有完全中介效应
	COC	OGP								
步骤二	自变量	中介变量	0.699	32.520	0.000	0.836** （a）	5.703	0.000	Beta 系数 a 显著	
	COC	SBKC								
步骤三	自变量、中介变量	因变量	0.909	65.230	0.000				Beta 系数 b 显著；但 c′不显著	
	COC	OGP				0.251 （c′）	1.650	0.123		
	SBKC					0.734** （b）	4.820	0.000		

注：COC 表示合作性沟通；OGP 表示知识转移组织绩效；SBKC 表示存量型知识冲突；** p＜0.01。

和组织绩效）回归结果的回归系数 c′不显著。因此其结果表明存量型知识冲突对合作性沟通与知识转移绩效（个体绩效、团队绩效和组织绩效）具有完全中介效应。更进一步地，在上述三步回归分析法的基础上，对存量型知识冲突、合作性沟通与知识转移绩效之间的简单相关系数和控制存量型知识冲突条件下合作性沟通与知识转移绩效的偏相关系数进行比较，如表 5－75 所示。

表 5－75　　存量型知识冲突、合作性沟通与知识转移组织绩效的简单相关与偏相关分析结果

		存量型知识冲突	合作性沟通	个体绩效	团队绩效	组织绩效
合作性沟通	Pearson Correlation	0.836（**）	1	0.682（**）	0.847（**）	0.810（**）
	Sig.（2－tailed）	0.000	0.000	0.004	0.000	0.000
	N	16	16	16	16	16
Controlling for 存量型知识冲突 合作性沟通		—	1.0000 (0) P＝0.000	－0.1036 (13) P＝0.713	0.5358 (13) P＝0.040	0.4263 (13) P＝0.113

注：** Correlation is significant at the 0.01 level（2－tailed）．（Coefficient /（D. F.）/ 2－tailed Significance）"．" is printed if a coefficient cannot be computed.

从表 5－75 可以看出，存量型知识冲突、合作性沟通与知识转移绩效（个体绩效、团队绩效、组织绩效）之间的简单相关系数都比较高，而在存量型知识冲突作为控制变量的条件下，合作性沟通与知识转移绩效（个体绩效、团队绩效、组织绩效）的偏相关系数都进一步下降，呈现出比较微弱的相关关系。这由此说明，合作性沟通对知识转移绩效的影响，正是通过了存量型知识冲突这个中介来影响知识转移绩效的，也表明了合作性沟通与存量型知识冲突之间的相关性并不是形成存量型知识冲突对合作性沟通与知识转移绩效中介效应的原因。

（3）关系型知识冲突对合作性沟通与知识转移绩效中介效应的检验。其结果分别如表 5－76、表 5－77 和表 5－78 所示。

表 5－76　关系型知识冲突对合作性沟通与知识转移个体绩效（IDP）中介效应的检验结果

步骤	解释变量	被解释变量	R^2	F 值	Sig.	Beta 系数	t 值	Sig.	成立条件	是否成立
步骤一	自变量	因变量	0.598	20.837	0.000	0.773**（c）	4.565	0.000	Beta 系数 c 显著	具有完全中介效应
	COC	IDP								
步骤二	自变量	中介变量	0.599	20.882	0.000	－0.774**（a）	－4.570	0.000	Beta 系数 a 显著	
	COC	RKC								
步骤三	自变量、中介变量	因变量	0.822	29.988	0.000				Beta 系数 b 显著；但 c′ 不显著	
	COC	IDP				0.196（c′）	1.059	0.309		
	RKC					－0.747**（b）	－4.041	0.001		

注：COC 表示合作性沟通；IDP 表示知识转移个体绩效；RKC 表示关系型知识冲突；** p＜0.01。

表 5－77　关系型知识冲突对合作性沟通与知识转移团队绩效（TAP）中介效应的检验结果

步骤	解释变量	被解释变量	R^2	F 值	Sig.	Beta 系数	t 值	Sig.	成立条件	是否成立
步骤一	自变量	因变量	0.554	17.378	0.001	0.744**（c）	4.169	0.001	Beta 系数 c 显著	具有完全中介效应
	COC	TAP								
步骤二	自变量	中介变量	0.599	20.882	0.000	－0.774**（a）	－4.570	0.000	Beta 系数 a 显著	
	COC	RKC								
步骤三	自变量、中介变量	因变量	0.828	31.270	0.000				Beta 系数 b 显著；但 c′ 不显著	
	COC	TAP				0.105（c′）	0.577	0.574		
	RKC					－0.826**（b）	－4.550	0.001		

注：COC 表示合作性沟通；TAP 表示知识转移团队绩效；RKC 表示关系型知识冲突；** p＜0.01。

表 5－78　　关系型知识冲突对合作性沟通与知识转移组织绩效（OGP）中介效应的检验结果

步骤	解释变量	被解释变量	R^2	F 值	Sig.	Beta 系数	t 值	Sig.	成立条件	是否成立
步骤一	自变量	因变量	0.545	16.775	0.001	0.738^{**} (c)	4.096	0.001	Beta 系数 c 显著	具有完全中介效应
	COC	OGP								
步骤二	自变量	中介变量	0.599	20.882	0.000	-0.774^{**} (a)	−4.570	0.000	Beta 系数 a 显著	
	COC	RKC								
步骤三	自变量、中介变量	因变量	0.845	35.306	0.000				Beta 系数 b 显著；但 c′不显著	
	COC	OGP				0.070(c′)	0.406	0.692		
	RKC	OGP				-0.864^{**} (b)	−5.004	0.000		

注：COC 表示合作性沟通；OGP 表示知识转移组织绩效；RKC 表示关系型知识冲突；** $p<0.01$。

从表 5－76 至表 5－78 中可以看出，在关系型知识冲突对合作性沟通与知识转移绩效（个体绩效、团队绩效和组织绩效）中介效应检验的三步骤回归结果中，第一步合作性沟通对知识转移绩效（个体绩效、团队绩效和组织绩效）回归结果的回归系数 c、第二步合作性沟通对关系型知识冲突回归结果的回归系数 a 和第三步合作性沟通、关系型知识冲突对知识转移绩效（个体绩效、团队绩效和组织绩效）回归结果的回归系数 b 都同时具有显著性，并且第三步合作性沟通、关系型知识冲突对知识转移绩效（个体绩效、团队绩效和组织绩效）回归结果的回归系数 c′不显著。因此其结果表明关系型知识冲突对合作性沟通与知识转移绩效（个体绩效、团队绩效和组织绩效）具有完全中介效应。更进一步地，在上述三步回归分析法检验关系型知识冲突对合作性沟通与知识转移绩效中介效应的基础上，对关系型知识冲突、合作性沟通与知识转移绩效之间的简单相关系数和控制关系型知识冲突条件下合作性沟通与知识转移绩效的偏相关系数进行比较，如表 5－79 所示。

表 5－79　　关系型知识冲突、合作性沟通与知识转移组织绩效的简单相关与偏相关分析结果

		关系型知识冲突	合作性沟通	个体绩效	团队绩效	组织绩效
合作性沟通	Pearson Correlation	−0.774(**)	1	0.733(**)	0.734(**)	0.806(**)
	Sig. (2－tailed)	0.000	0.000	0.001	0.001	0.000
	N	16	16	16	16	16

续表

		关系型知识冲突	合作性沟通	个体绩效	团队绩效	组织绩效
Controlling for 关系型知识冲突 合作性沟通		—	1.0000 (0) P=0.000	0.5347 (13) P=0.040	0.4790 (13) P=0.0710	0.4795 (13) P=0.071

注：** Correlation is significant at the 0.01 level (2-tailed). (Coefficient / (D.F.) / 2-tailed Significance) "." is printed if a coefficient cannot be computed.

从表5-79可以看出，关系型知识冲突、合作性沟通与知识转移绩效（个体绩效、团队绩效、组织绩效）之间的简单相关系数都比较高，而在关系型知识冲突作为控制变量的条件下，合作性沟通与知识转移绩效（个体绩效、团队绩效、组织绩效）的偏相关系数都进一步下降，呈现出比较微弱的相关关系。这由此说明，合作性沟通对知识转移绩效的影响，正是通过了关系型知识冲突这个中介来影响知识转移绩效的，也表明了合作性沟通与关系型知识冲突之间的相关性并不是形成关系型知识冲突对合作性沟通与知识转移绩效中介效应的原因。

（4）结构型知识冲突对竞争性沟通与知识转移绩效中介效应的检验。其结果分别如表5-80、表5-81和表5-82所示。

表5-80　结构型知识冲突对竞争性沟通与知识转移个体绩效（IDP）中介效应的检验结果

步骤	解释变量	被解释变量	R^2	F值	Sig.	Beta系数	t值	Sig.	成立条件	是否成立
步骤一	自变量	因变量	0.767	46.074	0.000	-0.876** (c)	-6.788	0.000	Beta系数c显著	具有部分中介效应
	CPC	IDP								
步骤二	自变量	中介变量	0.611	21.994	0.000	-0.782** (a)	-4.690	0.000	Beta系数a显著	
	CPC	SKC								
步骤三	自变量、中介变量	因变量	0.947	117.192	0.000				Beta系数b显著；且c′显著性下降	
	CPC	IDP				-0.343** (c′)	-3.367	0.005		
	SKC					0.681** (b)	6.682	0.000		

注：CPC表示竞争性沟通；IDP表示知识转移个体绩效；SKC表示结构型知识冲突；** $p<0.01$。

表 5－81 结构型知识冲突对竞争性沟通与知识转移团队绩效（TAP）中介效应的检验结果

步骤	解释变量	被解释变量	R^2	F 值	Sig.	Beta 系数	t 值	Sig.	成立条件	是否成立
步骤一	自变量	因变量	0.779	49.479	0.000	-0.883^{**} (c)	-7.034	0.000	Beta 系数 c 显著	具有部分中介效应
	CPC	TAP								
步骤二	自变量	中介变量	0.611	21.994	0.000	-0.782^{**} (a)	-4.690	0.000	Beta 系数 a 显著	
	CPC	SKC								
步骤三	自变量、中介变量	因变量	0.905	62.056	0.000				Beta 系数 b 显著；且 c′显著性下降	
	CPC	TAP				-0.438^{**} (c′)	-3.202	0.007		
	SKC					0.569^{**} (b)	4.152	0.001		

注：CPC 表示竞争性沟通；TAP 表示知识转移团队绩效；SKC 表示结构型知识冲突；** $p<0.01$。

表 5－82 结构型知识冲突对竞争性沟通与知识转移组织绩效（OGP）中介效应的检验结果

步骤	解释变量	被解释变量	R^2	F 值	Sig.	Beta 系数	t 值	Sig.	成立条件	是否成立
步骤一	自变量	因变量	0.421	10.161	0.007	-0.648^{**} (c)	-3.188	0.007	Beta 系数 c 显著	具有完全中介效应
	CPC	OGP								
步骤二	自变量	中介变量	0.611	21.994	0.000	-0.782^{**} (a)	-4.690	0.000	Beta 系数 a 显著	
	CPC	SKC								
步骤三	自变量、中介变量	因变量	0.765	21.122	0.000				Beta 系数 b 显著；但 c′不显著	
	CPC	OGP				0.087 (c′)	0.402	0.694		
	SKC					0.941^{**} (b)	4.360	0.001		

注：CPC 表示竞争性沟通；OGP 表示知识转移组织绩效；SKC 表示结构型知识冲突；** $p<0.01$。

从表 5－80 至表 5－82 中可以看出，在结构型知识冲突对竞争性沟通与知识转移绩效（个体绩效、团队绩效和组织绩效）的中介效应检验的三步骤回归结果中，第一步竞争性沟通对知识转移绩效（个体绩效、团队绩效和组织绩效）回归结果的回归系数 c、第二步竞争性沟通对结构型知识冲突回归结果的回归系数 a 和第三步竞争性沟通、结构型知识冲突对知识转移绩效（个体绩效、团队绩效和组织绩效）回归结果的回归系数 b 都同时具有显著性；而在第三步竞争性沟通、结构型知识冲突对知识转移个体绩效和知识转移团队绩效回归结果中，其回归系数 c′具有显著性，但从中我们可以发现自变量结构型知识冲突对因变量知识转移个体绩效和因变量知识转移团队绩效的影响呈现显著性下降。因此其依次回归检验的结果表明，结构型知识冲突对竞争性沟通与知识转移绩效（个体绩效、团队绩效）具有部分中介效应。同时，在第三步竞争性沟通、结构型知识冲突对知识转移组织绩效回归结果中，其回归系数 c′不显著。因此，依次回归检验结果表明结构型知识冲突对竞争性沟通与知识转移组织绩效具有完全中介效应。更进一步地，在上述三步骤回归分析法检验结构型知识冲突对竞争性沟通与知识转移绩效中介效应的基础上，对结构型知识冲突、竞争性沟通与知识转移绩效之间的简单相关系数和控制结构型知识冲突条件下竞争性沟通与知识转移绩效的偏相关系数进行比较，如表 5－83 所示。

表 5－83　结构型知识冲突、竞争性沟通与知识转移组织绩效的简单相关与偏相关分析结果

		结构型知识冲突	竞争性沟通	个体绩效	团队绩效	组织绩效
竞争性沟通	Pearson Correlation	－0.782（**）	1	－0.768（**）	－0.682（**）	－0.648（**）
	Sig.（2－tailed）	0.000	0.000	0.001	0.004	0.007
	N	16	16	16	16	16
Controlling for 结构型知识冲突 竞争性沟通		—	1.0000 （0） P＝0.000	－0.5768 （13） P＝0.024	－0.3584 （13） P＝0.190	0.1109 （13） P＝0.694

注：** Correlation is significant at the 0.01 level（2－tailed）.（Coefficient /（D.F.）/ 2－tailed Significance）"." is printed if a coefficient cannot be computed.

从表 5－83 可以看出，结构型知识冲突、竞争性沟通与知识转移绩效（个体绩效、团队绩效、组织绩效）之间的简单相关系数都比较高，而在结构型知识冲突作为控制变量的条件下，竞争性沟通与知识转移绩效（个体绩效、团队绩效、组织绩效）的偏相关系数呈现出比较微弱的相关关系。这由此说明，竞争性沟通对知识转移绩效的影响，正是通过了结构型知识冲突这个中介来影响知识转移绩效的，也表明了竞争性沟通与结构型知识冲突之间的相关性并不是形成结构型知识冲突对竞争性沟通与知识转移绩效中介效应的原因。

（5）存量型知识冲突对竞争性沟通与知识转移绩效中介效应的检验。其结果分别如表 5－84、表 5－85 和表 5－86 所示。

表 5-84　存量型知识冲突对竞争性沟通与知识转移个体绩效（IDP）中介效应的检验结果

步骤	解释变量	被解释变量	R^2	F 值	Sig.	Beta 系数	t 值	Sig.	成立条件	是否成立
步骤一	自变量	因变量	0.756	43.371	0.000	-0.869** (c)	-6.586	0.000	Beta 系数 c 显著	具有完全中介效应
	CPC	IDP								
步骤二	自变量	中介变量	0.701	32.789	0.000	-0.837** (a)	-5.726	0.000	Beta 系数 a 显著	
	CPC	SBKC								
步骤三	自变量、中介变量	因变量	0.918	72.636	0.000				Beta 系数 b 显著；但 c′ 不显著	
	CPC	IDP				-0.254(c′)	-1.764	0.104		
	SBKC					0.736** (b)	5.062	0.000		

注：CPC 表示竞争性沟通；IDP 表示知识转移个体绩效；SBKC 表示存量型知识冲突；** $p<0.01$。

表 5-85　存量型知识冲突对竞争性沟通与知识转移团队绩效（TAP）中介效应的检验结果

步骤	解释变量	被解释变量	R^2	F 值	Sig.	Beta 系数	t 值	Sig.	成立条件	是否成立
步骤一	自变量	因变量	0.702	32.958	0.000	-0.838** (c)	-5.741	0.000	Beta 系数 c 显著	具有完全中介效应
	CPC	TAP								
步骤二	自变量	中介变量	0.701	32.789	0.000	-0.837** (a)	-5.726	0.000	Beta 系数 a 显著	
	CPC	SBKC								
步骤三	自变量、中介变量	因变量	0.890	52.793	0.000				Beta 系数 b 显著；但 c′ 不显著	
	CPC	TAP				-0.173(c′)	-1.032	0.321		
	SBKC					0.794** (b)	4.728	0.000		

注：CPC 表示竞争性沟通；TAP 表示知识转移团队绩效；SBKC 表示存量型知识冲突；** $p<0.01$。

从表 5-84 至表 5-86 中可以看出，在存量型知识冲突对竞争性沟通与知识转移绩效（个体绩效、团队绩效和组织绩效）中介效应检验的三步骤回归结果中，第一步竞争性沟通对知识转移绩效（个体绩效、团队绩效和组织绩效）回归结果的回归系数 c、第二步竞争性沟通对存量型知识冲突回归结果的回归系数 a 和第三步竞争性沟通、存量型知识冲突对知识转移绩效（个体绩效、团队绩效和组织绩效）回归结果的回归系数 b 都同时具有显著性，并且第三步竞争性沟通、存量型知识冲突对知识转移绩效（个体绩效、团队绩效和组织绩效）回归结果的回归系数 c′都不显著。因此其结果表明存量型知识冲突对竞争性沟通与知识转移绩效（个体绩效、团队绩效和组织绩效）具有完全中介效应。更进一步地，在上述三步回归分析法检验存量型知识冲突对竞争性沟通与知识转移绩效中介效应的基础上，对存量型知识冲突、竞争性沟通与知识转移绩效之间的简单相关系数和控制存量型知识冲突条件下竞争性沟通与知识转移绩效的偏相关系数进行比较，如表 5 – 87 所示。

表 5 – 86　存量型知识冲突对竞争性沟通与知识转移组织绩效（OGP）中介效应的检验结果

步骤	解释变量	被解释变量	R^2	F 值	Sig.	Beta 系数	t 值	Sig.	成立条件	是否成立
步骤一	自变量	因变量	0.651	26.167	0.000	–0.807** (c)	–5.115	0.000	Beta 系数 c 显著	具有完全中介效应
	CPC	OGP								
步骤二	自变量	中介变量	0.701	32.789	0.000	–0.837** (a)	–5.726	0.000	Beta 系数 a 显著	
	CPC	SBKC								
步骤三	自变量、中介变量	因变量	0.946	114.506	0.000				Beta 系数 b 显著；但 c′不显著	
	CPC	OGP				0.024(c′)	0.203	0.842		
	SBKC					0.993** (b)	8.447	0.000		

注：CPC 表示竞争性沟通；OGP 表示知识转移组织绩效；SBKC 表示存量型知识冲突；** $p<0.01$。

表 5 – 87　存量型知识冲突、竞争性沟通与知识转移组织绩效的简单相关与偏相关分析结果

		存量型知识冲突	竞争性沟通	个体绩效	团队绩效	组织绩效
竞争性沟通	Pearson Correlation	–0.837(**)	–0.871(**)	–0.855(**)	–0.802(**)	–0.871(**)
	Sig. (2 – tailed)	0.000	0.000	0.000	0.000	0.000
	N	16	16	16	16	16
Controlling for 存量型知识冲突 竞争性沟通		—	1.0000 (0) P = 0.000	–0.4514 (13) P = 0.091	–0.4167 (13) P = 0.122	–0.2025 (13) P = 0.469

注：** Correlation is significant at the 0.01 level (2 – tailed). (Coefficient / (D.F.) / 2 – tailed Significance) “.” is printed if a coefficient cannot be computed.

从表 5 - 87 可以看出，存量型知识冲突、竞争性沟通与知识转移绩效（个体绩效、团队绩效、组织绩效）之间的简单相关系数都比较高，而在存量型知识冲突作为控制变量的条件下，竞争性沟通与知识转移绩效（个体绩效、团队绩效、组织绩效）的偏相关系数都进一步下降，呈现出比较微弱的相关关系。这由此说明，竞争性沟通对知识转移绩效的影响，正是通过了存量型知识冲突这个中介来影响知识转移绩效的，也表明了竞争性沟通与存量型知识冲突之间的相关性并不是形成存量型知识冲突对竞争性沟通与知识转移绩效中介效应的原因。

（6）关系型知识冲突对竞争性沟通与知识转移绩效中介效应的检验。其结果分别如表 5 - 88、表 5 - 89 和表 5 - 90 所示。

表 5 - 88　关系型知识冲突对竞争性沟通与知识转移个体绩效（IDP）中介效应的检验结果

步骤	解释变量	被解释变量	R^2	F 值	Sig.	Beta 系数	t 值	Sig.	成立条件	是否成立
步骤一	自变量	因变量	0.718	35.574	0.000	-0.847 ** (c)	-5.964	0.000	Beta 系数 c 显著	具有完全中介效应
	CPC	IDP								
步骤二	自变量	中介变量	0.657	26.865	0.000	0.811 ** (a)	5.183	0.000	Beta 系数 a 显著	
	CPC	RKC								
步骤三	自变量、中介变量	因变量	0.933	90.618	0.000				Beta 系数 b 显著；但 c′ 不显著	
	CPC	IDP				-0.204 (c′)	-1.665	0.120		
	RKC					-0.793 ** (b)	-6.469	0.000		

注：CPC 表示竞争性沟通；IDP 表示知识转移个体绩效；RKC 表示关系型知识冲突；** $p<0.01$。

从表 5 - 88 至表 5 - 90 中可以看出，在关系型知识冲突对竞争性沟通与知识转移绩效（个体绩效、团队绩效和组织绩效）中介效应检验的三步骤回归结果中，第一步竞争性沟通对知识转移绩效（个体绩效、团队绩效和组织绩效）回归结果的回归系数 c、第二步竞争性沟通对关系型知识冲突回归结果的回归系数 a 和第三步竞争性沟通、关系型知识冲突对知识转移绩效（个体绩效、团队绩效和组织绩效）回归结果的回归系数 b 都同时具有显著性，但同时其回归系数 c′都不显著。因此其结果表明关系型知识冲突对竞争性沟通与知识转移绩效（个体绩效、团队绩效和组织绩效）具有完全中介效应。在上述三步回归分析的基础上，对关系型知识冲突、竞争性沟通与知识转移绩效之间的简单相关系数和控制关系型知识冲突条件下竞争性沟通与知

表 5-89 关系型知识冲突对竞争性沟通与知识转移团队绩效（TAP）中介效应的检验结果

步骤	解释变量	被解释变量	R^2	F 值	Sig.	Beta 系数	t 值	Sig.	成立条件	是否成立
步骤一	自变量	因变量	0.730	37.882	0.000	-0.854 ** (c)	-6.155	0.000	Beta 系数 c 显著	具有完全中介效应
	CPC	TAP								
步骤二	自变量	中介变量	0.657	26.865	0.000	0.811 ** (a)	5.183	0.000	Beta 系数 a 显著	
	CPC	RKC								
步骤三	自变量、中介变量	因变量	0.931	88.032	0.000				Beta 系数 b 显著；但 c′ 不显著	
	CPC	TAP				-0.233 (c′)	-1.878	0.083		
	RKC					-0.766 ** (b)	-6.166	0.000		

注：CPC 表示竞争性沟通；TAP 表示知识转移团队绩效；RKC 表示关系型知识冲突；** p < 0.01。

表 5-90 关系型知识冲突对竞争性沟通与知识转移组织绩效（OGP）中介效应的检验结果

步骤	解释变量	被解释变量	R^2	F 值	Sig.	Beta 系数	t 值	Sig.	成立条件	是否成立
步骤一	自变量	因变量	0.645	25.419	0.000	-0.803 ** (c)	-5.402	0.000	Beta 系数 c 显著	具有完全中介效应
	CPC	OGP								
步骤二	自变量	中介变量	0.657	26.865	0.000	0.811 ** (a)	5.183	0.000	Beta 系数 a 显著	
	CPC	RKC								
步骤三	自变量、中介变量	因变量	0.914	69.333	0.000				Beta 系数 b 显著；但 c′ 不显著	
	CPC	OGP				-0.084 (c′)	-0.605	0.555		
	RKC					-0.887 ** (b)	-6.393	0.000		

注：CPC 表示竞争性沟通；OGP 表示知识转移组织绩效；RKC 表示关系型知识冲突；** p < 0.01。

识转移绩效的偏相关系数进行比较，如表 5-91 所示。

从表 5-91 可以看出，关系型知识冲突、竞争性沟通与知识转移绩效（个体绩效、团队绩效、组织绩效）之间的简单相关系数都比较高，而在关系型知识冲突作为控制变量的条件下，竞争性沟通与知识转移绩效（个体绩效、团队绩效、组织绩效）的偏相关系数都进一步下降，呈现出比较微弱的相关关系。这由此说明，竞争性沟通对知识转移绩效的影响，正是通过了关系型知

表 5-91 关系型知识冲突、竞争性沟通与知识转移组织绩效的简单相关与偏相关分析结果

		关系型知识冲突	竞争性沟通	个体绩效	团队绩效	组织绩效
竞争性沟通	Pearson Correlation	0.811(**)	1	-0.847(**)	-0.854(**)	-0.803(**)
	Sig. (2-tailed)	0.000	0.000	0.000	0.000	0.000
	N	16	16	16	16	16
Controlling for 关系型知识冲突 竞争性沟通		—	1.0000 (0) P=0.000	-0.4192 (13) P=0.120	-0.4619 (13) P=0.083	-0.1655 (13) P=0.555

注：** Correlation is significant at the 0.01 level (2-tailed). (Coefficient / (D.F.) / 2-tailed Significance) "." is printed if a coefficient cannot be computed.

识冲突这个中介来影响知识转移绩效的，也表明了竞争性沟通与关系型知识冲突之间的相关性并不是形成关系型知识冲突对竞争性沟通与知识转移绩效中介效应的原因。

3. 沟通通过知识冲突影响知识转移绩效路径机制的假设检验结果总结

上述合作性沟通和竞争性沟通前后知识冲突程度和知识转移个体绩效、团队绩效和组织绩效变化程度的样本配对 T 检验结果表明，本研究提出的假设 H6a、H6b、H6c、H7a、H7b、H7c、H8a、H8b、H8c、H9a、H9b、H9c、H10a、H10b、H10c、H11a、H11b、H11c 都得到了验证。由此，本研究提出的如下假设得以验证，即：H6：与无沟通条件相比，合作性沟通通过增加结构型知识冲突，从而提高知识转移的绩效水平；H7：与无沟通条件相比，合作性沟通通过增加存量型知识冲突，从而提高知识转移的绩效水平；H8：与无沟通条件相比，合作性沟通通过降低关系型知识冲突，从而提高知识转移的绩效水平；H9：与无沟通条件相比，竞争性沟通通过降低结构型知识冲突，从而降低知识转移的绩效水平；H10：与无沟通条件相比，竞争性沟通通过降低存量型知识冲突，从而降低知识转移的绩效水平；H11：与无沟通条件相比，竞争性沟通通过增加关系型知识冲突，从而降低知识转移的绩效水平。

更进一步地，本研究利用依次回归分析方法对知识冲突在沟通与知识转移绩效间的中介效应，进行了检验，其检验结果表明，知识冲突对沟通与知识转移绩效具有显著的中介效应，由此更进一步地验证上述假设 H6、H7、H8、H9、H10、H11 的中介效应是成立的。基于依次回归的标准化系数，本研究基

于上述假设的知识冲突对沟通与知识转移绩效的中介效应概念模型也得以验证，如图 5－9 所示。

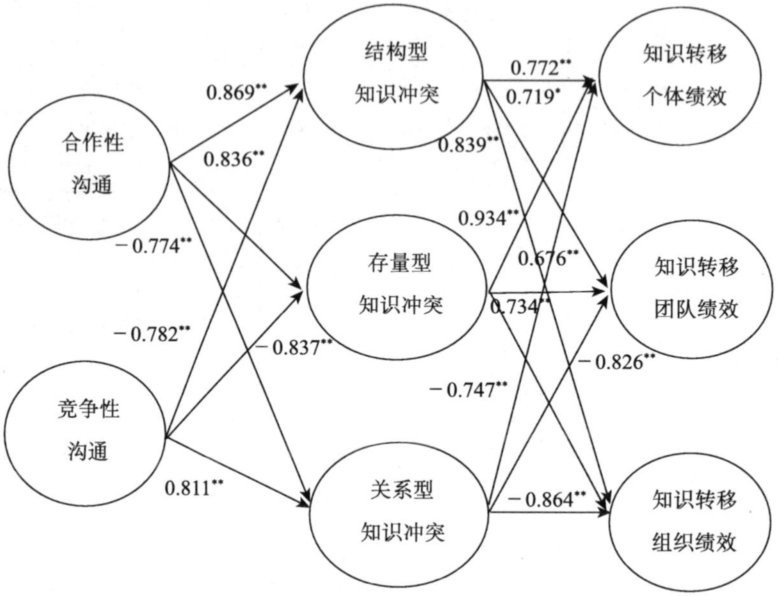

图 5－9　跨国公司母子公司知识冲突对沟通与知识转移绩效的中介效应概念模型检验结果

四、知识转移绩效各维度相互关系的假设检验

1. 知识转移绩效各维度的相关性分析

知识转移绩效各维度的关系主要体现为知识转移个体绩效、知识转移团队绩效、知识转移组织绩效相互之间的关系。基于本研究实验第一阶段的分组数据，各个实验组中变量的相关系数矩阵分别如表 5－92、表 5－93 和表 5－94 所示。

表 5－92　结构型知识冲突实验组中知识转移绩效各维度的 Pearson 相关系数

		个体绩效	团队绩效	组织绩效
个体绩效	Pearson Correlation	1	0.873（**）	0.726（**）
	Sig.（2－tailed）	0.000	0.000	0.000

续表

		个体绩效	团队绩效	组织绩效
团队绩效	Pearson Correlation	0.873 (**)	1	0.880 (**)
	Sig. (2 - tailed)	0.000	0.000	0.000
组织绩效	Pearson Correlation	0.726 (**)	0.880 (**)	1
	Sig. (2 - tailed)	0.000	0.000	0.000
	N	32	32	32

注：** Correlation is significant at the 0.01 level (2 - tailed).

从表5-92可以看出，在结构型知识冲突实验组中，知识转移个体绩效与知识转移团队绩效显著正相关（$r=0.873$，$p<0.01$）；知识转移团队绩效与知识转移组织绩效显著正相关（$r=0.880$，$p<0.01$）；知识转移个体绩效与知识转移组织绩效显著正相关（$r=0.726$，$p<0.01$）。因此结构型知识冲突实验组中知识转移绩效各维度的Pearson相关系数分析结果验证了假设H12、H13、H14，即：H12：跨国公司母子公司知识转移个体绩效与团队绩效正相关；H13：跨国公司母子公司知识转移团队绩效与组织绩效正相关；H14：跨国公司母子公司知识转移个体绩效与组织绩效正相关。

表5-93 存量型知识冲突实验组中知识转移绩效各维度的Pearson相关系数

		个体绩效	团队绩效	组织绩效
个体绩效	Pearson Correlation	1	0.612 (**)	0.644 (**)
	Sig. (2 - tailed)	0.000	0.000	0.000
团队绩效	Pearson Correlation	0.612 (**)	1	0.681 (**)
	Sig. (2 - tailed)	0.000	0.000	0.000
组织绩效	Pearson Correlation	0.644 (**)	0.681 (**)	1
	Sig. (2 - tailed)	0.000	0.000	0.000
	N	32	32	32

注：** Correlation is significant at the 0.01 level (2 - tailed).

从表5-93可以看出，在存量型知识冲突实验组中，知识转移个体绩效与知识转移团队绩效显著正相关（$r=0.612$，$p<0.01$）；知识转移团队绩效与知识转移组织绩效显著正相关（$r=0.681$，$p<0.01$）；知识转移个体绩效与知识转移组织绩效显著正相关（$r=0.644$，$p<0.01$）。因此存量型知识冲突实验组中知识转移绩效各维度的Pearson相关系数分析结果也验证了假设H12、

H13、H14。

表 5－94 关系型知识冲突实验组中知识转移绩效各维度的 Pearson 相关系数

		个体绩效	团队绩效	组织绩效
个体绩效	Pearson Correlation	1	0.674（**）	0.651（**）
	Sig.（2－tailed）	0.000	0.000	0.000
团队绩效	Pearson Correlation	0.674（**）	1	0.822（**）
	Sig.（2－tailed）	0.000	0.000	0.000
组织绩效	Pearson Correlation	0.651（**）	0.822（**）	1
	Sig.（2－tailed）	0.000	0.000	0.000
N		32	32	32

注：** Correlation is significant at the 0.01 level（2－tailed）.

从表 5－94 可以看出，在关系型知识冲突实验组中，知识转移个体绩效与知识转移团队绩效显著正相关（$r=0.674$，$p<0.01$）；知识转移团队绩效与知识转移组织绩效显著正相关（$r=0.822$，$p<0.01$）；知识转移个体绩效与知识转移组织绩效显著正相关（$r=0.651$，$p<0.01$）。因此关系型知识冲突实验组中知识转移绩效各维度的 Pearson 相关系数分析结果也验证了假设 H12、H13、H14。

2. 知识转移绩效各维度的回归分析

基于实验的组间设计，本部分利用实验第一阶段的样本数据，用一元线性回归模型来检验各个实验组中知识转移个体绩效与团队绩效的关系，用二元线性回归模型来检，其结果分别如表 5－95、表 5－96 和表 5－97 所示。

表 5－95 结构型知识冲突实验组中知识转移绩效各维度关系的回归结果

因变量	自变量	R^2	F 值	Sig.	DW	B（回归系数）	Beta 标准回归系数	t 值	Sig.	共线性诊断	
										Tolerance	VIF
团队绩效	Constant	0.763	96.389	0.000	2.487	0.391		1.224	0.031	—	—
	个体绩效					0.898	0.873	9.818	0.000	—	—
组织绩效	Constant	0.782	51.984	0.000	2.154	0.568		1.832	0.077	—	—
	个体绩效					－0.176	－0.177	－0.995	0.328	0.237	4.213
	团队绩效					1.003	1.035	5.813	0.000	0.237	4.213

从表5－95中可以看出，知识转移个体绩效对知识转移团队绩效的一元回归模型中，判定系数 $R^2=0.763$，F值为96.389，其显著性水平 $p=0.000<0.01$，说明知识转移个体绩效对知识转移团队绩效的回归效果显著，回归方程的拟合效度较高。DW为2.487，在可接受标准值2的附近，可以大致判断在该回归中不存在序列相关问题。同时，回归系数 Beta＝0.898，标准化的回归系数为0.873，并且回归系数显著性水平的概率 $P=0.000<0.01$，常数项的回归系数为0.391，回归系数显著性水平的概率P值在显著性水平为0.05条件下也得以通过（$P=0.031<0.05$）。上述结果表明知识转移个体绩效对知识转移团队绩效的线性作用显著，建立的回归方程是有效的，这一结果也进一步验证了假设H12。从回归分析中，可以得到如下回归方程：

知识转移团队绩效＝0.391＋0.898×知识转移个体绩效　　(5－29)

标准回归方程为：

知识转移团队绩效＝0.873×知识转移个体绩效　　(5－30)

在表5－95所示的知识转移个体绩效和知识转移团队绩效对知识组织绩效的二元回归模型中，判定系数 $R^2=0.782$，F值为51.984，其显著性水平 $p=0.000<0.01$，说明知识转移个体绩效和知识转移团队绩效对知识转移组织绩效的回归效果显著，回归方程的拟合效度较高。DW为2.154，在可接受标准值2的附近，可以大致判断在该回归中不存在序列相关问题。在该二元回归模型的解释变量的多重共线性诊断中，模型中各个变量的容许度（Tolerance）为0.237，方差膨胀因子（Variance inflation factor，VIF）为4.213，按照容许度大于0.1，方差膨胀因子小于10时即为自变量的共线性不大的标准（马庆国，2002），关于知识转移组织绩效的回归中变量共线性的多重共线性不严重，因此各模型回归的结果是可以接受的。在回归系数的检验中，知识转移团队绩效的回归系数 Beta＝1.003，标准化的回归系数为1.035，并且回归系数显著性水平的概率 $P=0.000<0.01$，常数项的回归系数为0.568，回归系数显著性水平的概率P值在放松显著性水平为0.1条件下也得以通过（$P=0.077<0.1$）。上述结果表明知识转移团队绩效对知识转移组织绩效的线性作用显著，这一结果也进一步验证了假设H13。但知识转移个体绩效回归系数的显著性水平为0.328（$P=0.328>0.05$），表明知识转移个体绩效与知识转移组织绩效之间的线性关系并不显著，建立的回归方程是无效的，必须将知识转移个体绩效从知识转移组织绩效的回归方程中删除。这一结果表明假设H14没有得到验证。由此，从回归分析中，可以得到如下回归方程：

知识转移组织绩效＝0.568＋1.003×知识转移团队绩效　　(5－31)

标准回归方程为：

知识转移组织绩效 = 1.035 × 知识转移团队绩效 (5 - 32)

表 5 - 96 存量型知识冲突实验组中知识转移绩效各维度关系的回归结果

因变量	自变量	R^2	F 值	Sig.	DW	B（回归系数）	Beta 标准回归系数	t 值	Sig.	共线性	
										Tolerance	VIF
团队绩效	Constant	0.375	18.006	0.000	1.915	1.255		2.353	0.025	—	—
	个体绩效					0.637	0.612	4.243	0.000	—	—
组织绩效	Constant	0.546	17.442	0.000	2.212	0.629		2.293	0.029	—	—
	个体绩效					0.373	0.363	1.265	0.216	0.625	1.600
	团队绩效					0.453	0.459	2.899	0.007	0.625	1.600

从表 5 - 96 中可以看出，知识转移个体绩效对知识转移团队绩效的一元回归模型中，判定系数 $R^2 = 0.375$，F 值为 18.006，其显著性水平 $p = 0.000 < 0.01$，说明知识转移个体绩效对知识转移团队绩效的回归效果显著，回归方程的拟合效度较高。DW 为 1.915，在可接受标准值 2 的附近，可以大致判断在该回归中不存在序列相关问题。同时，回归系数 Beta = 0.637，标准化的回归系数为 0.612，并且回归系数显著性水平的概率 $P = 0.000 < 0.01$，常数项的回归系数为 1.255，回归系数显著性水平的概率 P 值在显著性水平为 0.05 条件下也得以通过（$P = 0.025 < 0.05$）。上述结果表明知识转移个体绩效对知识转移团队绩效的线性作用显著，建立的回归方程是有效的，这一结果也进一步验证了假设 H12。从回归分析中，可以得到如下回归方程：

知识转移团队绩效 = 1.255 + 0.637 × 知识转移个体绩效 (5 - 33)

标准回归方程为：

知识转移团队绩效 = 0.612 × 知识转移个体绩效 (5 - 34)

在表 5 - 96 所示的知识转移个体绩效和知识转移团队绩效对知识组织绩效的二元回归模型中，判定系数 $R^2 = 0.546$，F 值为 17.442，其显著性水平 $p = 0.000 < 0.01$，说明知识转移个体绩效和知识转移团队绩效对知识转移组织绩效的回归效果显著，回归方程的拟合效度较高。DW 为 2.212，在可接受标准值 2 的附近，可以大致判断在该回归中不存在序列相关问题。在该二元回归模型的解释变量的多重共线性诊断中，模型中各个变量的 Tolerance 为 0.625，VIF 为 1.600，按照容许度大于 0.1，方差膨胀因子小于 10 时即为自变量的共线性不大的标准，关于知识转移组织绩效的回归中变量共线性的多重共线性不严重，因此各模型回归的结果是可以接受的。在回归系数的检验中，知识转移团队绩效的回归系数 Beta = 0.453，标准化的回归系数为 0.459，并且回归系

数显著性水平的概率 P = 0.007 < 0.01；常数项的回归系数为 0.629，回归系数显著性水平的概率 P 值在显著性水平为 0.05 的条件下得以通过（P = 0.020 < 0.05）。上述结果表明知识转移团队绩效对知识转移组织绩效的线性作用显著，这一结果也进一步验证了假设 H13。但知识转移个体绩效回归系数的显著性水平为 0.216（P = 0.216 > 0.05），表明知识转移个体绩效对知识转移组织绩效之间的线性关系并不显著，建立的回归方程是无效的，必须将知识转移个体绩效从知识转移组织绩效的回归方程中删除。这一结果表明假设 H14 没有得到验证。由此，从回归分析中，可以得到如下回归方程：

知识转移组织绩效 = 0.629 + 0.453 × 知识转移团队绩效　　(5 – 35)

标准回归方程为：

知识转移组织绩效 = 0.459 × 知识转移团队绩效　　(5 – 36)

表 5 – 97　关系型知识冲突实验组中知识转移绩效各维度关系的回归结果

因变量	自变量	R^2	F 值	Sig.	DW	B（回归系数）	Beta 标准回归系数	t 值	Sig.	共线性	
										Tolerance	VIF
团队绩效	Constant	0.454	24.905	0.000	2.045	0.390		1.634	0.092	—	—
	个体绩效					0.840	0.674	4.991	0.000	—	—
组织绩效	Constant	0.693	32.774	0.000	1.800	0.392		1.956	0.060	—	—
	个体绩效					0.194	0.178	1.281	0.210	0.546	1.830
	团队绩效					0.613	0.702	5.047	0.000	0.546	1.830

从表 5 – 97 中可以看出，知识转移个体绩效对知识转移团队绩效的一元回归模型中，判定系数 R^2 = 0.454，F 值为 24.905，其显著性水平 p = 0.000 < 0.01，说明知识转移个体绩效对知识转移团队绩效的回归效果显著，回归方程的拟合效度较高。DW 为 2.045，在可接受标准值 2 的附近，可以大致判断在该回归中不存在序列相关问题。同时，回归系数 Beta = 0.840，标准化的回归系数为 0.674，并且回归系数显著性水平的概率 P = 0.000 < 0.01，常数项的回归系数为 0.390，回归系数显著性水平的概率 P 值在放松显著性水平为 0.1 条件下也得以通过（P = 0.092 < 0.1）。上述结果表明知识转移个体绩效对知识转移团队绩效的线性作用显著，建立的回归方程是有效的，这一结果也进一步验证了假设 H12。从回归分析中，可以得到如下回归方程：

知识转移团队绩效 = 0.390 + 0.840 × 知识转移个体绩效　　(5 – 37)

标准回归方程为：

知识转移团队绩效 = 0.674 × 知识转移个体绩效　　(5 – 38)

在表 5 -97 所示的知识转移个体绩效和知识转移团队绩效对知识组织绩效的二元回归模型中，判定系数 $R^2 = 0.693$，F 值为 32.774，其显著性水平 $p = 0.000 < 0.01$，说明知识转移个体绩效和知识转移团队绩效对知识转移组织绩效的回归效果显著，回归方程的拟合效度较高。DW 为 1.800，在可接受标准值 2 的附近，可以大致判断在该回归中不存在序列相关问题。在该二元回归模型的解释变量的多重共线性诊断中，模型中各个变量的 Tolerance 为 0.546，VIF 为 1.600，按照容许度大于 0.1，方差膨胀因子小于 10 时即为自变量的共线性不大的标准，关于知识转移组织绩效的回归中变量共线性的多重共线性不严重，因此各模型回归的结果是可以接受的。在回归系数的检验中，知识转移团队绩效的回归系数 Beta = 0.613，标准化的回归系数为 0.702，并且回归系数显著性水平的概率 $P = 0.000 < 0.01$；常数项的回归系数为 0.392，回归系数显著性水平的概率 P 值在放松显著性水平为 0.1 的条件下得以通过（$P = 0.060 < 0.1$）。上述结果表明知识转移团队绩效对知识转移组织绩效的线性作用显著，这一结果也进一步验证了假设 H13。但知识转移个体绩效回归系数的显著性水平为 0.210（$P = 0.210 > 0.05$），表明知识转移个体绩效对知识转移组织绩效之间的线性关系并不显著，建立的回归方程是无效的，必须将知识转移个体绩效从知识转移组织绩效的回归方程中删除。这一结果表明假设 H14 没有得到验证。由此，从回归分析中，可以得到如下回归方程：

$$\text{知识转移组织绩效} = 0.392 + 0.613 \times \text{知识转移团队绩效} \quad (5-39)$$

标准回归方程为：

$$\text{知识转移组织绩效} = 0.702 \times \text{知识转移团队绩效} \quad (5-40)$$

3. 知识转移绩效各维度关系的假设检验结果总结

通过上述对各个实验组中知识转移个体绩效、知识转移团队绩效、知识转移组织绩效的相关性分析和回归分析结果表明，在相关性分析中，本研究提出的假设 H12、H13、H14 都得到了检验，但在回归分析中，只有假设 H12、H13 得以验证，假设 H14 没有得到检验。由此，本研究提出的假设 H12、H13 得以验证，假设 H14 没有通过验证。基于回归分析的结果和标准化相关系数，以关系型知识冲突实验组样本数据的检验结果，对知识转移个体绩效、知识转移团队绩效、知识转移绩效关系，可得到如图 5 - 10 所示的概念模型。

图 5 - 10 知识转移个体绩效、团队绩效、组织绩效相互关系概念模型统计分析结果

第五节 实验数据的组间比较与结果分析

一、不同知识冲突类型下知识转移绩效水平的组间比较

为了进一步发现跨国公司母子公司知识冲突与知识转移绩效关系的规律性，我们利用实验第一阶段结构型知识冲突、存量型知识冲突、关系型知识冲突以及无知识冲突四个知识冲突实验组的知识转移绩效结果数据，利用方差分析中的多重比较方法，对不同类型知识冲突下知识转移绩效水平进行比较。在利用方差分析多重比较方法之前，本研究基于各个实验组的知识转移绩效均值，绘制了不同类型知识冲突下知识转移绩效水平的直观性组间比较图，如图 5－11 所示。

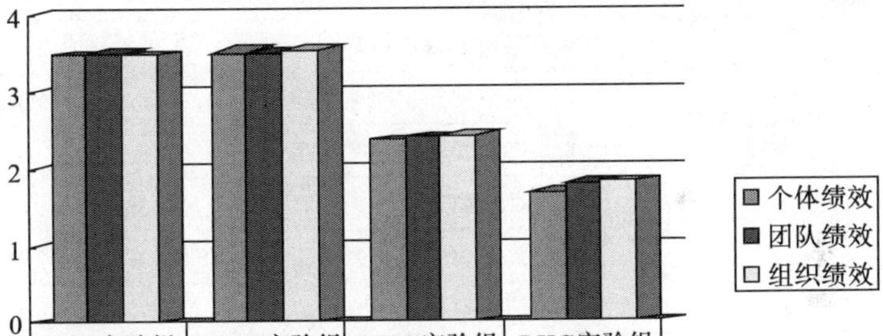

	SKC实验组	SBKC实验组	NKC实验组	RKC实验组
个体绩效	3.4747	3.5238	2.3769	1.6819
团队绩效	3.5106	3.5047	2.4013	1.8034
组织绩效	3.4767	3.5341	2.4266	1.8244

图 5－11　跨国公司母子公司不同知识冲突类型下知识转移绩效水平的组间比较

在进行方差分析的多重比较检验前，需要对其进行方差齐性检验，其结果如表 5 － 98 所示。从中可以看出，由于知识转移个体绩效（$P = 0.985 > 0.05$）、团队绩效（$P = 0.982 > 0.05$）和组织绩效（$P = 0.148 > 0.05$）P 值的都大于显著性水平 0.05，因此认为不同知识冲突类型下知识转移绩效水平的总体方差无显著性差异，满足了方差分析的前提要求，可以进行进行方差分析的多重比较检验。不同知识冲突类型下知识转移绩效水平方差分析的多重比较检验结果如表 5 －99 所示，其不同知识冲突类型下知识转移绩效水平均值的折现图如图 5 －12 所示。

表5-98　不同知识冲突类型下知识转移绩效水平的方差性检验结果

	Levene Statistic	df1	df2	Sig.
知识转移个体绩效	0.049	3	124	0.985
知识转移团队绩效	0.057	3	124	0.982
知识转移组织绩效	1.816	3	124	0.148

表5-99　不同知识冲突类型下知识转移绩效水平的多重比较检验结果

Dependent Variable	(I) 实验分组	(J) 实验分组	Mean Difference (I-J)	Std. Error	Sig.
个体绩效 (IDP)	存量型知识冲突实验组 (SBKC)	关系型知识冲突实验组	1.8509**	0.10530	0.000
		结构型知识冲突实验组	0.0581	0.10530	0.582
		无知识冲突实验组	1.1559**	0.10530	0.000
	关系型知识冲突实验组 (RKC)	存量型知识冲突实验组	-1.8509**	0.10530	0.000
		结构型知识冲突实验组	-1.7928**	0.10530	0.000
		无知识冲突实验组	-0.6950**	0.10530	0.000
	结构型知识冲突实验组 (SKC)	存量型知识冲突实验组	-0.0581	0.10530	0.582
		关系型知识冲突实验组	1.7928**	0.10530	0.000
		无知识冲突实验组	1.0978**	0.10530	0.000
	无知识冲突实验组 (NKC)	存量型知识冲突实验组	-1.1559**	0.10530	0.000
		关系型知识冲突实验组	0.6950**	0.10530	0.000
		结构型知识冲突实验组	-1.0978**	0.10530	0.000
团队绩效 (TAP)	存量型知识冲突实验组 (SBKC)	关系型知识冲突实验组	1.7013**	0.11515	0.000
		结构型知识冲突实验组	-0.0059	0.11515	0.959
		无知识冲突实验组	1.1034**	0.11515	0.000
	关系型知识冲突实验组 (RKC)	存量型知识冲突实验组	-1.7013**	0.11515	0.000
		结构型知识冲突实验组	-1.7072**	0.11515	0.000
		无知识冲突实验组	-0.5978**	0.11515	0.000
	结构型知识冲突实验组 (SKC)	存量型知识冲突实验组	0.0059	0.11515	0.959
		关系型知识冲突实验组	1.7072**	0.11515	0.000
		无知识冲突实验组	1.1094**	0.11515	0.000
	无知识冲突实验组 (NKC)	存量型知识冲突实验组	-1.1034**	0.11515	0.000
		关系型知识冲突实验组	0.5978**	0.11515	0.000
		结构型知识冲突实验组	-1.1094**	0.11515	0.000

续表

Dependent Variable	(I) 实验分组	(J) 实验分组	Mean Difference (I-J)	Std. Error	Sig.
组织绩效（OGP）	存量型知识冲突实验组（SBKC）	关系型知识冲突实验组	1.7097 **	0.11341	0.000
		结构型知识冲突实验组	0.0572	0.11341	0.615
		无知识冲突实验组	1.1075 **	0.11341	0.000
	关系型知识冲突实验组（RKC）	存量型知识冲突实验组	-1.7097 **	0.11341	0.000
		结构型知识冲突实验组	-1.6525 **	0.11341	0.000
		无知识冲突实验组	-0.6022 **	0.11341	0.000
	结构型知识冲突实验组（SKC）	存量型知识冲突实验组	-0.0572	0.11341	0.615
		关系型知识冲突实验组	1.6525 **	0.11341	0.000
		无知识冲突实验组	1.0503 **	0.11341	0.000
	无知识冲突实验组（NKC）	存量型知识冲突实验组	-1.1075 **	0.11341	0.000
		关系型知识冲突实验组	0.6022 **	0.11341	0.000
		结构型知识冲突实验组	-1.0503 **	0.11341	0.000

注：** The mean difference is significant at the.01 level.

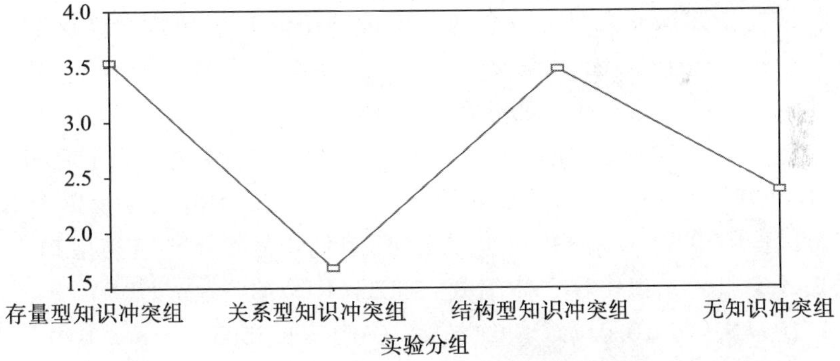

图 5-12 (a) 不同知识冲突类型下知识转移个体绩效均值的折线图

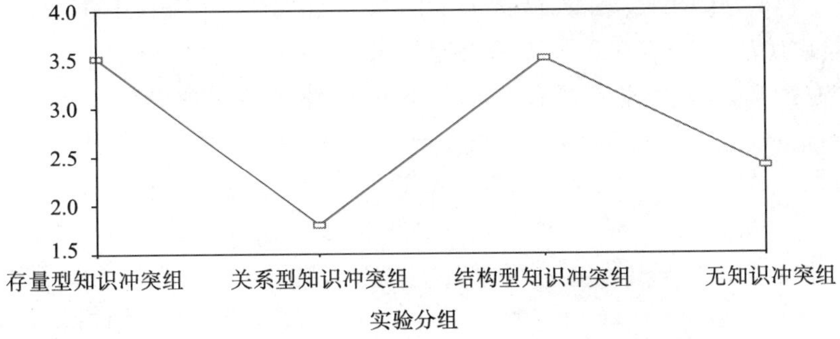

图 5-12 (b) 不同知识冲突类型下知识转移团队绩效均值的折线图

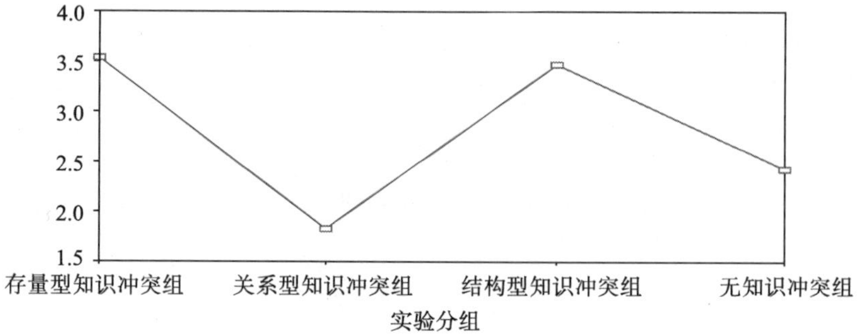

图 5－12　(c) 不同知识冲突类型下知识转移组织绩效均值的折线图

从图 5－11 和图 5－12 中可以看出，结构型知识冲突实验组（M_{IDP} = 3.4747；M_{TAP} = 3.5106；M_{OGP} = 3.4767）和存量型知识冲突实验组（M_{IDP} = 3.5238；M_{TAP} = 3.5047；M_{OGP} = 3.5341）在知识转移的个体绩效、团队绩效和组织绩效上的得分均值都高于关系型知识冲突组在个体绩效、团队绩效和组织绩效方面的得分均值（M_{IDP} = 1.6819；M_{TAP} = 1.8034；M_{OGP} = 1.8244），也高于无知识冲突组在个体绩效、团队绩效和组织绩效上的得分均值（M_{IDP} = 2.3769；M_{TAP} = 2.4013；M_{OGP} = 2.4266）。表 5－99 所示的多重比较检验结果也显示：结构型知识冲突组与关系型知识冲突组的知识转移个体绩效（MD = 1.7928**，$p < 0.01$）、团队绩效（MD = 1.7072**，$p < 0.01$）、组织绩效（MD = 1.6525**，$p < 0.01$）都存在显著差异。

存量型知识冲突实验组与关系型知识冲突实验组在知识转移个体绩效（MD = 1.8509**，$p < 0.01$）、团队绩效（MD = 1.7013**，$p < 0.01$）、组织绩效（MD = 1.7097**，$p < 0.01$）方面都存在显著差异。结构型知识冲突组与无知识冲突组的知识转移个体绩效（MD = 1.0978**，$p < 0.01$）、团队绩效（MD = 1.1094**，$p < 0.01$）、组织绩效（MD = 1.0503**，$p < 0.01$）都存在显著差异。存量型知识冲突组与无知识冲突组的知识转移个体绩效（MD = 1.1559**，$p < 0.01$）、团队绩效（MD = 1.1034**，$p < 0.01$）、组织绩效（MD = 1.1075**，$p < 0.01$）都存在显著差异。

关系型知识冲突实验组在知识转移的个体绩效、团队绩效和组织绩效（M_{IDP} = 1.6819；M_{TAP} = 1.8034；M_{OGP} = 1.8244）上的得分均值则低于无知识冲突组在个体绩效、团队绩效和组织绩效上的得分均值（M_{IDP} = 2.3769；M_{TAP} = 2.4013；M_{OGP} = 2.4266）。表 5－99 所示的多重比较检验结果也显示：关系型知识冲突组与无知识冲突组在知识转移个体绩效（MD = －0.6950**，$p < 0.01$）、团队绩效（MD = －0.5978**，$p < 0.01$）、组织绩效（MD = －0.6022**，

$p < 0.01$）方面都存在显著差异。

另一方面，结构型知识冲突实验组在知识转移的个体绩效、团队绩效和组织绩效（$M_{IDP} = 3.4747$；$M_{TAP} = 3.5106$；$M_{OGP} = 3.4767$）上的得分均值则和存量型知识冲突组在知识转移的个体绩效、团队绩效和组织绩效上（$M_{IDP} = 3.5238$；$M_{TAP} = 3.5047$；$M_{OGP} = 3.5341$）的得分均值没有显著性的差异。表5－99所示的多重比较检验结果也显示：结构型知识冲突组与存量型知识冲突组在知识转移个体绩效（MD ＝ －0.0581，$P > 0.05$）、团队绩效（MD ＝ 0.0059，$P > 0.05$）、组织绩效（MD ＝ －0.0572，$P > 0.05$）方面都没有呈现显著性的差异。

基于上述实验数据的组间比较结果可以看出，结构型知识冲突和存量型知识冲突条件下的知识转移绩效水平显著性地高于关系型知识冲突和无知识冲突条件下的知识转移绩效水平；关系型知识冲突条件下的知识转移绩效水平则显著性地低于无知识冲突条件下的知识转移绩效水平；而无知识冲突条件下的知识转移绩效水平高于关系型知识冲突条件下的知识转移绩效水平，但低于结构型知识冲突和存量型知识冲突条件下的知识转移绩效水平，处于中间位置，图5－12所示的不同知识冲突类型下知识转移组织均值的折线图充分反映出了这一规律。由此，我们可以进一步地发现，结构型知识冲突和存量型知识冲突可以归结为一种良性知识冲突，其冲突的结果也是良性的，即适度的结构型知识冲突和存量型知识冲突能够提升跨国公司母子公司的知识转移绩效水平；而关系型知识冲突在则属于恶性知识冲突，其冲突的结果也是恶性的，即跨国公司母子公司的关系型知识冲突对跨国公司母子公司的知识转移绩效具有消极的负面作用。

二、不同沟通方式条件下知识转移绩效水平的组间比较

为了进一步发现跨国公司母子公司间的沟通方式与知识转移绩效关系的规律性，我们对知识转移绩效的实验结果，利用两独立样本T检验方法进行组间比较，其结果如图5－13和表5－100所示。

从中可以看出，合作性沟通实验组（$M_{IDP} = 4.2467$；$M_{TAP} = 4.2679$；$M_{OGP} = 4.2096$）在知识转移的个体绩效、团队绩效和组织绩效上的得分均值高于竞争性沟通实验组（$M_{IDP} = 1.5304$；$M_{TAP} = 1.5083$；$M_{OGP} = 1.5279$）在知识转移的个体绩效、团队绩效和组织绩效上的得分均值。两独立样本T检验结果也显示：合作性沟通与竞争性沟通组间的知识转移个体绩效（$t = 26.028^{**}$，$df = 94$，$p < 0.01$）、团队绩效（$t = 27.748^{**}$，$df = 94$，$p < 0.01$）、组织绩效

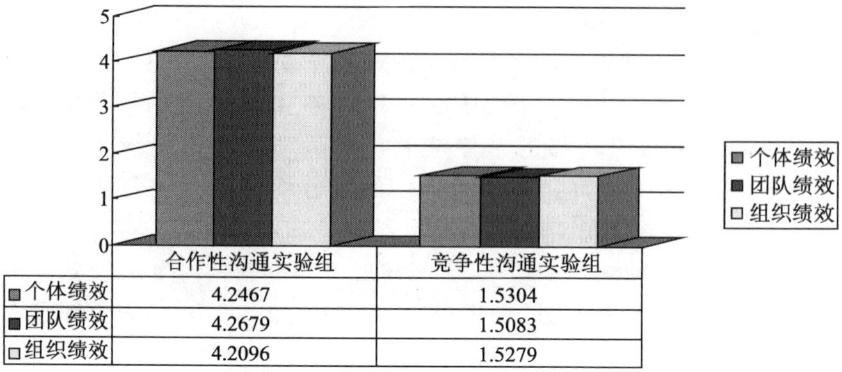

图 5-13　跨国公司母子公司不同沟通方式条件下知识转移绩效水平的组间比较

表 5-100　合作性沟通与竞争性沟通的知识转移绩效的两独立样本 T 检验结果

		Levene's Test for Equality of Variances		t-test for Equality of Means		
		F	Sig.	t	df	Sig. (2-tailed)
个体绩效	Equal variances assumed	0.082	0.775	26.028 **	94	0.000
	Equal variances not assumed			26.028 **	91.145	0.000
团队绩效	Equal variances assumed	0.038	0.846	27.748 **	94	0.000
	Equal variances not assumed			27.748 **	92.197	0.000
组织绩效	Equal variances assumed	2.506	0.117	28.530 **	94	0.000
	Equal variances not assumed			28.530 **	93.863	0.000

注：** The mean difference is significant at the. 01 level.

（$t=28.503^{**}$，$df=94$，$p<0.01$）都存在显著性的差异。这也更进一步表明，与竞争性沟通方式相比，合作性沟通更能够促使知识转移双方在知识转移过程中建立共同的沟通目标和坦诚的信息交流机制，而且这种机制通过对知识冲突的影响，也更加有助于提升跨国公司母子公司的知识转移绩效水平。

综上所述，本研究各假设验证结果如表 5-101 所示。基于假设检验结果，本书第三章提出的概念模型，最后修正为如图 5-14 所示的整体概念模型。

表 5-101　　本研究假设检验结果

研究假设		检验结果
H1	跨国公司母子公司知识转移中的结构型知识冲突与知识转移绩效显著正相关	成立
H2	跨国公司母子公司知识转移中的存量型知识冲突与知识转移绩效显著正相关	成立
H3	跨国公司母子公司知识转移中的关系型知识冲突与知识转移绩效显著负相关	成立
H4	H4a：跨国公司母子公司知识转移中的合作性沟通越强，结构型知识冲突越多 H4b：跨国公司母子公司知识转移中的合作性沟通越强，存量型知识冲突越多 H4c：跨国公司母子公司知识转移中的合作性沟通越强，关系型知识冲突越少	成立
H5	H5a：跨国公司母子公司知识转移中的竞争性沟通越强，结构型知识冲突越少 H5b：跨国公司母子公司知识转移中的竞争性沟通越强，存量型知识冲突越少 H5c：跨国公司母子公司知识转移中的竞争性沟通越强，关系型知识冲突越多	成立
H6	与无沟通条件相比，合作性沟通通过增加结构型知识冲突，从而提高知识转移的绩效水平（结构型知识冲突对合作性沟通与知识转移绩效具有中介效应）	成立
H7	与无沟通条件相比，合作性沟通通过增加存量型知识冲突，从而提高知识转移的绩效水平（存量型知识冲突对合作性沟通与知识转移绩效具有中介效应）	成立
H8	与无沟通条件相比，合作性沟通通过降低关系型知识冲突，从而提高知识转移的绩效水平（关系型知识冲突对合作性沟通与知识转移绩效具有中介效应）	成立
H9	与无沟通条件相比，竞争性沟通通过降低结构型知识冲突，从而降低知识转移的绩效水平（结构型知识冲突对竞争性沟通与知识转移绩效具有中介效应）	成立
H10	与无沟通条件相比，竞争性沟通通过降低存量型知识冲突，从而降低知识转移的绩效水平（存量型知识冲突对竞争性沟通与知识转移绩效具有中介效应）	成立
H11	与无沟通条件相比，竞争性沟通通过增加关系型知识冲突，从而降低知识转移的绩效水平（关系型知识冲突对竞争性沟通与知识转移绩效具有中介效应）	成立
H12	跨国公司母子公司知识转移个体绩效与团队绩效正相关	成立
H13	跨国公司母子公司知识转移团队绩效与组织绩效正相关	成立
H14	跨国公司母子公司知识转移个体绩效与组织绩效正相关	未成立

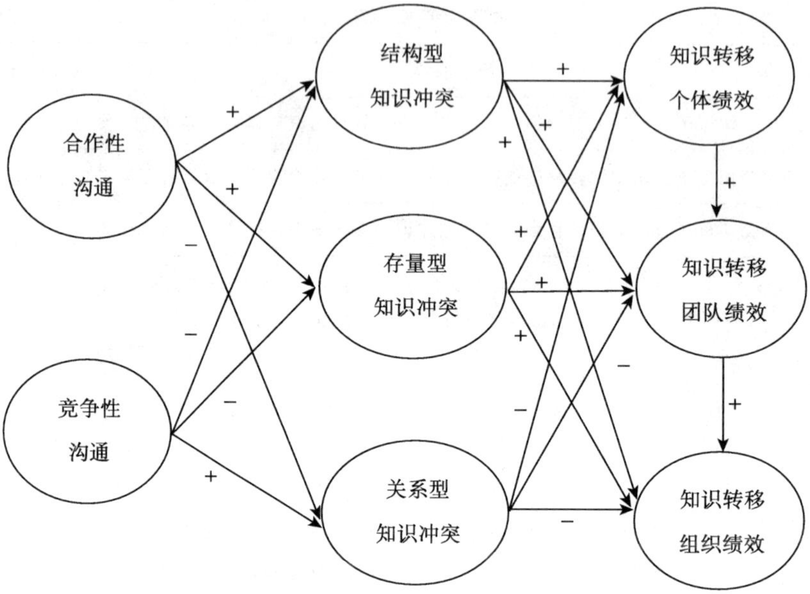

图 5-14　修正后的跨国公司母子公司沟通、知识冲突与知识转移绩效关系概念模型

注：+表示正向影响关系；-表示负向影响关系。

第六章 结论与展望

第一节 研究结论

针对目前对跨国公司知识转移的研究主要局限于对跨国公司母子公司知识转移的影响因素与知识转移绩效的关系研究而忽略了对这些影响因素是通过什么样的机制来影响知识转移绩效的过程研究的局限性，本研究从打开跨国公司母子公司“知识转移绩效黑箱”的角度出发，对跨国公司母子公司知识转移的“沟通—知识冲突—知识转移绩效”的关系及其路径机制，运用规范的实验方法，进行了实验研究。通过本研究可得出如下结论：

1. 知识冲突与知识转移绩效具有相关性，适度的良性知识冲突可提升知识转移绩效水平，而恶性知识冲突则对知识转移绩效具有消极的负面效应

基于本研究实验数据的检验结果显示，跨国公司母子公司知识转移中知识冲突的三种类型，即结构型知识冲突、存量型知识冲突和关系型知识冲突与知识转移绩效的三个层次，即知识转移个体绩效、知识转移团队绩效、知识转移组织绩效均具有显著的相关性。其中，结构型知识冲突和存量型知识冲突与知识转移个体绩效、知识转移团队绩效、知识转移组织绩效呈显著的正相关关系；关系型知识冲突与知识转移个体绩效、知识转移团队绩效、知识转移组织绩效呈显著的负相关关系。进一步地，基于实验数据的组间比较，我们可以将结构型知识冲突、存量型知识冲突和关系型知识冲突聚合成两类知识冲突，即良性知识冲突和恶性知识冲突。结构型知识冲突和存量型知识冲突属于良性的知识冲突，在跨国公司母子公司知识转移过程中适度的良性知识冲突能够提升知识转移的绩效水平；关系型知识冲突属于恶性知识冲突，对跨国公司母子公司知识转移绩效具有消极的负面效应。这一结论为 Tan（2005）、张钢和倪旭东（2007）关于良性知识冲突（Active Knowledge Conflict）和破坏性知识冲突（Disruptive Knowledge Conflict）的划分提供了经验检验证据，是上述学者们研究成果的进一步延续。

2. 沟通与知识冲突具有显著相关性，合作性沟通有助于激发更多的良性知识冲突，竞争性沟通则会进一步提升恶性知识冲突的强度

基于本研究实验数据的检验结果显示，跨国公司母子公司知识转移中沟通的两种方式，即合作性沟通与竞争性沟通与知识冲突的三种类型，即结构型知识冲突、存量型知识冲突和关系型知识冲突均具有显著的相关性。其中，合作性沟通越强，越有助于跨国公司母子公司在知识转移中产生更多的结构型知识冲突和存量型知识冲突（良性知识冲突），而降低知识转移中的关系型知识冲突（恶性知识冲突）；竞争性沟通越强，越有助于降低跨国公司母子公司知识转移中的结构型知识冲突和存量型知识冲突（良性知识冲突），而增加跨国公司母子公司知识转移中的关系型知识冲突（恶性知识冲突）。这一研究结果表明，在跨国公司母子公司知识转移过程中，跨国公司母子公司之间要尽可能地营造出一个有助于促进双方知识交流、共享与任务反思和减少双方关系冲突与情感矛盾的合作性沟通环境，而要避免不利于双方知识交流与共享和增加双方情感摩擦和关系对立的竞争性沟通方式。

3. 知识冲突对沟通与知识转移绩效的关系具有中介作用，呈现沟通通过影响知识冲突进而影响知识转移绩效的路径机制

作者对知识冲突进而影响知识转移绩效的路径机制的研究，主要是通过对有无沟通条件下知识冲突程度与知识转移绩效水平变化程度的检验和在有沟通条件下知识冲突对沟通与知识转移绩效的关系中介效应的检验来完成的。其检验结果显示：第一，与没有任何沟通的条件相比，在跨国公司母子公司知识转移过程中，合作性沟通方式的介入，一方面会提升跨国公司母子公司之间的存量型知识冲突和结构型知识冲突，存量型知识冲突和结构型知识冲突程度的增加，则会进一步地提升母子公司的知识转移绩效；另一方面，合作性沟通方式的介入，则会降低跨国公司母子公司之间的关系型知识冲突，关系型知识冲突的降低，又会进一步地提升跨国公司母子公司的知识转移绩效水平。第二，与没有任何沟通的情况相比，在跨国公司母子公司知识转移过程中，竞争性沟通方式的介入，一方面会降低跨国公司母子公司之间的存量型知识冲突和结构型知识冲突，并通过存量型知识冲突和结构型知识冲突程度的降低，来进一步地降低跨国公司母子公司的知识转移绩效水平；另一方面，竞争性沟通方式的介入，则会增加跨国公司母子公司之间的关系型知识冲突程度，并通过关系型知识冲突程度的增加，来进一步地降低跨国公司母子公司的知识转移绩效水平。这一研究结论明确了在跨国公司母子公司的知识转移过程中，有无沟通条件下知识冲突和知识转移绩效关系的演变机制，同时在沟通条件下知识冲突对沟通与知识转移绩效关系中介效应的检验结果也进一步验证了知识冲突对沟通与知识转移绩效的关系具有中介作用，呈现沟通通过影响知识冲突进而影响知识转移绩效的路径机制。这一研究结论也是对 Deutsch（1973）和 Tjosvold（2002）提出的“合作与竞争理论”和基于该理论而划分的合作性沟通（Cooperative Communication）和竞争性沟通（Competitive Communication）与组织绩效关系在知识转移领域的实证性研究成果的体现，进一步丰富和拓展了“合作与竞争理论”的应用领域。

4. 知识转移个体绩效、团队绩效、组织绩效具有层层递进的绩效演进关系，体现了知识转移、应用、创新与价值创造的过程和知识转移绩效形成过程的有机统一

基于本研究实验数据的知识转移各维度相互关系假设检验结果表明，跨国公司母子公司知识转移个体绩效与知识转移团队绩效之间、知识转移团队绩效与知识转移组织绩效之间具有显著的正相关关系，而知识转移个体绩效与知识转移组织绩效尽管具有相关关系，但其实验数据的回归分析表明二者缺乏线性因果关系。这一结果一方面体现了知识转移个体绩效、团队绩效、组织绩效三层次层层递进的绩效演进机制与评价维度，体现了知识转移、应用、创新与价值创造的过程和知识转移绩效形成过程的有机统一，体现了跨国公司母子公司知识转移过程与结果的统一；另一方面也表明，跨国公司母子公司知识转移的个体绩效与组织绩效之间，没有直接的演进关系，而需要团队绩效的桥梁作用，由此说明了在跨国公司母子知识转移的过程中，需要构建起从个体到团队再到组织的知识转移绩效的培育完整的路径体系，而不能跨越团队的作用试图走捷径。

第二节 实践启示与建议

从简单的实验室环境演绎到复杂的真实世界，本书的研究结果为跨国公司母子公司如何有效地通过选择能够促进知识转移成果的沟通方式和营造良好的有助于激发更多知识交换的良性知识冲突，最终提升跨国公司母子公司知识转移绩效水平和跨国公司的整体竞争力提供了重要参考。通过本研究，为跨国公司母子公司的知识转移，提供了如下实践启示：

第一，在跨国公司母子公司的知识转移过程中，要适当地营造出能够对知识转移绩效具有积极作用的结构型知识冲突和存量型知识冲突（良性知识冲突），而要努力避免对知识转移绩效具有消极作用的关系型知识冲突（恶性知识冲突），从而有效地提升跨国公司母子公司之间的知识转移绩效水平。为了营造良好的知识冲突氛围和创造知识转移机会，在跨国母子公司的知识管理过程中，跨国公司要为母子公司不同学历层次、不同专业背景的个体知识拥有者和部门知识拥有者，积极提供交流、学习、思想碰撞等机会，从而形成一定的知识冲突并通过知识转移来促进母子公司的个体成员、团队成员、部门之间的知识共享；同时在这一过程中，要把握知识冲突的程度，避免基于知识结构和知识层次等良性的知识冲突演化为基于情感对立与矛盾的关系型知识冲突，并通过母子公司之间定期与不定期的联谊活动、私下交流等方式来拉近母子公司成员的关系和情感，从而避免知识转移过程中的关系型知识冲突。

第二，在跨国公司母子公司的知识转移过程中，跨国公司母子公司在沟通方式的选择上要尽可能地选择基于双赢目标、共同解决问题的合作性沟通，通过双方循循善诱的、相互协调的沟通模式来激发对跨国公司母子公司具有积极作用的良性知识冲突（结构型知识冲突和存量型知识冲突），从而进一步地提升知识转移的绩效水平，而要尽可能地避免会给知识转移绩效带来负面影响的压制性、强迫式的竞争性沟通。为了营造出良好的合作性沟通氛围，在跨国公司母子公司的知识管理过程中，要构建起基于共同战略性目标的良好的母子公司关系，提升子公司在跨国公司体系中的地位，消除子公司对知识转移的疑虑，并通过跨国公司母子公司之间定期与不定期的联谊活动、私下交流等方式来拉近母子公司成员的情感，从而避免母子公司知识转移中的恶性竞争性沟通，同时在合作性沟通的目标、方式方面达成一致，最终促进母子公司知识转移的顺利进行。

第三，基于跨国公司母子公司知识转移个体绩效——知识转移团队绩效——知识转移组织绩效的知识转移绩效形成机制与路径体系，跨国公司可以构建起包含知识转移个体绩效、知识转移团队绩效和知识转移组织绩效在内的完整的知识转移绩效评价指标体系，并灵活地用于对跨国公司母子公司的知识转移绩效评价中。在跨国公司母子公司知识转移绩效评价的实际操作过程中，由于知识转移个体绩效、知识转移团队绩效、知识转移组织绩效存在层层递进的关系，而且不同的绩效评价层次实际上对应了跨国公司母子公司知识转移过程中对知识吸收、共享、内化、创新以及价值创造的不同阶段。因此，跨国公司可以根据知识转移过程中的不同阶段来评价其对应层次的知识转移绩效，根据知识转移绩效的评价结果来对知识转移的发展过程进行监控，及时找出影响知识转移绩效的各种因素，并采取措施加以改进与完善，从而保障跨国公司母子公司之间知识转移活动的顺利进行和转移目标的最终实现。除此之外，跨国公司也可以对知识转移个体绩效、知识转移团队绩效、知识转移组织绩效的评价结果进行比较分析，通过比较分析的结果探究影响各个层面知识转移绩效及其管理的深层次原因，从而有针对性地提升知识转移绩效管理水平。

第三节 研究局限与展望

一、研究限制与局限性

尽管本研究的变量选择、实验设计、数据分析等都严格遵循了科学的研究范式，但由于方方面面的条件限制，使得本研究存在一些局限性，这些局限性可能影响了本研究结论的效度。

首先，影响跨国公司母子公司知识转移绩效的前因变量有很多，诸如文化差异、制度差异、组织距离、转移渠道的丰富性、母子公司关系、转移成本等，但本研究主要是研究前因变量与结果变量的中介变量（包括知识冲突和沟通），即描述跨国公司母子公司“沟通—知识冲突—知识转移绩效”的知识转移过程机理，因此本研究的研究，是在假定这些前因变量既定的条件下来进行的，这可能会影响到本研究结论的准确性。上述在变量方面的局限意味着本研究的变量选择，在未来研究中还存在进一步探索的空间。

其次，由于本研究属于跨文化管理领域，要求配对的实验被试双方具有跨文化背景，但基于实验对象选择的困难和实验条件的限制，本研究配对的外方实验被试主要来自于参与中德讲习班的德国学员和部分在华的德国留学生，由此形成的中德跨文化背景下的跨国公司母子公司知识转移研究结论可能更多地适用于中德文化背景下的跨国公司母子公司知识转移问题，而在其他文化背景下的应用范围存在一定的局限性。同时，参与本研究实验的被试主要是在校的博士研究生、硕士研究生和本科生，尽管有些博士研究生具有跨国公司的工作经验，但绝大多数的实验被试没有跨国公司工作的经验，因此在实验中可能会产生由于没有工作经验而带来的实验外部效度较低的问题。

最后，本研究的实验样本数量也存在一定的局限性。尽管本研究在实验被试的来源上尽可能挑选出适合需要的实验被试并尽可能地扩大被试数据，但由于受到实验被试选择中具有德国文化背景的德国被试数量的限制，使得参与本研究实验被试有限，从而限制了本研究的样本数据。虽然实验研究共计有 128 人次参与并由此形成了共计 128 份样本数据，但基于本研究实验的分组设计，使得每个实验组只形成共计 32 个实验样本。尽管按照多元回归分析要求的样本数 $N \geqslant 30$ 或者 $N > K + 3$ 或者 $N > 3K$（K 为变量个数）的要求（张恒喜，2002），本研究进行假设检验中的回归分析基本符合要求，但由于样本数量过小，依然存在代表性不足、实验结论内部效度稍低的问题。

二、进一步研究的展望

基于本研究存在的不足，未来本研究应该围绕如下方面展开：第一，要进一步地扩大跨文化研究的范围，如基于中日跨文化背景、中美跨文化背景等来研究跨国公司母子公司间的沟通与知识转移绩效关系，从而提升研究结论的外部效度和扩大研究结论的应用范围；同时，在被试的选择上，除了选择学生之外，尽可能地深入到跨国公司内部，选择在跨国公司具有一定工作经验的人来作为被试参与实验，从而提升实验结果的外部效度。第二，想办法尽可能地扩大实验样本数，在更大范围内收集数据，以提升研究结论的内部效度和研究结论的准确性。第三，在保证实验控制的条件下，尽可能地放松样本选择的数量，将跨国公司母子公司的制度距离、组织差异以及沟通程度等变量引入模型，来对跨国公司母子公司知识转移中的知识冲突、沟通与知识转移绩效关系进行更为深入的研究。

附录1

实验第二阶段样本信度与效度检验结果

附表 1－1　　结构型知识冲突（SKC）的信度与效度检验结果

		Item	Corrected Item – Total Correlation	Alpha if tem Deleted	Alpha	KMO
实验第二阶段	合作性沟通实验组	SKC21	0. 6996	0. 9172	0. 9214	0. 828
		SKC22	0. 7204	0. 9143		
		SKC23	0. 8382	0. 8983		
		SKC24	0. 8580	0. 8956		
		SKC25	0. 8382	0. 8983		
		SKC26	0. 6987	0. 9174		
	竞争性沟通实验组	SKC21	0. 7230	0. 8770	0. 8959	0. 898
		SKC22	0. 7892	0. 8701		
		SKC23	0. 7892	0. 8701		
		SKC24	0. 7582	0. 8744		
		SKC25	0. 6924	0. 8874		
		SKC26	0. 6639	0. 8883		

附表 1-2 存量型知识冲突（SBKC）的信度与效度检验结果

		Item	Corrected Item - Total Correlation	Alpha if tem Deleted	Alpha	KMO
实验第二阶段	合作性沟通实验组	SBKC21	0.7204	0.8883	0.9015	0.725
		SBKC22	0.7850	0.8760		
		SBKC23	0.6507	0.8957		
		SBKC24	0.7806	0.8799		
		SBKC25	0.7894	0.8750		
		SBKC26	0.7111	0.8885		
	竞争性沟通实验组	SBKC21	0.6682	0.8845	0.8944	0.910
		SBKC22	0.7647	0.8690		
		SBKC23	0.7591	0.8691		
		SBKC24	0.7647	0.8690		
		SBKC25	0.7647	0.8690		
		SBKC26	0.5990	0.8938		

附表 1-3 关系型（RKC）知识冲突的信度与效度检验结果

		Item	Corrected Item - Total Correlation	Alpha if tem Deleted	Alpha	KMO
实验第二阶段	合作性沟通实验组	RKC21	0.9349	0.8797	0.9107	0.733
		RKC22	0.6952	0.9009		
		RKC23	0.6349	0.9088		
		RKC24	0.6952	0.9009		
		RKC25	0.7907	0.8907		
		RKC26	0.7218	0.8987		
		RKC27	0.6952	0.9009		
	竞争性沟通实验组	RKC21	0.6704	0.9355	0.9327	0.805
		RKC22	0.8339	0.9175		
		RKC23	0.9436	0.9083		
		RKC24	0.8339	0.9175		
		RKC25	0.7504	0.9270		
		RKC26	0.7554	0.9251		
		RKC27	0.7554	0.9251		

附表 1-4　　合作性沟通（COC）的信度与效度检验结果

	Item	Corrected Item - Total Correlation	Alpha if tem Deleted	Alpha	KMO
存量型知识冲突实验组	COC1	0.6843	0.9194	0.9247	0.767
	COC2	0.8122	0.9094		
	COC3	0.7600	0.9136		
	COC4	0.6644	0.9209		
	COC5	0.8224	0.9085		
	COC6	0.8224	0.9085		
	COC7	0.6960	0.9186		
	COC8	0.6960	0.9186		
关系型知识冲突实验组	COC1	0.7936	0.9393	0.9452	0.897
	COC2	0.8783	0.9323		
	COC3	0.8263	0.9380		
	COC4	0.6822	0.9486		
	COC5	0.8514	0.9344		
	COC6	0.8222	0.9364		
	COC7	0.7421	0.9433		
	COC8	0.9532	0.9280		

附表 1-5　　竞争性沟通（CPC）的信度和效度检验结果

	Item	Corrected Item - Total Correlation	Alpha if tem Deleted	Alpha	KMO
存量型知识冲突实验组	CPC1	0.6834	0.9508	0.9497	0.839
	CPC2	0.9031	0.9371		
	CPC3	0.9651	0.9327		
	CPC4	0.8518	0.9405		
	CPC5	0.8440	0.9410		
	CPC6	0.7585	0.9465		
	CPC7	0.6684	0.9526		
	CPC8	0.8440	0.9410		
关系型知识冲突实验组	CPC1	0.7156	0.9381	0.9402	0.809
	CPC2	0.8906	0.9245		
	CPC3	0.9352	0.9219		
	CPC4	0.8304	0.9290		
	CPC5	0.7516	0.9348		
	CPC6	0.7607	0.9344		
	CPC7	0.6273	0.9428		
	CPC8	0.8183	0.9308		

附表 1－6　知识转移个体绩效（IDP）的信度和效度检验结果

		Item	Corrected Item – Total Correlation	Alpha if tem Deleted	Alpha	KMO
实验第二阶段	结构型知识冲突—合作性沟通实验组	IDP21	0.8372	0.9513	0.9571	0.845
		IDP22	0.8305	0.9517		
		IDP23	0.9341	0.9451		
		IDP24	0.7583	0.9562		
		IDP25	0.7742	0.9553		
		IDP26	0.8056	0.9533		
		IDP27	0.8629	0.9497		
		IDP28	0.9015	0.9472		
	结构型知识冲突—竞争性沟通实验组	IDP21	0.6906	0.9248	0.9289	0.821
		IDP22	0.8481	0.9132		
		IDP23	0.6823	0.9249		
		IDP24	0.7304	0.9217		
		IDP25	0.8000	0.9166		
		IDP26	0.8481	0.9132		
		IDP27	0.7713	0.9206		
		IDP28	0.7441	0.9209		
	存量型知识冲突—合作性沟通实验组	IDP21	0.7155	0.9251	0.9308	0.716
		IDP22	0.7970	0.9189		
		IDP23	0.7721	0.9208		
		IDP24	0.7155	0.9251		
		IDP25	0.6664	0.9287		
		IDP26	0.8482	0.9150		
		IDP27	0.7577	0.9220		
		IDP28	0.8161	0.9175		
	存量型知识冲突—竞争性沟通实验组	IDP21	0.8018	0.9426	0.9488	0.757
		IDP22	0.8853	0.9372		
		IDP23	0.7996	0.9439		
		IDP24	0.8787	0.9387		
		IDP25	0.8016	0.9427		
		IDP26	0.7815	0.9450		
		IDP27	0.7566	0.9458		
		IDP28	0.8472	0.9395		

续表

		Item	Corrected Item – Total Correlation	Alpha if tem Deleted	Alpha	KMO
实验第二阶段	关系型知识冲突—合作性沟通实验组	IDP21	0. 6487	0. 9487	0. 9461	0. 894
		IDP22	0. 7300	0. 9437		
		IDP23	0. 9532	0. 9292		
		IDP24	0. 8222	0. 9377		
		IDP25	0. 8514	0. 9357		
		IDP26	0. 8514	0. 9357		
		IDP27	0. 8514	0. 9357		
		IDP28	0. 7567	0. 9428		
	关系型知识冲突—竞争性沟通实验组	IDP21	0. 7978	0. 9390	0. 9458	0. 885
		IDP22	0. 7978	0. 9390		
		IDP23	0. 7978	0. 9390		
		IDP24	0. 7978	0. 9390		
		IDP25	0. 7467	0. 9427		
		IDP26	0. 7978	0. 9390		
		IDP27	0. 9790	0. 9269		
		IDP28	0. 7467	0. 9427		

附表 1 –7　　知识转移团队绩效（TAP）的信度和效度检验结果

		Item	Corrected Item – Total Correlation	Alpha if tem Deleted	Alpha	KMO
实验第二阶段	结构型知识冲突—合作性沟通实验组	TAP21	0. 7516	0. 9165	0. 9263	0. 775
		TAP22	0. 8185	0. 9101		
		TAP23	0. 7824	0. 9145		
		TAP24	0. 8535	0. 9063		
		TAP25	0. 6941	0. 9222		
		TAP26	0. 8008	0. 9139		
		TAP27	0. 7137	0. 9208		
	结构型知识冲突—竞争性沟通实验组	TAP21	0. 6933	0. 9021	0. 9107	0. 853
		TAP22	0. 6933	0. 9021		
		TAP23	0. 7055	0. 9000		
		TAP24	0. 8044	0. 8911		
		TAP25	0. 7462	0. 8966		
		TAP26	0. 7531	0. 8948		
		TAP27	0. 7531	0. 8948		

续表

		Item	Corrected Item - Total Correlation	Alpha if tem Deleted	Alpha	KMO
实验第二阶段	存量型知识冲突—合作性沟通实验组	TAP21	0.6860	0.9206	0.9247	0.706
		TAP22	0.6762	0.9219		
		TAP23	0.7695	0.9126		
		TAP24	0.8910	0.9000		
		TAP25	0.7052	0.9191		
		TAP26	0.8550	0.9039		
		TAP27	0.7641	0.9132		
	存量型知识冲突—竞争性沟通实验组	TAP21	0.7464	0.9299	0.9353	0.780
		TAP22	0.8095	0.9236		
		TAP23	0.8615	0.9183		
		TAP24	0.7961	0.9248		
		TAP25	0.6955	0.9337		
		TAP26	0.9416	0.9107		
		TAP27	0.6955	0.9337		
	关系型知识冲突—合作性沟通实验组	TAP21	0.7020	0.9082	0.9166	0.739
		TAP22	0.6273	0.9200		
		TAP23	0.8111	0.8968		
		TAP24	0.6299	0.9152		
		TAP25	0.8111	0.8968		
		TAP26	0.8809	0.8884		
		TAP27	0.8114	0.8967		
	关系型知识冲突—竞争性沟通实验组	TAP21	0.7838	0.9199	0.9309	0.866
		TAP22	0.7838	0.9199		
		TAP23	0.7838	0.9199		
		TAP24	0.7838	0.9199		
		TAP25	0.7703	0.9231		
		TAP26	0.7838	0.9199		
		TAP27	0.7838	0.9199		

附表1-8 知识转移组织绩效（OGP）的信度和效度检验结果

		Item	Corrected Item - Total Correlation	Alpha if tem Deleted	Alpha	KMO
实验第二阶段	结构型知识冲突—合作性沟通实验组	OGP21	0.6999	0.9534	0.9535	0.841
		OGP22	0.8456	0.9464		
		OGP23	0.8381	0.9466		
		OGP24	0.8661	0.9452		
		OGP25	0.7387	0.9518		
		OGP26	0.7281	0.9521		
		OGP27	0.9003	0.9434		
		OGP28	0.8732	0.9449		
		OGP29	0.8378	0.9470		
	结构型知识冲突—竞争性沟通实验组	OGP21	0.7752	0.9498	0.9532	0.845
		OGP22	0.9291	0.9419		
		OGP23	0.7519	0.9505		
		OGP24	0.7752	0.9498		
		OGP25	0.7915	0.9487		
		OGP26	0.8339	0.9469		
		OGP27	0.7306	0.9517		
		OGP28	0.8725	0.9445		
		OGP29	0.8725	0.9445		
	存量型知识冲突—合作性沟通实验组	OGP21	0.7236	0.9468	0.9491	0.807
		OGP22	0.8186	0.9420		
		OGP23	0.7522	0.9455		
		OGP24	0.8848	0.9384		
		OGP25	0.9013	0.9374		
		OGP26	0.7955	0.9432		
		OGP27	0.7340	0.9465		
		OGP28	0.7846	0.9438		
		OGP29	0.7846	0.9438		
	存量型知识冲突—竞争性沟通实验组	OGP21	0.9742	0.9300	0.9466	0.715
		OGP22	0.6444	0.9474		
		OGP23	0.7757	0.9411		
		OGP24	0.8424	0.9374		
		OGP25	0.6988	0.9450		
		OGP26	0.8424	0.9374		
		OGP27	0.8908	0.9346		
		OGP28	0.7257	0.9438		
		OGP29	0.7322	0.9444		

续表

		Item	Corrected Item – Total Correlation	Alpha if tem Deleted	Alpha	KMO
实验第二阶段	关系型知识冲突—合作性沟通实验组	OGP21	0. 9632	0. 9352	0. 9490	0. 803
		OGP22	0. 7974	0. 9446		
		OGP23	0. 7401	0. 9469		
		OGP24	0. 6597	0. 9497		
		OGP25	0. 7878	0. 9443		
		OGP26	0. 8671	0. 9391		
		OGP27	0. 8671	0. 9391		
		OGP28	0. 8235	0. 9421		
		OGP29	0. 7827	0. 9446		
	关系型知识冲突—竞争性沟通实验组	OGP21	0. 7386	0. 9360	0. 9410	0. 851
		OGP22	0. 6890	0. 9386		
		OGP23	0. 7386	0. 9360		
		OGP24	0. 7947	0. 9328		
		OGP25	0. 9348	0. 9260		
		OGP26	0. 9096	0. 9262		
		OGP27	0. 7386	0. 9360		
		OGP28	0. 7569	0. 9352		
		OGP29	0. 6939	0. 9394		

附录2

实验说明书

首先非常感谢您今天来参加我们的实验。这个实验是由国家自然科学基金项目（70671085）和中德科学基金研究交流中心项目（GZ577）资助的。为了感谢您的参与，在您遵守实验规则和实验要求的前提下，您将得到20元人民币的出场费。但如果在实验中您没有按照我们的实验要求来进行实验，我们将会扣除您的出场费。其扣除的标准是：每违背一次实验要求将计扣1元的实验出场费。

在实验中，您最后的收入为：实验报酬=20元-被扣的费用。

实验结束时，您所得的实验报酬，我们将用现金的形式立即支付给您。

请务必注意在实验中按照实验的规则来进行。如果有问题，请举手示意，我们将单独为您解答问题。

实验说明①

1. 实验介绍

为了有助于大家对实验中的任务环境有一个明确的认识，请大家先熟悉以下基本知识：

（1）跨国公司是由母公司和各个海外子公司共同整合而成的一个跨地域、

---

① 以上实验说明书是以“结构型知识冲突组”为依据来设计的，其余各组（存量型知识冲突组、关系型知识冲突组、无知识冲突组）除了在对自变量操控上所设计的情景（即双方冲突类型的控制上）有所区别之外，其实验设计内容和实验过程与以上相同。

跨国界的相互联系和有机协作的运作系统，它通过知识、产品、人员等在网络中各节点之间的流动来寻求全球整合效率、当地响应能力和世界性学习能力之间的平衡。(2) 跨国公司母子公司关系是建立在一定的资产关系基础上的一种特殊的公司间关系，具体体现为跨国公司母公司可以运用母子公司在法律关系上形成的权力对子公司的经营活动进行管理和控制。(3) 跨国公司母子公司之间知识转移的过程为：具有控制权与管理权的跨国公司总部（母公司）向海外的独资子公司与合资子公司（对合资子公司享有股权控制权）转移其知识的动态化过程。(4) 跨国公司母子公司知识转移的目的在于：母公司将其先进的知识转移给子公司，子公司在学习、理解、接受的基础上应用这些新知识来创造新价值，从而在实现母子公司知识共享的基础上来提升跨国公司的整体竞争力。

在这个实验中，实验者将被分成两组：参与人 A 组和参与人 B 组，参与人 A 将扮演跨国公司母公司的成员，参与人 B 将扮演跨国公司子公司的成员。参与人 A 将与参与人 B 组成一个知识转移小组，双方共同完成一个知识转移的任务。参与人 A 和参与人 B 组成知识转移小组的规则是随机分配的，即随机抽到 A_1 的参与人将和随机抽到 B_1 的参与人组成一个知识转移小组（A_1+B_1），参与人 A_2 将和参与人 B_2 组成一个知识转移小组（A_2+B_2），其余类推（A_n+B_n）。同时，由参与人 A 和参与人 B 组成的知识转移小组，还将被随机地分配到后来的合作性沟通组和竞争型性沟通组中去，如果你们（A_1+B_1、$A_2+B_2 \cdots A_n+B_n$）被随机分配到合作性沟通组和竞争性沟通组的任何一组，在后续的实验中你们将按照合作性沟通或竞争性沟通的要求来完成实验任务（这一点请切记）。

同时，请置身于如下情景，并依据此情景和您代表的角色在实验中做出决策和完成相应的实验任务：

XX 公司是一个成立于 1975 年，总部（母公司）设在德国，在美国、亚洲、非洲等全球市场扩张的大型跨国集团。几十年来，XX 跨国公司是一直致力于为全世界用户创造新的机遇、价值和体验，始终引领技术变革，其软件和服务能够帮助用户实现信息交流和数字生活管理，丰富商务应用和娱乐体验。XX 跨国公司 1992 年进入中国市场，1995 年成立子公司——XX 公司（中国）有限公司。作为 XX 跨国公司的全资子公司，XX 公司（中国）有限公司一方面要在产品线布局和基础技术研发方面与母公司保持一致，另一方面，在母公司的授权下，可以根据中国市场的具体情况，自主地制定中国市场发展战略与推广策略。目前，该子公司目前的业务领域已经覆盖全国，涵盖基础研究、产品开发、市场销售、技术支持和教育培训等多个层面。

2009年，XX公司总部（母公司）在经过前期论证的基础上，制定了研发一款具有更快更可靠性能的新产品D的战略规划，并计划将该产品在全球范围内上市推广。为此，XX公司总部（母公司）决定向子公司——XX公司（中国）有限公司转移为开发这款新产品所需要的相关的知识，以便XX公司（中国）有限公司能够利用这些知识围绕该新产品，进行相应的技术攻关、市场谋划以及管理调整等工作。

现假设参与人A和参与人B组成一个知识转移小组，参与人A代表XX公司总部（母公司）的成员，参与人B代表子公司——XX公司（中国）有限公司的成员。参与人A和参与人B都知道对方的如下信息：A与B都是同一学历层次，但A与B之间的专业不一致；A的专业背景是技术类，目前在母公司主要是从事技术研发的工作，B的专业背景是管理类，目前在子公司主要负责人力资源管理类的工作。

2. 实验过程

了解以上信息和情景后，在实验组织者的召集下，A和B将进入正式的实验阶段。

在第一阶段：参与人A将向参与人B发送5个知识（在进入实验室后这些知识将由实验组织者发放给A），A要求B必须接受这些知识，但B可以接受也可以不接受这些知识。B对A发送过来的知识进行阅读、理解。如果B认为自己理解了这些知识或者认为这些知识将能够为自己所在的子公司以及整个跨国公司带来好的效益，B可以接受这些知识；相反，如果B认为自己没有理解这些知识或者认为这些知识不能够为自己所在的子公司以及整个跨国公司带来好的效益，B可以拒绝这些知识中的某一个或者全部。在这一过程中，A和B不得进行任何的交流。当B认为自己已经有了可以接受或者不接受这些知识的答案后，参与人B向实验研究助理示意阐明自己已经有了决定。B做出这些决定的时间是10—20分钟，不能少于10分钟，但也不得超过20分钟。然后实验组织者将向A和B发放问卷，A和B填写完毕以后，交给实验组织者。

实验组织者回收问卷之后，在实验组织者的示意下，A和B进入第二阶段。

第二阶段：A和B按照自己所在组的沟通方式的要求，就知识转移的相关问题进行沟通。

- 合作性沟通组：如果A和B构成的知识转移小组属于合作性沟通小组，则A和B要构建合作性的沟通目标，采用温和的、循循善诱的沟通方式。A

要尽力说服B接受这些知识，并向B解释为什么母公司要转移这些知识给子公司，并且子公司（包括B）获得这些知识之后能够得到什么利益；B就对知识的学习、理解中的疑问向A进行沟通，并向A解释为什么自己愿意接受或者不愿意接受所转移的知识的理由。对双方存在的分歧，A和B都要尽力站在对方的立场上进行解释。此过程持续10—20分钟，不能少于10分钟，也不能超过20分钟，如果A和B达成了一致意见或者认为双方不可能达成一致意见，则向实验组织者示意。然后实验组织者将向A和B发放问卷。A和B填写完毕以后，交给实验组织者。

• 竞争性沟通组：如果A和B构成的知识转移小组属于竞争性沟通小组，则A和B都要以坚持自己的立场，与对方进行沟通时要采用压制式的、竞争性的沟通语言。A要站在自己的立场上来解释所转移的这些知识，并要想办法强制性地要求B接受被转移的知识。B也要尽力站在自己的立场上来阐述自己愿意接受或者不愿意接受所转移的这些知识。对双方存在的分歧，A和B都要站在自己的立场上，坚持自己的观点。此过程持续10—20分钟，不能少于10分钟，也不能超过20分钟，如果A和B达成了一致意见或者认为双方不可能达成一致意见，则向实验组织者示意。然后实验组织者将向A和B发放问卷。A和B填写完毕以后，交给实验组织者。

完成以上实验任务后，实验结束。请耐心地在原地等候，直到实验主持人叫到您时。领取实验报酬后，请安静地离开，不要相互讨论实验的相关内容。

如果对以上材料还有何问题或疑问，请举手向实验主持人提出；如果没有，请等待实验主持人召集，进入最终的实验环节。

附录3

A（母公司）向B（子公司）转移的知识

知识1：新产品D用行动中心（Action Center）取代了上一代产品C推出的安全中心（Security Center），在显示属性中新增加了一个功能，可以定时更换桌面壁纸（10秒到1天），使桌面看起来就像幻灯片；同时，内置了一个称为“PC Safeguard”的功能，可以将磁盘锁定为只读状态。

知识2：新产品D将彻底改变上一代产品C的开发流程，即从上一代产品C的分支型开发转成线性的开发方式。分支型开发是将不同组成部分分割为各个开发分支，并将其在最后汇总起来。线性开发则是针对从用户需求开始，到产品概念的构成，再到软件的开发，最后再到产品的成型，按照不同的阶段来一步一步地逐渐完成。

知识3：新产品D上市的营销推广策略为：对银行、企业、政府部门等大客户，成立专门的大客户营销组，采用免费试用、协助优化、最终签单的推广模式；对个人客户，利用公司网站，通过网络营销的方式，给个人客户一个免费的试用期和试用版本，并反馈个人客户在使用过程中的意见；对制造商客户，实施前向一体化的营销策略，让制造商的电脑在出厂时预装该新产品D。

知识4：为了确保新产品D的成功上市，公司总部成立新产品D项目小组，并在中国子公司成立项目分部。项目分部的总监由总部（母公司）派遣，中国子公司的总经理为项目经理，项目团队由子公司的研发部、营销部、产品部、财务部、人力资源部等部门负责人构成，并负责对应的项目运作。

知识5：为了提高员工参与新产品D上市推广的积极性，鼓励员工对新产品在技术改进、产品包装、市场推广、品牌运营等方面提出好的建议。项目小组负责对这些建议进行评估，对获得采纳的建议，将依据该建议可能带来的经济效益的5%给予物质奖励和在整个集团内部员工大会上给予表扬以及颁发证书的精神奖励；同时，作为将来职位晋升的依据，记入其个人的人力资源档案。

附录4

测试被试是否了解实验规则的问卷

此问卷仅用于考察您是否正确理解了我们的实验规则和实验过程！

编号：__________

1. 本次实验共有几个阶段实验期？（　　）

A. 1　　　　B. 2　　　　C. 3

2. 如果您和参加实验的另外一个人配成一组，那么在实验中您始终和他（她）是一组吗？（　　）

A. 是　　　　B. 不是　　　　C. 不一定

3. 如果您扮演的是母公司成员（A）的角色，在您向子公司成员（B）发送知识的过程中，您要求对方的规则是什么？（　　）（此题为扮演母公司成员A的人作答，扮演子公司成员B的人跳过此题）

A. 要求对方必须接受这些知识

B. 要求对方不用接受这些知识

C. 要求对方可以接受，也可以不接受这些知识

4. 如果您扮演的是子公司成员（B）的角色，在接受母公司成员（A）发送来的知识的过程中，您的决策规则是什么？（　　）（此题为扮演子公司成员B的人作答，扮演子母公司成员A的人跳过此题）

A. 我必须接受这些知识

B. 我完全不用接受这些知识

C. 我可以接受，也可以不接受这些知识

5. 如果您扮演的是子公司成员（B）的角色，在接受母公司成员（A）发

送来的知识的过程中，您将有多长时间作出决策？（　　）（此题为扮演子公司成员 B 的人作答，扮演子母公司成员 A 的人跳过此题）

A. 10 分钟　　B. 10—20 分钟

C. 20 分钟　　D. 没有任何时间限制

6. 在实验第一阶段，您和对方进行知识转移和知识接受的过程中，允许您与对方交谈吗？（　　）

A. 允许　　B. 不允许

7. 您和您的另一位实验对象要采用合作性沟通方式，那么您应该如何与对方进行沟通？（　　）（此题为抽到合作式沟通的人作答，抽到竞争式沟通的人跳过此题）

A. 坚持自我的目标不让步，而且采用压迫式的、强制性的语气

B. 与对方构建合作性的沟通目标，采用温和的、循循善诱的语言

C. 无所谓，用什么语言都行，有没有沟通目标也无妨

8. 您和您的另一位实验对象要采用竞争性沟通方式，那么您应该如何与对方进行沟通？（　　）（此题为抽到竞争式沟通的人作答，抽到合作式沟通的人跳过此题）

A. 与对方构建合作性的沟通目标，采用温和的、循循善诱的语言

B. 坚持自我的目标不让步，而且采用压迫式的、强制性的语气

C. 无所谓，用什么语言都行，有没有沟通目标也无妨

9. 在沟通过程中，您和您的另一位实验对象被允许沟通多长时间并做出决策？（　　）

A. 没有任何时间限制　B. 10 分钟

C. 10—20 分钟　　D. 20 分钟

10. 在实验中，如果您每违背了一次实验规则的要求，结果是什么？（　　）

A. 没有什么关系

B. 我将被扣掉 1 元的实验报酬

C. 我将不能获得任何实验报酬

D. 我将会被额外奖励 1 元的实验报酬

11. 实验结束时，您可得到的实验报酬应该多少？（　　）

A. 20 元　　B. 20 元 - 被扣的费用

C. 20 元 + 被奖励的费用

注意：请检查是否正确填写了您的编号！

附录5

实验调查问卷

附录5－1 结构型知识冲突（SKC）的调查问卷

请根据您在实验中的真实感受和想法，独立、客观地填写如下问卷。对于下面表格中所列的各项叙述，如果您认为“非常高”，请选5；“较高”，请选4；“中等”，请选3；“较低”，请选2；“非常低”，请选1。并在分数上打√。

编号：________

就刚才的知识转移过程，谈谈您对您和您的另一位实验对象之间冲突的感受：

SKC1	非常低	较低	中等	较高	非常高
1. 您感知到的和对方在专业背景上的差异程度是否很高？	1	2	3	4	5
2. 您的专业背景影响您对知识理解的程度是否很高？	1	2	3	4	5
3. 您感知到对方专业背景影响他对知识理解的程度是否很高？	1	2	3	4	5
4. 您感知到你们由于专业背景而形成的对知识产生不同理解的程度是否很高？	1	2	3	4	5
5. 您感知到的你们知识转移中的专业冲突程度是否很高？	1	2	3	4	5
6. 由于专业背景上不同使得你们决策对立程度是否很高？	1	2	3	4	5

经过以上的沟通之后，谈谈您现在对您和您的另一位实验对象之间冲突的感受：

SKC2	非常低	较低	中等	较高	非常高
1. 您感知到的和对方在专业背景上的差异程度是否很高?	1	2	3	4	5
2. 您的专业背景影响您对知识理解的程度是否很高?	1	2	3	4	5
3. 您感知到对方专业背景影响他对知识理解的程度是否很高?	1	2	3	4	5
4. 您感知到你们由于专业背景而形成的对知识产生不同理解的程度是否很高?	1	2	3	4	5
5. 您感知到的你们知识转移中的专业冲突程度是否很高?	1	2	3	4	5
6. 由于专业背景上不同使得你们决策对立程度是否很高?	1	2	3	4	5

附录5－2　存量型知识冲突（SBKC）的调查问卷

请根据您在实验中的真实感受和想法，独立、客观地填写如下问卷。对于下面表格中所列的各项叙述，如果您认为“非常高”，请选5；“较高”，请选4；“中等”，请选3；“较低”，请选2；“非常低”，请选1。并在分数上打√。

编号：________

就刚才的知识转移过程，谈谈您对您和您的另一位实验对象之间冲突的感受：

SBKC1	非常低	较低	中等	较高	非常高
1. 您感知到的和对方在知识储备的差异程度是否很高?	1	2	3	4	5
2. 您的知识储备影响您对知识理解的程度是否很高?	1	2	3	4	5
3. 您感知到对方知识储备影响他对知识理解的程度是否很高?	1	2	3	4	5
4. 您感知到你们由于学历差异形成的知识储备对知识产生不同理解的程度是否很高?	1	2	3	4	5
5. 您感知到的你们知识转移中的学历差异程度是否很高?	1	2	3	4	5
6. 由于知识储备上的不同使得你们的对立程度是否很高?	1	2	3	4	5

经过以上的沟通之后，谈谈您现在对您和您的另一位实验对象之间冲突的感受：

SBKC2	非常低	较低	中等	较高	非常高
1. 您感知到的和对方在知识储备的差异程度是否很高?	1	2	3	4	5
2. 您的知识储备影响您对知识理解的程度是否很高?	1	2	3	4	5
3. 您感知到对方知识储备影响他对知识理解的程度是否很高?	1	2	3	4	5

续表

SBKC2	非常低	较低	中等	较高	非常高
4. 您感知到你们由于学历差异形成的知识储备对知识产生不同理解的程度是否很高?	1	2	3	4	5
5. 您感知到的你们知识转移中的学历差异程度是否很高?	1	2	3	4	5
6. 由于知识储备上的不同使得你们的对立程度是否很高?	1	2	3	4	5

附录 5－3　关系型知识冲突（RKC）的调查问卷

请根据您在实验中的真实感受和想法，独立、客观地填写如下问卷。对于下面表格中所列的各项叙述，如果您认为“非常高”，请选 5；“较高”，请选 4；“中等”，请选 3；“较低”，请选 2；“非常低”，请选 1。并在分数上打√。

编号：________

就刚才的知识转移过程，谈谈您对您和您的另一位实验对象之间冲突的感受：

RKC1	非常低	较低	中等	较高	非常高
1. 对方掌握了对您不利的信息影响你情绪的程度是否很高?	1	2	3	4	5
2. 您感知到了对方和你在情绪上对立的程度是否很高?	1	2	3	4	5
3. 你们情绪上的对立影响您对知识理解的程度是否很高?	1	2	3	4	5
4. 您感知到你们在知识转移中关系矛盾的程度是否很高?	1	2	3	4	5
5. 你们情绪上的对立影响你们决策冲突的程度是否很高?	1	2	3	4	5
6. 您能感知到你们相互不喜欢的程度是否很高?	1	2	3	4	5
7. 您能感知到你们情感矛盾的程度是否很高?					

经过以上的沟通之后，谈谈您现在对您和您的另一位实验对象之间冲突的感受：

RKC2	非常低	较低	中等	较高	非常高
1. 对方掌握了对您不利的信息影响你情绪的程度是否很高?	1	2	3	4	5
2. 您感知到了对方和你在情绪上对立的程度是否很高?	1	2	3	4	5
3. 你们情绪上的对立影响您对知识理解的程度是否很高?	1	2	3	4	5
4. 您感知到在知识转移中关系矛盾的程度是否很高?	1	2	3	4	5
5. 你们情绪上的对立影响决策冲突的程度是否很高?	1	2	3	4	5
6. 您能感知到的你们相互不喜欢的程度是否很高?	1	2	3	4	5
7. 您能感知到的你们情感矛盾的程度是否很高?	1	2	3	4	5

附录 5－4　合作性沟通（COC）的调查问卷

请根据您在实验中的真实感受和想法，独立、客观地填写如下问卷。对于下面表格中所列的各项叙述，如果您“完全同意”，请选 5；“基本同意”，请选 4；“不确定”，请选 3；“不太同意”，请选 2；“完全不同意”，请选 1。并在分数上打√。

编号：________

对刚才您和您的另一位实验对象的沟通过程，谈一谈您的看法：

COC	完全不同意	不太同意	不确定	基本同意	完全同意
1. 我感知到对方与我都是基于合作性目标所进行的沟通行为	1	2	3	4	5
2. 我感知到对方使用了劝说、温和的语气在与我进行沟通	1	2	3	4	5
3. 我感知到我与对方都欣赏“我们在同一条战线上”的态度	1	2	3	4	5
4. 我感知到我与对方都将知识转移中的分歧作为共同面临的问题来面对	1	2	3	4	5
5. 对知识的分歧，我们都寻求对母子公司有利的解决办法	1	2	3	4	5
6. 对知识转移中的分歧，我们都站在对方的立场上考虑问题	1	2	3	4	5
7. 在知识转移的沟通过程中，我们相互尊重对方的意见	1	2	3	4	5
8. 我感知到我与对方在阐述和评价自己的观点时比较客观	1	2	3	4	5

附录 5－5　竞争性沟通（CPC）的调查问卷

请根据您在实验中的真实感受和想法，独立、客观地填写如下问卷。对于下面表格中所列的各项叙述，如果您“完全同意”，请选 5；“基本同意”，请选 4；“不确定”，请选 3；“不太同意”，请选 2；“完全不同意”，请选 1。并在分数上打√。

编号：________

对刚才您和您的另一位实验对象的沟通过程，谈一谈您的看法：

CPC	完全不同意	不太同意	不确定	基本同意	完全同意
1. 我与对方都是基于自我的竞争性目标所进行的沟通行为	1	2	3	4	5
2. 我感知到对方使用了强制、压迫式的语气在与我进行沟通	1	2	3	4	5
3. 在知识转移中，我们都要求对方同意自己的观点	1	2	3	4	5
4. 为了实现自我目标，我与对方都坚持自我立场的重要性	1	2	3	4	5
5. 对知识转移中的分歧，我与对方都坚持自己的看法	1	2	3	4	5
6. 对知识转移的分歧，我们都希望对方做出让步，而不是自己	1	2	3	4	5
7. 对知识转移中的分歧，我们很难达成一致性的意见	1	2	3	4	5
8. 我与对方的沟通就是在争论，非要分个输赢不可	1	2	3	4	5

附录5－6　跨国公司母子公司知识转移绩效的调查问卷①

请根据您在实验中的真实感受和想法，独立、客观地填写如下问卷。对于下面表格中所列的各项叙述，如果您“完全同意”，请选5；“基本同意”，请选4；“不确定”，请选3；“不太同意”，请选2；“完全不同意”，请选1。并在分数上打√。

编号：________

基于刚才的知识转移过程，谈谈您对知识转移绩效的看法：

知识转移个体绩效（IDP）	完全不同意	不太同意	不确定	基本同意	完全同意
1. 学习这些被转移的知识对我很重要	1	2	3	4	5
2. 我已经理解这些被转移的知识	1	2	3	4	5
3. 我已经能够判断和辨别这些知识是如何被转移和使用	1	2	3	4	5
4. 这些被转移的知识更加容易使用	1	2	3	4	5
5. 我有责任使用好这些知识	1	2	3	4	5
6. 对知识转移的过程感到满意	1	2	3	4	5
7. 对知识转移的结果感到满意	1	2	3	4	5
8. 我全部接受这些被转移的知识	1	2	3	4	5

① 以上问卷，除了在第一阶段无沟通的知识转移之后需要被试回答之外，在经过第二阶段的沟通之后，被试还要再回答一次，其调查内容同上。

续表

知识转移团队绩效（TAP）	完全不同意	不太同意	不确定	基本同意	完全同意
1. 我与对方都对在预定时间内完成知识转移工作感到满意	1	2	3	4	5
2. 我与对方都会使用这些知识，来创造出更多的新知识	1	2	3	4	5
3. 我与对方都会利用这些知识，与新产品开发的实践相结合	1	2	3	4	5
4. 对创造出来的新知识，我与对方都愿意进一步转移与共享	1	2	3	4	5
5. 我们都对对方在知识转移中的态度和行为感到满意	1	2	3	4	5
6. 通过知识转移，我们双方的经验与能力都有所提升	1	2	3	4	5
7. 我们认为利用这些转移的知识，将创造出更多的新知识	1	2	3	4	5
知识转移组织绩效（OGP1）	完全不同意	不太同意	不确定	基本同意	完全同意
1. 通过母子公司的知识转移，跨国公司整体知识数量增加了	1	2	3	4	5
2. 母子公司通过知识转移，跨国公司将创造出更多的新知识	1	2	3	4	5
3. 通过母子公司的知识转移，将增强母子公司双方的关系	1	2	3	4	5
4. 通过母子公司知识转移，跨国公司新产品上市将取得成功	1	2	3	4	5
5. 通过母子公司知识转移，将提升跨国公司的整体市场份额	1	2	3	4	5
6. 通过母子公司知识转移，将提升跨国公司的顾客满意度	1	2	3	4	5
7. 通过母子公司知识转移，将提升跨国公司的全球竞争能力	1	2	3	4	5
8. 通过母子公司知识转移，将增加跨国公司员工的满意度	1	2	3	4	5
9. 母子公司的知识转移增强了跨国公司员工与管理者的关系	1	2	3	4	5

附录 5－7　实验被试的基本信息

1. 您在校所学的专业：（　　　　　　　　）
2. 您目前的学历状况： 1. 博士研究生　2. 硕士研究生　3. 本科二年级　4. 本科四年级
3. 您的年龄： 1. 18—20 岁　2. 21—23 岁　3. 24—26 岁　4. 27—30 岁　5. 30 岁以上
4. 您的性别：0. 男　1. 女

附录6

实验前测问卷

首先非常感谢您今天来参加我们的实验。这个实验是由中德科学中心“跨文化决策冲突与沟通化解的实验方法与应用”暑期讲习班项目（GZ575）资助的。

在本次实验正式开始之前，您需要首先完成如下与实验相关的问卷调查。此次问卷调查旨在了解中德双方在文化背景方面存在的差异。请根据您的真实感受和想法，独立、客观地填写如下问卷。对于下面表格中所列的各项叙述，如果您认为“完全同意”，请选5；“有点同意”，请选4；“不确定”，请选3；“有点不同意”，请选2；“非常不同意”，请选1。并在分数上打√。

（一）关于德国国家（民族）文化的认识	分数				
1. 德国文化是以个人主义为特征的人文主义思想传统，以“纯粹理想”和“实践理性”为根本的理性主义行为取向	1	2	3	4	5
2. 在德国，人们认为权力应受到制约，每个人应该具有同等的权利	1	2	3	4	5
3. 在德国，人们对不确定性规避的敏感度较高	1	2	3	4	5
4. 德国人强调自我创新以避免不可预料的变化带来的负面影响	1	2	3	4	5
5. 德国人强调个人成就的获得和对自身命运的把握	1	2	3	4	5
6. 德国人都有强烈的自我意识、一切以自我为中心	1	2	3	4	5
7. 在德国，男人在社会中具有较大的权利和较高的地位	1	2	3	4	5
8. 在德国，很少有女性进入公司或组织的管理高层	1	2	3	4	5
9. 德国人以获得短期目标为基本追求，强调目标结果的直接获得	1	2	3	4	5
10. 德国人的信息交流传递比较坦白，使用准确的编码传递信息	1	2	3	4	5
11. 德国人在谈话过程中没有更加隐藏的含意和所谓的“暗示”	1	2	3	4	5

续表

（二）关于中国国家（民族）文化的认识	分数				
1. 中国文化注重亲情与友情、注重裙带关系，强调人际关系	1	2	3	4	5
2. 在中国，人在社会中处于不同的位置，社会地位是不可逾越的	1	2	3	4	5
3. 中国人对不确定性规避的敏感度较低	1	2	3	4	5
4. 中国人善于根据实际情况做出改变	1	2	3	4	5
5. 在中国，人们强调群体内的和谐，不主张突出个人的行为	1	2	3	4	5
6. 在中国，个人对集体有强烈的情感依附	1	2	3	4	5
7. 矜持、友好和让步是中国人特有的价值观	1	2	3	4	5
8. 中国人不习惯进行公开的争论，而宁愿私下内部解决争议	1	2	3	4	5
9. 中国人偏爱制定长期规划，并且善于曲线式地执行计划	1	2	3	4	5
10. 中国人在表述中常常包含了更多的背景信息，而非直接信息	1	2	3	4	5
（三）对中德国家（民族）文化差异的认识	分数				
1. 我认为中国与德国在国家（民族）文化上的差异程度较高	1	2	3	4	5
2. 我认为德国文化是低权力距离，而中国文化是高权力距离	1	2	3	4	5
3. 我认为德国文化是高不确定规避，而中国文化是低不确定规避	1	2	3	4	5
4. 我认为德国文化崇尚个人主义，而中国文化崇尚集体主义	1	2	3	4	5
5. 我认为德国文化体现男性主义，而中国文化体现女性主义	1	2	3	4	5
6. 我认为德国文化体现短期主义倾向，而中国文化体现长期主义倾向	1	2	3	4	5
7. 我认为与德国人沟通更直接，而与中国人沟通需要更多的铺垫	1	2	3	4	5

参考文献

[1] Alanim, D. E. Review: Knowledge management and knowledge management systems: Conceptual foundations and research issues [J]. MIS Quarterly, 2001, 25 (1): 107 -136.

[2] Amason, A. C. Distinguishing the effects of functional and dysfunctional conflict on strategic decision making: Resolving a paradox for top management teams [J]. Academy of Management Journal, 1996, 39 (1): 123 -148.

[3] Amason, A C., Sapienza, H. J. The effects of yap management team size and interaction norms on cognitive and affective conflict [J]. Journal of Management. 1997, 23 (4): 495 -516.

[4] Amason, A. C., Schweiger, D. M. Resolving the paradox of conflict, strategic decision making and organizational performance [J]. International Journal of Conflict Management, 1994, 5 (3): 239 -253.

[5] Anil, K. G., Vijay, G. Knowledge Flows within Multinational Corporations [J]. Strategic Management Journal, 2000 21 (4): 473 -496.

[6] Anne - Wil, Niels, N. G. Knowledge flows in MNCs: An empirical test and extension of Gupta and Govindarajan's typology of subsidiary roles [J]. International Business Review, 2006 (15): 195 -214.

[7] Ayas, k. Organizational learning organization: Developments in theory and pritice [M]. Thousand Oaks, CA: Sage, 1991: 176 -193.

[8] Bartlette, C. A., Ghoshal, S. Tap Your Subsidiaries for Global Reach [J]. Howard Business Review, 1986, 64 (6): 87 -94.

[9] Bernard, L. Knowledge processes and learning outcomes in MNCs: an empirical investigation of the role of HRM practices in foreign subsidiaries [J]. Human Resource Management, 2009, 48 (7): 505 -530.

[10] Bodo, B., Tina. C. C. Knowledge transfer between marketing functions in multinational companies: a conceptual model [J]. International Business Re-

view, 2003, (12): 215 -232.

[11] Boulding, K. Conflict and defense [M]. New York: Harper Row, 1963.

[12] Chen, C. J. The effects of knowledge attribute alliance characteristics, and absorptive capacity on knowledge transfer performance [J]. R&D Management, 2004, 34 (3): 311 -321.

[13] Chen, C. J. The determinants of knowledge transfer through strategic alliances [C]. Academy of Management Best Paper Proceedings, 2004: 1 -6.

[14] Christopher, W. , Soo, H. Entrepreneurial contexts and knowledge coordination within the multinational corporation [J]. Journal of World Business, 2011 (3): 253 -264.

[15] Cosier, R. A. , Ruble, T. L. Research on conflict - handling behavior: An experimental approach [J]. Academy of Management Journal, 1981, 24, 816 -832.

[16] Craig, M. , Carol, E. Knowledge Transfer and Exchange: Review and Synthesis of the Literature [J]. The Milbank Quarterly, 2007, 85 (4): 729 -768.

[17] Cummings, J. , Teng, B. S. Transferring R & D knowledge: the key factors affecting knowledge transfer success [J]. Journal of Engineering and Technology Management, 2003, 4920: 39 -68.

[18] DavenPort, TH. , Prusak, L. Working knowledge: How organizations manage what they know [M]. Cambridge, MA: Harvard Business School Press, 1998: 17 -18.

[19] Daniele, C. The multinational enterprise as an internal market system [J]. International Business Review, 2006 (15): 253 -277.

[20] DREU, L. Task versus relationship conflict team performance, and team member satisfaction: a Meta analysis [J]. Journal of Applied Psychology, 2003, 88 (4): 741 -749.

[21] Deutsch, M. Fifty years of conflict [A]. In Festinger, L. (Ed.), Retrospections on Social Psychology. New York: Oxford University Press, 1980: 46 -77.

[22] Deutsch, M. Sixty years of conflict [A]. International Journal of Conflict Management, 1990 (1): 237 -263.

[23] Deutsch, M. The resolution of conflict [M]. New Haven, CT: Yale University Press, 1973.

[24] Dixon, N. M. Common knowledge: How companies thrive by sharing

what they know [M]. Harvard Business School Press: Boston, 2000.

[25] Dong, K., Kirsch, L. J., King, W. R. Antecedents of knowledge transfer from consultants to clients in enterprise system implementations [J]. MIS Quarterly, 2005, 29 (1): 59 - 85.

[26] Dorr, G., Republic, K. T. Transformation as a Learning Process: Experiences with Joint ventures in the Czech example for a New Modern Form of Organizing Production [J]. EMERGO, 1996, (3/2): 44 - 57.

[27] Eric, W. K, Tsang. The knowledge transfer and learning aspects of international HRM: an empirical study of Singapore MNCs [J]. International Business Review, 1999 (8): 591 - 609.

[28] Federica, S., Antonello. Z. Multinational firms, global value chains and the organization of knowledge transfer [J]. Research Policy, 2009 (38): 369 - 381.

[29] Fink, C. F. Some conceptual difficulties in the theory of social conflict [J]. Journal of Conflict Resolution, 1968, 12: 412 - 460.

[30] Foss, K., Foss, N. J. Authority in the Context of Distributed Knowledge [M]. Oxford: Oxford University Press, 2008.

[31] Foss, N. J., Pedersen, T. The MNC as a knowledge structure: The roles of knowledge sources and organizational instruments in MNC knowledge management [J]. Danish Research Unit for Industrial Dynamics, 2003 (5): 1 - 33.

[32] Garavelli, A. C, Gorgoglione, M. S. Managing knowledge transfer by knowledge technologies [J]. Technovation, 2002, 22 (5): 269 - 279.

[33] Giuliani, E. Multinational Corporations and Patterns of Local Knowledge Transfer in Costa Rican High - Tech Industries [J]. Development & Change, 2008, 39 (3): 385 - 407.

[34] Hakanson, L., Nobel, R. Technology characteristics and reverse technology transfer [J]. Management International Review, 2000, 40 (1): 29 - 48.

[35] Harcourt, J., Wattier, M. J. A national study of middle manager's assessment of organization communication quality [J]. Journal of Business Communication, 1999, 28 (4): 348 - 365.

[36] Holden, N., Harald, F. O. Why cross - cultural knowledge transfer is a form of translation in more ways than you think [J]. Knowledge and Process Management, 2004, 11 (2): 127 - 136.

[37] Hooff, B. V, Deridder, J. E. Knowledge sharing in context: the influ-

ence of organizational commitment, communication climate and CMC use on Knowledge Sharing [J]. Journal of Knowledge Management, 2004, 45 (8): 117.

[38] Hong, J, F., Snell, R, S. &Easterby – Smith, M. Knowledge flow and boundary crossing at the periphery of a MNC [J]. International Business Review; 2009, 18 (6): 539 –554.

[39] Huang, C. M., Chang, H. C., Henderson, S. Knowledge transfer barriers between research and development and marketing groups within Taiwanese small – and medium – sized enterprise high – technology new product development teams [J]. Human Factors and Ergonomics in Manufacturing, 2008, 18 (6): 621 –657.

[40] Jacky, F. L., Hong, T. V., Nguyen. Knowledge embeddedness and the transfer mechanisms in multinational corporations [J]. Journal of World Business, 2009, 44 (1): 347 –356.

[41] Joshi, K. D., Saonee, S., Suprateek, S. Knowledge transfers within information systems development teams: Examining the role of knowledge source attributes [J]. Decision Support Systems 2007 (43): 322 –335.

[42] Jameson, J. K. Toward a comprehensive model for the assessment and management of organizational conflict: Developing the framework [J]. The International Journal of Conflict Management, 1999 10 (3), 268 –294.

[43] Jacky F. L., Thang V. Knowledge embeddedness and the transfer mechanisms in multinational corporations [J]. Journal of World Business, 2009 (44): 347 –356.

[44] Jacky F. L., Robin, S. SKnowledge flow and boundary crossing at the periphery of a MNC [J]. International Business Review, 2009 (18): 539 –554.

[45] Jehn, K. A. Enhancing effectiveness: an investigation of advantages and disadvantages of value – based intragroup conflict [J]. International Journal of Conflict Management, 1994 (5): 223 –238.

[46] Jehn, K. A. A multimethod examination of the benefits and detriments of intragroup conflict [J]. Administrative Science Quarterly, 1995, 40 (2): 256 –282.

[47] Jehn, K. A. A qualitative analysis of conflict types and dimensions in organizational groups [J]. Administrative Science Quarterly, 1997, 42 (3): 530 – 557.

[48] Jehn, K. A., Bezrukova, K. A field study of group diversity, work-

group context, and performance [J]. Journal of Organizational Behavior, 2004, 25 (6): 703 -729.

[49] Jehn, K. A., Mannix, E. A. The dynamic nature of conflict: a longitudinal study of intragroup conflict and group performance [J]. Academy of Management Journal, 2001, 44 (2): 238 -251.

[50] Jehn, K. A., Northcraft, G. B. Why differences make a difference: a field study of diversity, conflict and performance in workgroups [J]. Administrative Science Quarterly, 1999, 44 (4): 741 -763.

[51] Jehn, K. A., Shah, P. Interpersonal relationships and task performance: an examination of mediating process in friendship and acquaintance groups [J]. Journal of Personality and Social Psychology, 1997, 72 (4): 775 -790.

[52] Jehn, K. A., Van, D. L., Cummings, A. Differential effects of strain on two forms of work performance: Individual employee sales and creativity [J]. Journal of Organizational Behavior, 2002, 23 (1): 57 -74.

[53] Jeoung, Y. L, MacMillan. Managerial knowledge - sharing in chaebols and its impact on the performance of their foreign subsidiaries [J]. International Business Review, 2008, (17): 533 -545.

[54] Judith, J., Julian, L. Protecting Strategic Knowledge: Insights from Collaborative Agreements in the Aerospace Sector [J]. Technology Analysis & Strategic Management, 2004, 16 (2): 241 -259.

[55] John, R. S., Maiko, M. Knowledge transfer and human resource development practices: Japanese firms in Brazil and Mexico [J]. International Business Review, 2000, (9): 599 -612.

[56] Kimberly, K. Managing Intellectual Property Risk: Because Knowledge is a Company's Asset [EB]. [2007 -09 -18]. http://www.sdipla.org/IPRM - white - paper.pdf.

[57] Kirmeyer, S. L., Lin, T. R. Social support: Its relationship to observed communication with peers and superiors [J]. Academy of Management Journal, 1987, 30 (1): 138 -151.

[58] Kostova T. Transnational transfer of strategic organizational practices: a contextual perspective [J]. Academy of Management Review, 1999, 24 (2): 308 -324.

[59] Kostova, T. Adoption of organizational practices: subsidiaries of multinational corporations institutional a relational effects [J]. Academy of Management

Journal, 2002, 45 (1): 215 -223.

[60] Kogut, B. , Zander, U. Knowledge and an Evolutionary Theory of the Multinational Firm [J]. Journal of International Business studies, 2003, 34 (6): 505 -515.

[61] Kristiina, M. , Hanna, K. K. Interpersonal similarity as a driver of knowledge sharing within multinational corporations [J]. International Business Review, 2007 (16): 1 -22.

[62] Larissa, R. Subsidiary roles and reverse knowledge transfer: An investigation of the effects of coordination mechanisms [J]. Journal of International Management, 2011 (17): 97 -113.

[63] Lave, J. , Wenger, E. Situated learning: legitimate peripheral participation [M]. Cambridge, UK: Cambridge University Press, 1991.

[64] Le, N. , Felicitas, E. Acquiring tacit and explicit marketing knowledge from foreign partners in IJVs [J]. Journal of Business Research, 2007 (60): 1152 -1165.

[65] Leonard, D. , Sensiper, S. The role of tacit knowledge in group innovation [J]. California Management Review: Special Issue on Knowledge and the Firm, 1998, 40 (3): 112 -132.

[66] Liu, T. L. Knowledge transfer: past research and future directions [J]. The Business Review, 2007, 7 (1): 273 -281.

[67] Li, L. The effects of trust and shared vision on inward knowledge transfer in subsidiaries' intra - and inter - organizational relationships [J]. International Business Review, 2005, (14): 77 -95.

[68] Long, D. W. , Fahey. D. L. Diagnosing cultural barriers to knowledge management [J]. The Academy of Management Executive, 2000, 14 (4): 113 -127.

[69] Marks, M. A. , Sabella, M. J. , Burke, C. S. The Impact of Cross - Training on Team Effectiveness [J]. Journal ofApplied Psychology, 2002, 87 (1): 3 -13.

[70] Maria, A. , Katarina, L. Knowledge development and sharing in multinational corporations: The case of a centre of excellence and a transnational team [J]. International Business Review, 2006 (15): 381 -400.

[71] Martine R. Haas, Morten T. Hansen. Different knowledge, different benefits: toward a productivity perspective on knowledge sharing in organizations [J]. Strategic Management Journal, 2007, 28 (11): 1133 -1153.

[72] Meyer, J. W., Rowan. B. Institutionalized organizations: Formal structure as myth and ceremony [J]. American Journal of Sociology, 1977, 83: 340 - 363.

[73] Miles, E. W., Patrick, S. L., King, W. C. Job level as a systemic variable in predicting the relationship between supervisory communication and job satisfaction [J]. Journal of Occupational and Organizational Psychology, 1996, 69: 277 - 292.

[74] Minbaeva, D., Pedersen T, MNC knowledge transfer, subsidiary absorptive capacity, and HRM [J]. Journal of International Business Study. 2003, 34 (5): 586 - 599.

[75] Miner, A. S., Mezias, S. J. Ugly ducking no more: Pasts and futures of organizational learning research [J]. Organizational Science. 1996, 7 (1): 88 - 99.

[76] Minionis, D. Enhancing team performance in adverse conditions: The role of shared team mental models and team training on an interdependent task [D]. Unpublished Unpublished doctoral dissertation, George Mason University, Fairfax, VA, 1994.

[77] Michele, O., Eamonn, O. F. MNC - SME strategic alliances - A model framing knowledge value as the primary predictor of governance modal choice [J]. Journal of International Management, 2005 (11): 397 - 416.

[78] Mila, L., Ibraiz, T. Knowledge transfer upon repatriation [J]. Journal of World Business, 2005 (40): 361 - 373.

[79] Moreland, R. L. Transactive memory: Learning who knows what in work groups and organizations. L. L. Thompson, J. M. Levin, D. M. Messick, eds. Shared Cognition in Organizations: The Management of Knowledge [M]. Mahwah, NJ: Lawrence Erlbaum Associates, Inc., 1999: 3 - 31.

[80] Morten, T. Hansen. Knowledge Networks: Explaining Effective Knowledge Sharing in Multiunit Companies [J]. Organization Science, 2002, 13 (3): 232 - 248.

[81] Mo, Y., Juliet, O. Patterns of knowledge flows and MNE innovative performance [J]. Journal of International Management, 2004 (10): 239 - 258.

[82] Mulvey, P. W., Klein, H. J. The Impact of Perceived Loafing and Collective Efficacy on Group Goal Processes and Group Performance [J]. Organizational Behavior and Human Decision Processes, 1998, 74 (1): 62 - 87.

[83] Nickerson, J. A., Zenger, T. R.. A knowledge - based theory of the

firm: The problem - solving perspective [J]. Organization Science, 2004, 15 (6): 617 - 632.

[84] Nicolai, J. F., Torben, P. Transferring knowledge in MNCs: The role of sources of subsidiary knowledge and organizational context [J]. Journal of International Management, 2002 (8): 49 - 67.

[85] Nonaka, I. A dynamic theory of organizational knowledge [J]. Organization Science, 1994, 5 (1): 14 - 37.

[86] Nonaka, I. knowledge - creating company [J]. Harvard Business Review. 1991, 69 (6): 104 - 110.

[87] Nonaka, I., Takeuchi, H. The knowledge creating company [M]. New York: Oxford University Press, 1995: 58.

[88] Nonaka, I., Takeuchi, H. The Knowledge Creating Company: How Japanese Companies Create the Dynamics of Innovation [M]. Oxford: Oxford University Press, 1995.

[89] Pedro, F., Wolfgang, S. Knowledge protection strategies of multinational firms—A cross - country comparison [J]. Research Policy, 2010, 39: 956 - 968.

[90] Phan, C., Christopher, B. Knowledge acquisition from foreign parents in international joint ventures: An empirical study in Vietnam [J]. International Business Review, 2006 (15): 463 - 487.

[91] Pien, W., Tony, W., Tongb, P. An integrated model of knowledge transfer from MNC parent to China subsidiary [J]. Journal of World Business, 2004 (39): 168 - 182.

[92] Pondy, L. R. Organizational conflict: concepts and models [J]. Administrative Science Quarterly, 1967, 12 (2): 296 - 320.

[93] Putnam, L. L., Wilson, C. E. Communicative strategies in organizational conflict: Reliability and validity of a measurement scale [A]. In Communication Yearbook, Burgoon M. (ed). Sage: Beverly Hills, CA, 1982 (6): 629 - 652.

[94] Rabi, S. B, Ben L. K. Cultural variations in the cross border transfer of organizational knowledge: an integrative framework [J]. Academy of Management Review, 2002 (2): 204 - 221.

[95] Robin, T., Molly. W. Knowledge transfer in MNCs: Examining how intrinsic motivations and knowledge sourcing impact individual centrality and performance [J]. Journal of International Management, 2009 (15): 15 - 31.

[96] Sami, P., Lasse, L, Kai. H. Models of Innovative Knowledge Communities and Three Metaphors of Learning [J]. Review of Educational Research, 2004, 74 (4): 557-576.

[97] Schweiger, D. M., Sandberg, W. R., Recliner, J. W. Group approaches for improving strategic decision making: a comparative analysis of dialectical inquiry, devil's advocacy and consensus approaches to strategic decision making [J]. Academy of Management Journal, 1986, 32: 745-772.

[98] Scott, W. R. Institutions and Organizations [M]. Thousand Oaks, CA: Safe, 1995.

[99] Senge, P. M. Sharing Knowledge [J]. Erecutive Excellence, 1997, 14 (11): 17-20.

[100] Sharif, M, M. Basis of techno-economic policy analysis [J]. Science and Public Policy. 1988, 15 (4): 217-229.

[101] Shu-Hsien, Ta-Chien, H. Knowledge transfer and competitive advantage on environmental uncertainty: An empirical study of the Taiwan semiconductor industry [J]. Technovation, 2007 (27): 402-411.

[102] Simonin, B. L. The importance of collaborative know-how: An empirical test of the learning organization [J]. Academy of Management Journal, 1997, 40 (5): 150-174.

[103] Simonin, B L. Ambiguity and the process of knowledge transfer in strategic alliances [J]. Strategic Management Journal, 1999, 20 (2): 595-623.

[104] Simons, T. L., Peterson, R. S. Task conflict and relationship conflict in top management teams: The pivotal role of intragroup trust [J]. Journal of Applied Psychology, 2000, 85 (1): 102-111.

[105] Simonin. B. L, An empirical investigation of the process of knowledge transfer in international strategic alliances [J]. Journal of International Business Studies, 2004, 35 (5): 907-929.

[106] Snejina, M. Organizational values and knowledge sharing in multinational corporations: The Danisco case [J]. International Business Review, 2010 (11): 969-989.

[107] Snejina, M., Zaidah, M. Subsidiary knowledge flows in multinational corporations: Research accomplishments, gaps, and opportunities [J]. Journal of World Business, 2011 (5): 8-22.

[108] Subramaniam, M., Venkatraman, N. Determinants of transnational new

product development capability: Testing the influence of transferring and deploying tacit overseas knowledge [J]. Strategic Management Journal, 2001, 22: 359 - 378.

[109] Szulanzk, I. G. Exploring internal stickiness: impediments to the transfer of best practice with the firm [J]. Strategic Management Journal, 1996, 28 (17): 27 - 43.

[110] Tailan, C., Paul. C., Philipp, K. Knowledge - based resources as determinants of MNC structure: tests of an integrative model [J]. Journal of International Management, 2004, (10): 219 - 238.

[111] Tan, C. W., Pan, S. L. & Lim, E. T. K. et al. Managing knowledge conflict in an interorganizational project: A case study of the infocomm development authority of Singapore [J]. Journal of the American Society for Information Science and Technology, 2005, 56 (11): 1195 - 1205.

[112] Teece, D. J. Technology transfer by multinational firms: the resource cost of transferring technological know - how [J]. The Economic Journal, 1976, 87 (346): 242 - 261.

[113] Teigland, R., Wasko, M. Knowledge transfer in MNCs: Examining how intrinsic motivations and knowledge sourcing impact individual centrality and performance [J]. Journal of International Management, 2009, 15 (1): 15 - 31.

[114] Tseng, T. Collective Efficacy, Anxiety, Creativity Innovation and Work Performance at the Team Level [D]. Unpublished Unpublislhed Ph. D. Dissertation, University of Southern California, Los Angeles, California, 2001.

[115] Tina, C. A., Bjo, A. B. The impact of distance on knowledge transfer effectiveness in multinational corporations [J]. Journal of International Management, 2009 (15): 1 - 14.

[116] Tina, C. A., Bjo, A. B. Learning from foreign subsidiaries: An empirical investigation of headquarters' benefits from reverse knowledge transfers [J]. International Business Review, 2006 (15): 294 - 312.

[117] Tjosvold, D. Implications of controversy research for management [J]. Journal of Management, 1985, 11 (3): 21 - 37.

[118] Tjosvold, D. Employee involvement in support of corporate values in successful organizations: cooperative interaction, and influence [J]. International Journal of Value - Based Management, 1998, 11 (1): 35 - 46.

[119] Tjosvold, D., Andrews, R., Jones, H. Cooperative and competitive relationships between leaders and subordinates [J]. Human Relations, 1983, 36

(12): 1121 -1124.

[120] Tjosvold, D., Hui, C., Law, K. S. Empowerment in the manager - employee relationship in Hong Kong: Interdependence and controversy [J]. Journal of Social Psychology, 1998, 138 (5): 624 -636.

[121] Tjosvold, D., Hui, C., Sun, H. Building social face and open - mindedness: Constructive conflict in Asia [A]. In C. M. Lau, K. S. Law, D. K. Tse, &C. S. Wong (Eds.) Asian management matters: Regional relevance and global impact. London: Imperial College Press, 2000: 4 -16.

[122] Tjosvold, D., Hui, C., Yu, Z. Y. Conflict management and task reflexivity for team in - role and extra - role performance in China [J]. International Journal of Conflict Management, 2003, 14 (2): 141 -163.

[123] Tjosvold, D., Hui, C., Sun, H. Can Chinese discuss conflicts openly? field and experimental studies of face dynamics in China [J]. Group Decision and Negotiation, 2004, 13 (4): 351 -373.

[124] Tjosvold, D., Law, K. S., Sun, H. Effectiveness of Chinese teams: The role of conflict types and conflict management approaches [J]. Management and Organization Review, 2006, 2 (2): 231 -252.

[125] Tjosvold, D., Law, K. S., Sun, H. Collectivistic and individualistic values: Their effects on group dynamics and productivity in China [J]. Group Decision and Negotiation, 2003, 12 (3): 243 -263.

[126] Tjosvold, D., Poon, M., Yu, Z. Y Team effectiveness in China: Cooperative conflict for relationship building [J]. Human Relations, 2005, 58 (3): 341 -367.

[127] Tjosvold, D., Sun, H. Understanding conflict avoidance: relationship, motivations, actions, and consequences [J]. International Journal of Conflict Management, 2002, 13 (2): 142 -164.

[128] Tjosvold, D., Tang, M. L., West, M. Reflexivity for team innovation in China: The contribution of goal interdependence [J]. Group & Organization Management, 2004, 29 (5): 540 -559.

[129] Tjosvold D., 粟芳, 万洁平. 合作与竞争理论的实验研究 [J]. 管理世界, 2002, (7): 126 -132.

[130] Udo, Z., Bruce, K. Knowledge and the Speed of the Transfer and Imitation of Organizational Capabilities: An Empirical Test [J]. Organization Science, 1995, 6 (1): 76 -92.

[131] Ulf, D. Subsidiary marketing knowledge and strategic development of the multinational corporation [J]. Journal of International Management, 2006 (12): 47 -66.

[132] Von, H. E. "Sticky information" and the locus of problem solving: Implications for innovation [J]. Management Science, 1994, 40 (4): 429 -439.

[133] Wall, J. W., Callister, R. R. Conflict and its management [J]. Journal of Management, 1995, 21 (3): 515 -558.

[134] Wang, P., Tony, W. An integrated model of knowledge transfer from MNC parent to China subsidiary [J]. Journal of World Business, 2004, 39: 168 - 182.

[135] Weenig, M. H. Communication Networks in the Diffusion of an Innovation in an Organization [J]. Journal of Applied Social Psychology, 1999, 29 (5): 1072 -1092.

[136] Wesley, S., Ivan, C. Trust, conflict and performance in scientific collaborations [J]. Social Studies of Science, 2001, 31 (5): 681 -730.

[137] Winter, S. G. Knowledge and competence as strategic assets. In: Teece, D. (Ed.), The Competitive Challcnge [C]. Ballinger Publishing, Cambridge, MA, 1995: 159 -184.

[138] Wamaguchi, I. Interpersonal communication tactics and procedural justice for uncertainty management of Japanese workers [J]. Journal of Business Communication, 2005, 42 (2): 168 -194.

[139] Weenig, M. H. Communication Networks in the Diffusion of an Innovation in an Organization [J]. Journal of Applied Social Psychology, 1999, 29 (5): 1072 -1092.

[140] Weiss, L. Collection and connection: The anatomy of knowledge sharing in professional [J]. Organization Development Journal, 1999, 17 (4): 61.

[141] Wenger, E. Communities of practice Learning, meaning, and identity [M]. Cambridge University Press, 1998: 38.

[142] Yli -Renko, H., Aution, E., Sapienza, H. J. Social capital, knowledge acquisitions, and knowledge exploitation in young technology firms [J]. Strategic Management Journal, 2002, 22 (6/7): 587 -613.

[143] YI Jia - bin, FAN Li - li, XIE Dong - mei. Research on Knowledge Transfer Performance Evaluation between Parent Company and Subsidiaries of MNCs [C]. The 5th International Symposium For Corporate Governance, Nankai Univer-

sity, 2009.

[144] Zander, U., Kogut, B. Knowledge of the firm and the evolutionary theory of the multinational corporation [J]. Journal of International Business Studies, 1993, 24 (4): 625 - 645.

[145] Zander, U., Kogut, B. Knowledge and speed of transfer and Imitation of Organizational Capabilities: An Empirical Test [J]. Organization Science, 1995, 6 (1): 76 - 92.

[146] Zheng, J. Z., Jaideep, A. A multilevel perspective on knowledge transfer: evidence from the Chinese automotive industry [J]. Strategic Management Journal, 2009, 30 (9): 959 - 983.

[147] 白云涛，郭菊娥，席酉民．高层管理团队风险偏好异质性对战略投资决策影响效应的实验研究 [J]．南开管理评论，2007，10 (2): 25 - 30.

[148] 曹洲涛．母子公司关系视角的跨国公司管理移植 [J]．经济管理，2007，29 (1): 20 - 25.

[149] 曹竹．合资制造企业知识转移绩效评价及管理策略研究 [D]．重庆大学博士学位论文，2008.

[150] 丛聪，徐枞巍．跨国公司母子公司关系研究——基于知识的视角 [J]．科研管理，2010，31 (5): 172 - 177.

[151] 陈晓红，李喜华．民营企业高层管理团队冲突和冲突管理模型 [J]．系统工程，2008，26 (12): 45 - 51.

[152] 陈晓红，赵可．团队冲突、冲突管理与绩效关系的实证研究 [J]．南开管理评论，2010 (5): 31 - 35.

[153] 陈搏，张喜征．组织内部知识市场交易博弈模型及其实证分析 [J]．科学学与科学技术管理，2006 (4): 109 - 115.

[154] 戴俊，盛昭瀚．企业内部知识市场交易机制的模型建构与研究 [J]．预测，2004 (4): 48 - 51.

[155] 杜晓君，王小干，周仙华，刘赫．跨国公司全球战略、东道国市场特征与跨国公司知识转移模式——基于跨国公司在华子公司市场知识转移的实证研究 [J]．研究与发展管理，2009 (6): 11 - 20.

[156] 关涛．跨国公司内部知识转移过程与影响因素的实证研究 [D]．复旦大学博士学位论文，2005.

[157] 关涛，薛求知，秦一琼．基于知识嵌入性的跨国公司知识转移管理——理论模型与实证分析 [J]．科学学研究，2009，27 (1): 93 - 101.

[158] 关涛．跨国公司知识转移：知识特性与组织情境研究 [J]．科学

学研究，2010，28（6）：902－910.

［159］关涛，阎海峰，薛求知．跨国公司知识转移：产权控制与合作的比较［J］．科研管理，2008，29（1）：66－74.

［160］郭培民．资源论下的母子公司关系管理［D］．浙江大学博士学位论文，2001.

［161］顾庆良，潘瑾，李宏．文化价值观对跨文化冲突的差异性影响探析［J］．东华大学学报（社会科学版），2003，18（2）：7－14.

［162］何瑞卿，黄瑞华，李研．基于知识外溢的合作研发知识产权风险及其影响因素分析［J］．科研管理，2007，28（4）：88－94.

［163］黄哲等．基于知识网络的知识市场交易模型构建［J］．东北财经大学学报，2009（1）：32－34.

［164］季晓芬．团队沟通对团队知识共享的作用机制研究［D］．浙江大学博士学位论文，2008.

［165］贾建民．行为经济学和决策制定——2002 年度诺贝尔经济科学奖评论之一［J］．中外管理导报，2002（10）：5－12.

［166］郎淳刚，席酉民，郭士伊．团队内冲突对团队决策质量和满意度影响的实证研究［J］．管理评论，2007，19（7）：10－15.

［167］林莉，周鹏飞．知识联盟中知识学习、冲突管理与关系资本［J］．科学学与科学技术管理，2004（4）：107－110.

［168］刘芳，欧阳令南．跨国公司知识转移过程、影响因素与对策研究［J］．科学学与科学技术管理，2005，24（10）：40－43.

［169］刘军，富萍萍，吴维库．企业环境、领导行为、领导绩效互动影响分析［J］．管理科学学报，2005，8（5）：61－68.

［170］刘军，李永娟，富萍萍．高层管理团队价值观共享、冲突与绩效：一项实证检验［J］．管理学报，2007，4（5）：644－653.

［171］李楠，严素梅．科技服务的知识转移效果评价与对策分析［J］．现代情报，2009，29（3）：7－14.

［172］李纲，刘益，廖貅武．合作创新中知识转移的风险与对策研究［J］．科学学与科学技术管理，2007（10）：107－110.

［173］林泽民．专案成员多样化对软体专案团队绩效之影响［D］．台湾“国立中山大学”博士学位论文，2005.

［174］卢兵，廖貅武，岳亮．联盟中知识转移效率的分析［J］．系统工程，2006，24（6）：45－51.

［175］马庆国，徐青，廖振鹏，张彩江．知识转移的影响因素分析［J］．

北京理工大学学报（社会科学版），2006，8（2）：40－43.

[176] 樊富眠，张翔．人际冲突与冲突管理研究综述［J］．中国矿业大学学报，2003（3）：82－83.

[177] 潘晓云．基于个体、团队视角冲突与情绪的研究［D］．复旦大学博士学位论文，2008.

[178] 任荣．企业知识转移效果的评价［J］．科技情报开发与经济，2005，15（4）：220－221.

[179] 沈丽．个人知识与团队知识冲突及其与绩效的关系研究［D］．浙江大学硕士学位论文，2007.

[180] 史江涛．员工关系、沟通对其知识共享与知识整合作用的机制研究［D］．浙江大学博士学位论文，2007.

[181] 孙刚．合资企业中关系资本、知识冲突与知识转移效能的关系研究［D］．浙江大学硕士学位论文，2008.

[182] 苏世彬，黄瑞华．基于风险矩阵的合作创新隐性知识转移风险分析与评估［J］．科研管理，2007，28（2）：27－34.

[183] 苏世彬，黄瑞华．合作创新中转移媒介引发的知识产权风险研究［J］．研究与发展管理，2006，18（4）：72－75.

[184] 陶向南，赵曙明．子公司角色、绩效表现对跨国公司人力资源本土化配置影响的实证研究［J］．管理世界，2003，35（8）：92－98.

[185] 万迪昉．实验管理学［M］．北京：高等教育出版社，2005.

[186] 王立生，任辉．基于网络视角的跨国公司知识转移机制研究［J］．技术经济，2005（8）：45－51.

[187] 王清晓，杨忠．跨国公司母子公司之间的知识转移研究：一个情境的视角［J］．科学学与科学技术管理，2005（6）：81－86.

[188] 王珩骞．基于情境相似性的组织间知识转移绩效研究［D］．中南大学博士学位论文，2007.

[189] 王毅达，汪承亮．知识转移的认知模型及其在企业管理中的应用［J］．商业研究，2007，361，（5）：76－81.

[190] 汪应洛，李勖．知识的转移特性研究［J］．系统工程理论与实践，2002，22（10）：8－11.

[191] 汪洁．团队任务冲突对团队任务绩效的影响机理研究［D］．浙江大学博士学位论文，2009.

[192] 吴维库，刘军，张玲，等．以价值观为本的领导行为与团队有效性在中国的实证研究［J］．管理世界，2002（8）：97－104.

[193] 肖小勇，文亚青．组织间知识转移的主要影响因素［J］．情报理论与实践，2005，28（4）：355－358.

[194] 肖久灵．我国海外企业知识转移与绩效评价［M］．北京：经济科学出版社，2007.

[195] 谢刚，胡笑寒，乔志林，万迪昉．管理实验与设计研究［J］．管理工程学报，2004，18（4）：17－20.

[196] 邢定银．跨国公司内部知识共享机制研究［D］．中南大学博士学位论文，2006.

[197] 许松．母子公司知识转移研究［D］．山东大学博士学位论文，2007.

[198] 徐笑君，王园园．跨国公司内部知识转移中民族文化因素影响分析——基于 Hofstede 民族文化维度视角［J］．科学学与科学技术管理，2008，27（4）：86－91.

[199] 徐笑君．文化差异对总部知识转移的调节效应研究：基于德资跨国公司的调查［J］．研究与发展管理，2009，21（6）：1－8.

[200] 徐笑君．文化差异对美资跨国公司总部知识转移影响研究．科研管理，2010（4）：49－58.

[201] 薛求知，关涛．跨国公司知识转移：知识特性与转移工具研究［J］．管理科学学报，2006，9（6）：64－72.

[202] 薛薇．SPSS 统计分析方法及应用［M］．电子工业出版社，2007.

[203] 徐贵宏．非政府组织与中国政府部门间的信任与合作关系实证研究［D］．西南交通大学博士学位论文，2009.

[204] 颜光华，李建伟．知识管理绩效评价研究［J］．南开管理评论，2001（6）：26－29.

[205] 易加斌，范莉莉，谢冬梅．跨国公司母子公司之间管理知识转移的影响因素分析——一个综合模型［J］．科技管理研究，2009（9）：356－359.

[206] 易加斌，范莉莉，谢冬梅．跨国公司母子公司之间管理知识转移的影响因素与对策研究——基于过程视角［J］．经济问题，2009（10）：52－55.

[207] 易加斌，范莉莉，谢冬梅．跨国公司母子公司知识转移绩效评价研究［J］．公司治理评论，2010，2（4）：23－27.

[208] 周晓东，项保华．企业知识内部转移：模式、影响因素与机制分析［J］．南开管理评论，2003，22（5）：7－15.

[209] 张征争，黄登仕，谢静．考虑过度自信的薪酬合同实验分析［J］．上海交通大学学报，2008，42（9）：1551－1555.

[210] 张纲，方珑．知识冲突过程：一个案例研究［J］．研究与发展管

理，2006，18（10）：66－73.

［211］张纲，方珑．知识冲突与团队绩效：一个实证研究［J］．科研管理，2007，28（6）：12－21.

［212］张纲，倪旭东．组织中的知识冲突研究［J］．科学学与科学技术管理，2007（1）：106－110.

［213］张纲，倪旭东．从知识分类到知识地图：一个面向组织现实的分析［J］．自然辩证法通讯，2005，27（1）：59－67.

［214］张纲，倪旭东．知识差异和知识冲突对团队创新的影响［J］．心理学报，2007，39（5）：926－933.

［215］张海涛，唐元虎．企业并购后冲突管理的知识分析［J］．科学学与科学技术管理，2003（5）：91－95.

［216］张岩，徐飞，奚恺元．组织与管理的实证方法——实验室研究［M］．北京大学出版社，2009（4）：129.

［217］张晓燕．跨国公司子公司之间知识转移战略与绩效表现框架模型［J］．研究与发展管理，2009，21（3）：8－14.

［218］张旭梅，张玉蓉，朱庆，张慧涛，吴庆．供应链企业间的知识市场及其交易模型研究［J］．管理工程学报，2008（3）：79－83.

［219］邹艳，杨乃定，韦铁，王晓新．组织学习对企业合作创新知识转移的影响研究——协调机制的中介作用［J］．科学学与科学技术管理，2009（2）：96－100.

后　记

《跨国公司母子公司知识冲突、沟通与知识转移绩效关系研究》是在我博士学位论文基础上经修改完成的。期间断断续续修改用了将近一年的时间，如今定稿并交付出版印刷，内心久久不能平静，仿佛回到了往返于大东北与大西南的四年博士求学岁月，历历涌上心头。在那四年里，我经历了"5·12"汶川大地震后交大人的坚强与奋进；体验了博士选题、开题的反复斟酌、考量，体会到了交大人对学术研究孜孜以求的严格和自律。

岁月如梭，光阴似箭，转瞬间博士毕业已经五年有余。回忆在交大求学的点点滴滴，不禁感慨万千。在人生的求学道路上，有幸遇到我的恩师范莉莉教授，是她广博的知识结构、严谨的治学精神、宽厚的为人态度引导我完成了学业和研究工作。尤其是在实验的被试来源上，范老师利用自己的课题，为实验提供了被试来源和实验支持；同时在实验的操控过程中，范老师也亲力亲为，为实验完成，提供了细心的指导和帮助。没有范老师的谆谆教诲，也就没有本书的出版，在此由衷地对恩师道一声"谢谢"！

同时，我还要感谢交通大学的黄登仕教授、王建琼教授、李军教授、朱宏泉教授、肖作平教授、贾建民教授、李永健教授、周庭锐教授，是你们打开了通往管理世界的未知探索之路！感谢为我实验提供重要支持的德国拜罗伊特大学（Uni Bayreuth）Torsten M. Khlmann 教授，从实验变量的选择到实验设计再到实验过程，Torsten M. Khlmann 教授都给予了无微不至的关怀和指导，Torsten M. Khlmann 教授严谨的研究精神也将激励我未来的学术研究！感谢我的硕士生导师董丛文教授的支持和帮助！感谢中国财政经济出版社周桂元主任为本书的出版所付出的智慧和辛勤劳动！

最后，我要感谢我的家人对我的支持！感谢我的父母对我一直以来的默默支持！感谢岳父岳母给我的帮助！正是他们帮我操持家务、照顾小孩，为我解决了后顾之忧，才使得我有时间专心地完成我的写作。同时，深深地感谢我的爱人高金微，正是她的鼓励和默默支持，才使得我能顺利完成本书的撰写、修正和完善，谢谢她在人生道路上对我的付出！

学海无涯苦作舟，书生有路勤为径！在学术研究的道路上，还有漫长的征途要走。跨国公司知识转移与知识管理的研究，已经从“发达国家母公司向发展中国家子公司的转移研究”发展到“发展中国家并购发达国家之后的从发达国家母公司向发展中国家的子公司的逆向知识转移研究”新领域。我也将本着孜孜不倦的探索精神，虚心向学术前辈们学习，不断攀登新的知识高峰！

易加斌

2017 年 6 月